RECLAM-BIBLIOTHEK

Schopenhauer gehört zu den Klassikern der Philosophie – für Thomas Mann war er der »rationalste Philosoph des Irrationalen«. Schopenhauer revolutionierte das traditionelle Menschenbild des Abendlandes und eröffnete damit neue Horizonte des Fragens und Forschens. Dennoch ist seine Philosophie selbst in Fachkreisen nur unzureichend bekannt.

Diese Einführung gibt eine zuverlässige, textnahe Darstellung des Gesamtwerks. Durch die enge Orientierung an den Originaltexten kommt auch die Virtuosität seiner Sprache, die Anschaulichkeit und Farbigkeit seiner Metaphern und Analogien und vor allem die Treffsicherheit, das Frappierende seiner Argumentationen zum Ausdruck: »Um nicht sehr unglücklich zu werden, ist das sicherste Mittel, daß man nicht verlange, sehr glücklich zu sein.«

Volker Spierling, geboren 1947 in Frankfurt am Main, entfaltet die Grundlagen der Schopenhauerischen Philosophie und schafft Voraussetzungen, die Gedankenwelt des von der Schulphilosophie vernachlässigten Denkers (und Schriftstellers) kennenzulernen.

Volker Spierling

Arthur Schopenhauer

Eine Einführung in Leben und Werk

RECLAM VERLAG LEIPZIG

ISBN 3-379-01626-8

© 1994 by Frankfurter Verlagsanstalt, Frankfurt/Main

Reclam-Bibliothek Band 1626
1. Auflage, 1998
Reihengestaltung: Hans Peter Willberg
Umschlaggestaltung: Oberberg + Puder, Leipzig,
unter Verwendung eines Porträts von Arthur Schopenhauer
Gesetzt aus Bembo
Satz: Offizin Andersen Nexö GmbH, Leipzig
Druck und Bindung: Ebner Ulm
Printed in Germany

INHALT

IV. METAPHYSIK DER NATUR

V. METAPHYSIK DES SCHÖNEN

VI. METAPHYSIK DER SITTEN

VII. LEBENSWEISHEIT

VIII. DEN STANDPUNKT WECHSELN.
ZUR REKONSTRUKTION DER EINHEIT
DER PHILOSOPHIE SCHOPENHAUERS

ANHANG

VORWORT

Schopenhauer gehört zu den Klassikern der Philosophie. Er trug maßgeblich dazu bei, das traditionelle Menschenbild des Abendlandes zu revolutionieren und neue Horizonte des Fragens und Forschens zu eröffnen. Dennoch ist sein genuin philosophisches Denken selbst in Fachkreisen nicht hinlänglich bekannt. Dies mag zum Teil an überkommenen Schlagworten liegen, die sein Denken nur unzureichend charakterisieren, oder auch an lexikalisch verkürzten Kennzeichnungen einiger Veröffentlichungen der Sekundärliteratur. Reduzierungen dieser Art erschweren oder verhindern gar das Verstehen seiner Philosophie.

Die vorliegende Einführung gibt eine textnahe und damit vom Leser überprüfbare Darstellung des Gesamtwerks, die sich auf sämtliche Schriften Schopenhauers bezieht, einschließlich der Briefe und des vollständigen Nachlasses. Die enge Orientierung an den Originaltexten ist geeignet, den Gedankenreichtum Schopenhauers in seiner Differenziertheit neu zu erschließen. Dadurch kommt auch die Virtuosität seiner Sprache, die Treffsicherheit seiner Argumentation wie auch die Anschaulichkeit und Farbigkeit seiner Metaphern und Analogien zum Ausdruck. Die beibehaltene ursprüngliche Orthographie der Zitate macht überdies die historische Distanz zwischen Schopenhauer und dem heutigen Leser ein Stück weit unmittelbar erfahrbar und fördert möglicherweise eine behutsame, nicht vorschnell identifizierende Lektüre. Das umfangreiche Quellenmaterial erleichtert das Aufsuchen thematisch wichtiger Textstellen im Werk Schopenhauers. Hauptanliegen ist die aspektreiche Hinführung zu den Originaltexten und mit ihr eine neue, offene, eigenständige Begegnung mit Schopenhauers Philosophie. Demgegenüber tritt die Auseinandersetzung mit der Sekundärliteratur und der Wirkungsgeschichte zurück.

Schopenhauer stellt in der ersten Vorrede zu seinem Hauptwerk *Die Welt als Wille und Vorstellung* unter anderem folgende Forderung an den Leser, die er durch Sperrdruck hervorhebt: Das Werk soll zweimal gelesen werden, weil der Anfang das Ende beinahe so sehr voraussetzt wie das Ende den Anfang. Schopenhauer vergleicht sein Werk mit einem Organismus, bei dem jeder Teil ebensosehr das Ganze erhält, wie er vom Ganzen gehalten wird. Diese Konzeption seiner Philosophie als organische Einheit bedingt, daß ihr Anfang wie auch jeder einzelne Teil von ihr nur verstanden werden kann, wenn es bereits vorab ein Verständnis des Ganzen gibt, das aber seinerseits die Kenntnis eines jeden Teils schon voraussetzt. Wegen dieser zirkelhaften Beziehung von Teil und Ganzem – einem *hermeneutischen Zirkel* vergleichbar – verlangt Schopenhauer ein zweites Lesen. Ein erneuter Durchgang soll das Verständnis des Ganzen erweitern sowie das Verständnis der einzelnen Teile durch Berücksichtigung ihrer Beziehungen relativieren und ergänzen. Die zunächst eher rigide, dogmatisch eingeführte Erkenntnislehre, um ein Beispiel zu nennen, bestimmt sich vom Ganzen her, wie auch dieses Ganze durch sie bestimmt wird. Auf sehr entschiedene Weise sagt daher Schopenhauer, daß jeder Satz den anderen gleichsam notwendig macht und das wechselseitig. Seine Philosophie ist mehrseitig und vielschichtig.

Um der Einheit des intendierten Gedankenorganismus gerecht zu werden, philosophiert Schopenhauer von verschiedenen philosophischen Standpunkten aus, die er kompensatorisch aufeinander bezieht (s. u., Kapitel II, 8. und VIII). Dieses methodische Drehen und Wenden der Standpunkte umeinander und gegeneinander – in der Sekundärliteratur häufig übersehen oder als Widersprüche im Denken Schopenhauers, als Denkfehler abgetan – sucht die dogmatische Festschreibung einer einzelnen Betrachtungsweise zu verhindern. In diesem durchgängig angelegten Standpunktwechsel sehe ich das Charakteristische der Schopenhauerschen Philosophie. Hierin zeigen sich ihre Lebendigkeit, ihre Differenziertheit, sicherlich auch ihre ungelösten Probleme und in mancher Hinsicht ihre Aktualität.

Um Schopenhauers Forderung, sein Hauptwerk zweimal zu lesen, wenigstens annäherungsweise nachzukommen, ist meine Darstellung wie folgt aufgebaut: Nach dem Kapitel I über *Lebens-*

weg und philosophische Entwicklung thematisiert das Kapitel II *Scho-penhauers Grundgedanken*. In ihm gebe ich einen ersten Überblick über seine gesamte Philosophie, den ich zunächst aus den frühen Manuskripten seines handschriftlichen Nachlasses entwickle und dann durch später verfaßte Texte ergänze. Das Kapitel II soll da-mit für ein *erstes Lesen* stehen und ein provisorisches Vorverständ-nis bereiten für ein gleichsam *zweites Lesen*, das die folgenden, aus-führlicheren Kapitel III–VI anbieten. Diese vier Kapitel folgen der Einteilung des Hauptwerks sowie der *Philosophischen Vorlesungen* und gliedern sich in *Untersuchung des Erkenntnisvermögens* (Kapi-tel III), *Metaphysik der Natur* (Kapitel IV), *Metaphysik des Schönen* (Kapitel V) und *Metaphysik der Sitten* (Kapitel VI). Es folgt das Ka-pitel VII über die *Lebensweisheit*, die in engem Zusammenhang mit dem Hauptwerk gesehen wird. Das Schlußkapitel VIII widmet sich noch einmal Schopenhauers methodischem Standpunkt-wechsel und sucht zusammenfassend seine Philosophie als organi-sche Einheit zu rekonstruieren.

Auch eine textnahe Darstellung von Leben und Werk eines Philosophen ist immer eine *Interpretation*. Wegen der Schwerpunkt-setzung, des Verzichts auf bestimmte Themenaspekte, der Aus-wahl der Zitate, der Mehrdeutigkeit der Texte, um nur einige wenige Gesichtspunkte herauszustellen, kann die Subjektivität je-des, so auch meines Blickwinkels nicht verleugnet werden, bleibt jede Darstellung zwangsläufig eine Auslegung, etwas Vorläufiges, ein Beitrag zur Diskussion. Wie vielfältig und vielseitig die Scho-penhauer-Interpretationen sind – wie auch die Editionen seiner Werke und seines Nachlasses –, dies dokumentiere ich mit der *Auswahlbibliographie* am Ende des Buchs.

I. LEBENSWEG UND PHILOSOPHISCHE ENTWICKLUNG

Mich haben nicht die Bücher,
sondern die Welt hat mich befruchtet.

1. Herein! – Die persönliche Erscheinung Schopenhauers

»Da ich nur einen Tag Zeit hatte, mich in Frankfurt aufzuhalten, so wollte ich mir diesen möglichst zu Nutze machen und ging daher schon Vormittags, gegen 11 Uhr zu Schopenhauer. Als ich auf dem Hausflur zu ebener Erde vor der Stubenthür des Philosophen stand, war ich in großer Spannung, versprach mir aber, gestützt auf meine Verdienste um seine Philosophie, einen guten Empfang und klopfte daher dreist an. Sofort schlug drinnen ein Hund laut an, und ein kräftiges Herein ertönte« (LF, 136; Ge, 89). Mit diesen Worten beschreibt Julius Frauenstädt – von Schopenhauer später »Evangelist« genannt (vgl. M, 235) – seine erste Begegnung mit dem Philosophen 1846. Frauenstädt war zu diesem Zeitpunkt bereits apologetisch für das Werk Schopenhauers eingetreten. Dieser, nunmehr fast 60 Jahre alt und noch immer unbekannt, freut sich herzlich über seinen unangemeldeten Mitstreiter und überreicht ihm ein bibliophiles Exemplar seines Hauptwerks, *Die Welt als Wille und Vorstellung*.

Frauenstädt hat seinen ersten subjektiven Eindruck von Schopenhauers Aussehen festgehalten: »Die persönliche Erscheinung Schopenhauers war mir bei meiner ersten Bekanntschaft mit ihm weniger paradox, als seine Philosophie es gewesen war; denn nach dem Studium dieser erwartete ich schon eine ungewöhnliche Erscheinung, und diese trat mir hier auch, namentlich was den Kopf betrifft, entgegen. Schopenhauers Löwenhaupt liess auf den ersten Blick den gewaltigen *Ueberschuss des Intellekts* über das zum Dienste des Willens erforderliche Maass erkennen. Die Riesenarbeit, die dieser Kopf vollzogen, hatte ihre Spuren in denselben eingegraben. Schopenhauer, damals erst 58 Jahr alt, hatte doch schon weisses Haupt- und Barthaar. Aber, während das Haar schon den Greis ankündigte, war im Blick, im Mienenspiel, in den Gesten und in der Rede noch das Feuer eines Jünglings. Schopenhauers Gesichtszüge verriethen, namentlich durch einen sarkastischen Zug um den Mund, auf den ersten Blick den ›misanthropischen Weisen‹, und als solchen hätte ich ihn sofort erkannt, wenn ich ihn, ohne ihn vorher zu kennen, auf der Strasse getroffen hätte« (LF, 137).

2. Weshalb ich später nie Gefahr lief, Worte für Dinge zu nehmen (1788–1807)

Arthur Schopenhauer wird am 22. Februar 1788 in Danzig in der Heiligengeistgasse geboren. Sein Vater, Heinrich Floris Schopenhauer, ist ein angesehener und wohlhabender Kaufmann mit republikanischer Gesinnung. Er ist gebildet, vorurteilsfrei und weltoffen. »Ein gestrenger heftiger Mann«, so Arthur Schopenhauer rückblickend in seinem Lebenslauf von 1819, »aber von tadelloser Unbescholtenheit«, ein »vortrefflicher Vater« (B, 648; Lebenslauf auch in Gw, 157 ff.).

Die Mutter, geborene Johanna Henriette Trosiener, macht sich später als Reise- und Romanschriftstellerin einen Namen. Sie ist 18 Jahre jünger als ihr Mann, den sie respektiert, aber nicht liebt. »Ich durfte stolz darauf sein, diesem Manne anzugehören, und war es auch. Glühende Liebe heuchelte ich ihm ebenso wenig als er Anspruch darauf machte« (Gw, 9).

Im Hause Schopenhauer herrscht ein eher düsterer Geist, im Hause Trosiener geht es lebensfroher zu. Johanna Schopenhauer findet sich in den Worten Goethes wieder: »Ich sah die Welt mit liebevollen Blicken, / Und Welt und ich wir schwelgten in Entzücken –« (Gw, 11).

Arthur verbringt die ersten Lebensjahre unbeschwert auf dem Land. Wegen der preußischen Besetzung Danzigs 1793 zieht die Familie fluchtartig in die Freie und Hansestadt Hamburg. Das Kind erlebt die Umsiedlung als Verlust. »So ward ich schon in zarter Kindheit […] heimatlos; auch habe ich seitdem eine neue Heimat niemals erworben« (B, 648).

Für den Vater steht fest, daß sein Sohn Kaufmann und zugleich ein Mann von Welt mit feinen Sitten werden soll. »Mein Sohn soll im Buche der Welt lesen« (Gw, 14). Damit er vollkommen Französisch lernt, wird der Zehnjährige von 1797–1799 bei einem Geschäftsfreund in Le Havre untergebracht. Arthur wird von der Familie Grégoire warmherzig aufgenommen und schließt mit dem gleichaltrigen Sohn Anthime Freundschaft. »In jener freundlichen an der Seinemündung und der Meeresküste gelegenen Stadt verlebte ich so den weitaus frohesten Teil meiner Kindheit« (B, 649).

Arthur kommt als plaudernder Franzose zurück. Adele, seine 1797 geborene Schwester, ist gerade zwei Jahre alt. Für vier Jahre besucht er die vornehme Privatschule von Runge, die ihn auf den Kaufmannsberuf vorbereiten soll. Zum größten Unwillen seines Vaters erfaßt ihn in dieser Zeit »eine starke Neigung zur Gelehrtenlaufbahn« (B, 649). – Im Gegensatz zu Kants Erziehung wird Schopenhauer weitgehend von konfessionellen Zwängen freigehalten.

1800 unternimmt die Familie eine dreimonatige Reise. Das kleine Reisetagebuch, in dem der Zwölfjährige seine Eindrücke festhält, das *Journal einer Reise von Hamburg nach Carlsbad, und von dort nach Prag; Rückreise nach Hamburg,* ist der älteste Text, der von ihm erhalten ist. Die erste Eintragung am 16. Juli lautet: »[…] indessen dass die Fähre kam, liessen wir uns im Gespräch mit einer armen blinden Frau ein, welche gar keine Idee von Tag u. Nacht hatte. Da wir ihr nach der Ursache ihrer Blindheit fragten erzählte sie uns dass man sie eine halbe Stunde weit zur Taufe getragen habe, wobei ihr die Augen erfroren sind. […] Ich bedauerte die arme Frau, bewunderte aber die flegmatische Ruhe womit sie ihr Leid erträgt; sie hatte das Vergnügen ein Christ zu seyn theuer erkaufen müssen!« (R, 9)

Arthur bittet und bedrängt seinen Vater, die Gelehrtenlaufbahn einschlagen zu dürfen. Der Vater greift zu einer List. Er stellt seinen Sohn, der »sehr begierig« ist, »die Welt zu sehen« (B, 650), vor die Wahl: entweder Teilnahme an einer zweijährigen Vergnügungsreise mit den Eltern durch Europa und anschließend die Kaufmannslehre, oder aber Verzicht auf die Reise und sofortiger Eintritt ins Gymnasium. Arthur, gerade 15 Jahre alt, entschließt sich für die Reise, für die Welt der Sinne. »Einer solchen Versuchung widerstand das jugendliche Herz nicht« (B, 650).

Die Reise, die immer wieder »unendlichen Stoff zum Dencken« (R, 70) gibt, führt durch Holland, England, Belgien, Frankreich, die Schweiz und Preußen. Staunend erlebt der Jugendliche die große Gesellschaft, die Schönheit von Natur und Kunst, aber auch das kümmerliche Los verarmter Menschen und notiert seine Erfahrungen in seine *Reisetagebücher aus den Jahren 1803–1804*. Er geht z. B. in viele Theater, Opernhäuser, Museen und Bibliotheken, wohnt schaudernd der Hinrichtung dreier Delinquenten bei, lacht aus vollem Halse über den damals berühmten Bauchredner Fitz-James, schaut durch riesige Teleskope, lernt gründlich die englische Sprache, besucht mit einem »wunderbaren Gefühl« seinen Freund Anthime, erblickt Napoleon in einer Theaterloge, sucht ein Taubstummen-Institut auf, betritt eine protestantische Kirche, »wo uns der gellende Gesang der Menge Ohrenweh macht, u. das mit aufgesperrtem Maul blökende *Individuum* oft zum lachen zwingt« (R, 57).

Zwei Erfahrungen gehören zu den intensivsten. Zum einen der Anblick angeketteter Galeerensklaven in Toulon – 6000 Gefangene fristen hier ihr Leben –, die »ganz wie Lastthiere behandelt« werden. »Läßt sich eine schrecklichere Empfindung dencken […]! Manchem wird sein Leiden wohl noch durch die unzertrennliche Gesellschaft dessen erschwert, der mit ihm an Eine Kette geschmiedet ist« (R, 145). – Zum anderen ist der junge Schopenhauer auf wunderbare Weise hingerissen vom erhebenden Anblick des Montblanc, »bei welchem Jedem das Herz im tiefsten Grunde aufgeht« (W II, 447): »man sieht das Ungeheure der Natur« (R, 167).

Das Gesehene, die lebendige Anschauung, korrigiert und erweitert fortlaufend vorgefaßte Urteile (vgl. W II, 84 ff.): »Ich traute kaum meinen Augen« (R, 129) oder »daß wer es nicht gesehn hat, gar keinen Begriff davon haben kann« (R, 55; vgl. Spierling, Einleitung zu VN II, 19 ff.). In seinem oben erwähnten Lebenslauf hebt Schopenhauer »eine Frucht jener Reise« besonders hervor: »Denn gerade in den Jahren der erwachenden Mannbarkeit, in welchen die menschliche Seele sowohl Eindrücken jeder Art am meisten offen steht, […] wurde mein Geist, nicht, wie gewöhnlich geschieht, mit leeren Worten und Berichten von Dingen […] angefüllt und auf diese Weise die ursprüngliche Schärfe des Verstandes abgestumpft und ermüdet; sondern statt dessen durch die Anschauung der Dinge genährt und wahrhaft unterrichtet […]. Besonders erfreue ich mich dessen, daß mich dieser Bildungsgang frühzeitig daran gewöhnt hat, mich nicht mit den bloßen Namen von Dingen zufrieden zu geben, sondern die Betrachtung und Untersuchung der Dinge selbst und ihre aus der Anschauung erwachsende Erkenntnis dem Wortschalle entschieden vorzuziehen, weshalb ich später nie Gefahr lief, Worte für Dinge zu nehmen« (B, 650).

Später, 1832, gibt Schopenhauer eine weitere Einschätzung dieser Reise: »In meinem 17ten Jahre ohne alle gelehrte Schulbildung, wurde ich vom *Jammer des Lebens* so ergriffen, wie Buddha in seiner Jugend, als er Krankheit, Alter, Schmerz und Tod erblickte. Die Wahrheit, welche laut und deutlich aus der Welt sprach, überwandt bald die auch mir eingeprägten Jüdischen Dogmen, und mein Resultat war, daß diese Welt kein Werk eines allgütigen Wesens seyn könnte, wohl aber das eines Teufels, der Geschöpfe ins Daseyn gerufen, um am Anblick ihrer Quaal sich zu weiden: darauf deuteten die Data, und der Glaube, daß es so sei, gewann die Oberhand« (HN IV 1, 96).

Von der Reise zurückgekehrt, tritt Schopenhauer 1805 widerwillig seine Kaufmannslehre an. »Nie aber hat es einen schlechteren Handlungsbeflissenen gegeben als mich« (B, 651). Eine »tiefe Niedergeschlagenheit« macht ihn wegen dieser »schlimmste[n] Knechtschaft« unfügsam und für andere beschwerlich. Erst der plötzliche Tod (Selbstmord?) seines Vaters durch Ertrinken noch im selben Jahr – der »schrecklichste Schicksalsschlag« – läßt allmählich an eine Korrektur des »verkehrten Lebenswegs« denken. »Infolge dieses Trauerfalls steigerte sich die Verdüsterung meines Gemüts so sehr, daß sie von wirklicher Melancholie wenig mehr entfernt war« (B, 651). Von »unerträglichen Gemütsleiden gequält« reißt sich Schopenhauer 1807 mit Unterstützung seiner Mutter und Fernows, eines Kunstschriftstellers und Freundes der Familie, aus der depressiven Lethargie heraus und bricht seine Lehre ab, um die Gelehrtenlaufbahn einzuschlagen. »Ich [brach] in heftiges Weinen aus, und auf der Stelle stand in mir, dem sonst jede Wahl Qual machte, der Entschluß fest« (B, 651). Die Mutter ermutigt ihn: »Nur jetzt Ausdauer und Muth, guter Arthur, [...] Du kannst nur glücklich werden, wenn du jetzt nicht wankst noch weichst« (BW I, 137 f.).

3. Ein neues philosophisches System.
Wie aus dem Morgennebel eine schöne Gegend (1807–1822)

»Von Wissensdurst getrieben« holt Schopenhauer »mit unermüdlicher Emsigkeit« in Gotha und Weimar seine fehlende Gymnasialbildung durch Privatunterricht und autodidaktische Studien nach, insbesondere aber die gründliche Kenntnis der alten Sprachen. »Durch dieses andauernd fortgesetzte Lesen der alten Autoren, besonders der griechischen Philosophen [wurde] meine deutsche Schreibart, mein Stil wesentlich gefördert, verbessert und gereinigt« (B, 653).

In den Jahren 1808 und 1809 besucht er häufig das Theater in Weimar, dessen damaliger Direktor Goethe ist. Er verliebt sich in die Schauspielerin Caroline Jagemann, die vielgefeierte Schönheit des großherzoglichen Hofes. Ihr ist sein einziges erhaltenes Liebesgedicht gewidmet, in dem es unter anderem heißt: »Die Sonne hüllen Wolken: / Doch Deiner Augen Schein, / Er flösst am kalten Morgen / Mir Himmelswärme ein« (HN I, 6). »Dieses Weib«, gesteht er seiner Mutter, »würde ich heimführen und wenn ich sie Steine klopfend an der Landstraße fände« (Ge, 17).

Ende 1809 erhält Schopenhauer ein Drittel des väterlichen Erbes, das ihm zeitlebens ein unabhängiges Philosophieren und eine «aufrechte Haltung» (B, 261) ermöglicht. Er immatrikuliert sich im selben Jahr an der Universität Göttingen und studiert zunächst Medizin, dann Philosophie. Sein Universitätslehrer Gottlob Ernst

Schulze, ein skeptischer Gegner Kants, rät ihm, sich zunächst ganz Platon und Kant zuzuwenden. »Mit Platons und Kants Werken, mit Sokrates Büste und Goethes Porträt, zogen damals bereits auch der Pudel und dessen Lager, das Bärenfell, in die Studierstube ein« (Gw, 66).

In den Ferien trifft Schopenhauer den 78jährigen Dichter Wieland in Weimar, wo seine Mutter jetzt wohnt und einen literarischen Salon unterhält, den auch Goethe häufig besucht. Wieland rät Schopenhauer von einem Philosophiestudium ab, weil es kein solides Fach sei. »Das Leben«, antwortet Schopenhauer, »ist eine mißliche Sache, ich habe mir vorgesetzt, es damit hinzubringen, über dasselbe nachzudenken.« Während des Gesprächs sagt Wieland: »Ja es scheint mir jetzt, Sie haben recht getan, junger Mann, ich verstehe jetzt Ihre Natur; bleiben Sie bei der Philosophie« (Ge, 22).

Im Herbst 1811 wechselt Schopenhauer an die Berliner Universität und setzt sein Philosophiestudium fort. Weiterhin besucht er mit großem Interesse naturwissenschaftliche Vorlesungen (z. B. über Chemie, Physik, Physiologie, Anatomie des menschlichen Gehirns) sowie klassisch-philologische Kollegien (z. B. über griechische und römische Dichter).

Schopenhauer hört Fichte, in den er anfangs große Erwartungen setzte (»ächter Philosoph und großer Geist«, B, 261), für den er aber schließlich nur noch Verachtung und Spott übrig hat. So notiert er beispielsweise 1811/1812 in sein Vorlesungsheft: »In dieser Stunde hat er außer dem hier Aufgeschriebenen Sachen gesagt die mir den Wunsch auspreßten, ihm eine Pistole auf die Brust sezzen zu dürfen und dann zu sagen: Sterben mußt du jezt ohne Gnade; aber um deiner armen Seele Willen, sage ob du dir bey dem Gallimathias etwas deutliches gedacht hast oder uns blos zu Narren gehabt hast?« (HN II, 41) – In einer anderen Randbemerkung zitiert Schopenhauer Goethe: »Gewöhnlich glaubt der Mensch wenn er nur Worte hört, Es müsse sich dabey auch was denken lassen« (HN II, 42).

Auch mit Schleiermacher setzt sich Schopenhauer kritisch auseinander. Der Religionsphilosoph sagt in einer Vorlesung: »Ph[ilosophie] und Religion können nicht ohne einander bestehn: keiner kann Philosoph seyn ohne religiös zu seyn. Umgekehrt muß der Religiöse sich wenigstens die Aufgabe der Ph[ilosophie] machen.« Schopenhauer kontert mit einer atheistischen Randbemerkung: »Keiner der religiös ist gelangt zur Ph[ilosophie]; er braucht sie nicht. Keiner der wirklich philosophirt ist religiös: er geht ohne Gängelband, gefährlich aber frey« (HN II, 226).

Ab 1812 entwirft Schopenhauer Fragmente einer eigenen Philosophie, einer Philosophie des »bessren Bewußtseyns«. Ein Jahr später flieht er wegen der kriegerischen Auseinandersetzungen mit Napoleon aus Berlin nach Rudolstadt und ist froh, weder Soldaten zu sehen noch Trommeln zu hören. »Meiner ganzen Natur nach [bin ich] dem Militärwesen abhold« (B, 654). In »tiefster Einsamkeit« verfaßt er in einem Gasthaus seine Dissertation *Ueber die vierfache Wurzel des Satzes vom zureichenden Grunde* und promoviert zum Dr. phil. »Übrigens war ich damals gemütlich wiederum tief leidend und niedergeschlagen, hauptsächlich weil ich mein Leben in eine Zeit gefallen sah, die ganz andere Gaben erforderte, als zu welchen ich das Zeug in mir fühlte« (B, 654).

Goethe, der die Dissertation gelobt hat (vgl. Ge, 26 ff.), sucht 1814 die Bekanntschaft mit dem jungen Philosophen und führt ihn in seine Farbenlehre ein, »was ich [Schopenhauer] zu den erfreulichsten und glücklichsten Ereignissen meines Lebens zähle« (B, 654; vgl. M, 93 ff.). Aus intensiven, gegen Newtons Theorie gerichteten Diskussionen entsteht 1815 Schopenhauers eigene, allgemeine Farbentheorie *Ueber das Sehn und die Farben* (erschienen 1816), »die nach meiner Ansicht offenbar weder eine physikalische noch chemische, sondern eine rein physiologische sein mußte« (B, 655). An Goethe schreibt er, die Überzeugung und Eitelkeit seines Meisters strapazierend: »Ich weiß mit vollkommner Gewißheit, daß ich die erste wahre Theorie der Farbe geliefert habe, die erste, so weit die Geschichte der Wissenschaft reicht« (B, 20; vgl. B, 655).

Ein weiterer entscheidender Gedankenaustausch findet 1814 mit dem Orientalisten Friedrich Majer statt, der Schopenhauer den Zugang zur altindischen Philosophie (Vedanta-Philosophie,

Oupnekhat) eröffnet, »welches von wesentlichem Einfluß auf mich gewesen ist« (B, 261). *Oupnekhat* ist die lateinische Übersetzung einer persischen Version der Upanischaden. Dieses Buch legt Schopenhauer nicht mehr aus der Hand. Noch 1851 bekennt er: »Es ist die belohnendeste und erhebendeste Lektüre, die [...] auf der Welt möglich ist: sie ist der Trost meines Lebens gewesen und wird der meines Sterbens seyn« (P II, 348). Mit dem Buddhismus beschäftigt sich Schopenhauer erst nach der Fertigstellung seines Hauptwerks (W I).

1814 ist auch das Jahr des endgültigen Zerwürfnisses mit der Mutter. Schopenhauer mischt sich massiv in ihre Lebensgestaltung ein. Johanna Schopenhauer, die nach dem Tode ihres Mannes eine selbständige Frau geworden war, hat es satt, ihren Salon und vor allem ihre Beziehung zu ihrem Freund, Müller von Gerstenbergk, gegen ständige Vorwürfe und Unterstellungen ihres Sohnes verteidigen zu müssen. Verletzt und wütend schreibt sie in einem Brief im Mai 1814: »Die Thüre die Du gestern nach dem Du Dich gegen Deine Mutter höchst ungeziemend betragen hattest so laut zuwarfst fiel auf immer zwischen mir und Dir. [...] Nicht Müller [von Gerstenbergk], das betheuere ich hier vor Gott an den ich glaube, Du selbst hast Dich von mir losgerissen, Dein Mistrauen, Dein Tadeln meines Lebens, der Wahl meiner Freunde, Dein wegwerfendes Benehmen gegen mich, Deine Verachtung gegen mein Geschlecht, Dein deutlich ausgesprochener Wiederwillen zu meiner Freude beizutragen, Deine Habsucht, Deine Launen denen du ohne Achtung gegen mich in meiner Gegenwart freien Lauf ließest, dies und noch vieles mehr das Dich mir durchaus bösartig erscheinen läßt, dies trennt uns. [...] ich habe nichts mehr mit Dir zu schaffen [...]. Du hast mir zu weh gethan. Lebe und sei so glücklich als Du kannst« (54. Jb 1973, 128).

In jene Zeit fällt auch der bissige Wortwechsel zwischen Mutter und Sohn, der durch Wilhelm von Gwinner überliefert ist: »Als ihr die Vierfache Wurzel überreicht wurde, fragte sie, das sei wohl etwas für Apotheker! Er entgegnete ihr damals: man werde sie noch lesen, wann von ihren Schriften kaum mehr ein Exemplar in einer Rumpelkammer stecken werde, und sie gab ihm schlagfertig den Spott mit den Worten zurück: ›Von den deinigen wird die ganze Auflage noch zu haben sein‹« (Ge, 17; Gw, 85 f.).

Von 1814–1818 verfaßt Schopenhauer in Dresden *Die Welt als Wille und Vorstellung*. Aus dem Gärungsprozeß seines Denkens hebt sich seine Philosophie nach und nach hervor »wie aus dem Morgennebel eine schöne Gegend« (HN I, 113). »Während dieses vierjährigen Aufenthalts in Dresden ist es gewesen, daß in meinem Kopfe, gewissermaaßen ohne mein Zuthun, mein philosophisches System, strahlenweise wie ein Krystall zu einem Centro konvergirend, zusammenschoß, so wie ich es sofort im ersten Bande meines Hauptwerks niedergelegt habe. Mich haben nicht die Bücher, sondern die Welt hat mich befruchtet« (B, 261).

Schopenhauer preist in einem Brief an seinen Verleger F. A. Brockhaus, Kants Philosophie ausnehmend, die uneingeschränkte, philosophiegeschichtlich neuzeitliche Einzigartigkeit der *Welt als Wille und Vorstellung* sowie ihre philosophische Redlichkeit. In dem Brief vom 28. März 1818 heißt es: »Mein Werk ist ein neues philosophisches System: aber neu im ganzen Sinn des Worts: nicht neue Darstellung des schon Vorhandenen: sondern eine im höchsten Grad zusammenhangende Gedankenreihe, die bisher noch nie in irgend eines Menschen Kopf gekommen. Das Buch, in welchem ich das schwere Geschäft, sie Andern verständlich mitzutheilen ausgeführt habe, wird, meiner festen Überzeugung nach, eines von denen seyn, welche nachher die Quelle und der Anlaß von hundert andern Büchern werden« (B, 291; vgl. M, 87 ff.). – Verzögerungen des Druckablaufs, die vom Verleger nicht verschuldet sind, führen zum Zerwürfnis. Schopenhauer wirft auf kränkende Weise Brockhaus Vertragsbruch sowie absichtliche Täuschung vor und verfährt mit ihm wie mit einem »Vetturino«, einem Lohnkutscher. Brockhaus: »Ich muß mich mit diesem Menschen sehr zusammennehmen, weil er ein wahrer Kettenhund ist« (Gw, 129; vgl. M, 87 f.).

Im September 1818 unternimmt Schopenhauer eine Erholungs- und Bildungsreise nach Italien. In Venedig verliebt er sich in eine reiche Italienerin und spricht von Heiratsabsichten. Adele, seine Schwester, witzelt in einem Brief: »Die Geliebte ist reich, sie ist von Stande gar, und doch meinst du, sie werde dir folgen wollen? Wunderlich, dazu gehörte *Liebe*!« (BW I, 257). Zur gleichen Zeit weilt der englische Dichter Lord Byron in Venedig. Obwohl Schopenhauer einen Empfehlungsbrief Goethes an Byron besitzt (vgl. M, 96), kommt es aus Furcht vor Eifersucht zu keiner Begegnung: »Immer wollte ich mit Goethes Brief zu ihm«, erzählt Schopenhauer später, sich vor die Stirn schlagend, »als ich es eines Tages ganz aufgab. Mit meiner Geliebten ging ich auf dem Lido spazieren, als meine Dulcinea in der größten Aufregung aufschrie: *Ecco il poëta inglese!* Byron sauste zu Pferd an mir vorüber, und die Donna konnte den ganzen Tag diesen Eindruck nicht los werden. Da beschloß ich Goethes Brief nicht abzugeben. Ich fürchtete mich vor Hörnern. Was hat mich das schon gereut!« (Ge, 220)

In Rom erhält Schopenhauer das erste Exemplar der *Welt als Wille und Vorstellung*. Gleichzeitig erfährt er von seiner Schwester, daß Goethe das Werk »mit großer Freude« empfangen, das dicke Buch in zwei Teile zerschnitten und sich die für ihn bedeutendsten Stellen notiert hat (BW I, 250 f.; zur Rezeption Goethes von W I vgl. M, 97 f.). – Schopenhauer verkehrt »in der feinen Toilette des Weltmanns« im Café Greco, wo er mit seinen Schroffheiten aneckt. Er provoziert dort deutsche Gäste, indem er verkündet, die deutsche Nation sei von allen die dümmste. Oder er sagt: »Das Beste an den Deutschen ist noch, daß sie überhaupt keine Religion mehr haben.« Die Reaktion bleibt nicht aus: »Laßt uns ihn hinauswerfen, den Lästerer« (Ge, 46 f.; vgl. Gw, 134 f.).

Die Reise geht weiter über Neapel nach Paestum, dann zurück nach Rom und Florenz. In Paestum denkt er »mit Ehrfurchtsschauer« daran, auf dem Boden zu stehen, »den vielleicht Platons Fußsohle betreten« hat (B, 656). – Unterdessen bringt eine Dresdner Kammerzofe ein Kind von ihm zur Welt, eine Tochter. Adele Schopenhauer schreibt ihrem Bruder: »Das Mädchen, die du kennst, jammert mich sehr« (BW I, 254). In ihr Tagebuch trägt sie am 27. April 1819 ein: »Sein Mädchen in Dresden ist guter Hoffnung« (Adele Schopenhauer, *Tagebücher*, Bd. 2, Leipzig 1909, 20). Das Kind stirbt nach wenigen Monaten. – Auf der Rückreise erfährt Schopenhauer noch in Italien vom Zusammenbruch des Danziger Handelshauses Muhl. Sein Vermögensanteil ist gefährdet. Durch klugen, zähen Kampf kann er ihn im Gegensatz zu Mutter und Schwester ohne Verlust retten. Die materielle Grundlage seiner philosophischen Existenz bleibt gesichert.

Im März 1820 habilitiert sich Schopenhauer an der Universität Berlin. Bei der Disputation im Anschluß an seine *Probevorlesung, über die vier verschiedenen Arten der Ursachen* kommt es vor versammelter Fakultät zu einer Kontroverse mit Hegel über den Terminus »animalische Funktion« (vgl. Gw, 168). Schopenhauers in Latein gehaltene *Feierliche Lobrede auf die Philosophie* leitet Ende März 1820 seine Vorlesung ein. Sie macht die in Berlin herrschende nachkantische Philosophie für den allgemeinen wie auch sprachlichen Niedergang der Philosophie verantwortlich und warnt vor einem »Rächer« (VN I, 58), der der Philosophie wieder zu ihrem früheren Glanz verhelfen werde.

Die Ankündigung von Schopenhauers großer Vorlesung für den Sommer 1820 lautet: »Die gesammte Philosophie, d. i. die Lehre vom Wesen der Welt und von dem menschlichen Geiste trägt privatim vor wöchentlich sechsmal von 4–5 Herr *Dr.* Schopenhauer« (Gw, 192; vgl. VN II, 14). Schopenhauer trägt mit seinen *Philosophischen Vorlesungen* – sie gehören zum gewichtigsten Teil seines handschriftlichen Nachlasses – den größten zusammenhängenden Systementwurf vor, den er je verfaßt hat. Er erweitert hier *Die Welt als Wille und Vorstellung*, von der bis zu diesem Zeitpunkt nur der 1. Band erschienen ist, auf den doppelten Umfang. – Wegen des Desinteresses der Studenten hält Schopenhauer diese Vorlesung nur ein einziges Mal. Gleichwohl kündigt er noch bis zum Wintersemester 1831/32 weitere Vorlesungen an. Keine von ihnen hat er mehr gehalten. Auch die provozierende Festsetzung der Stunde – »am passendesten ist wohl die, wo Herr Prof: Hegel sein Hauptkollegium liest« (B, 55) – trägt zum Scheitern seiner Universitätskarriere bei. Neben Hegels Ruf und Zulauf bleibt der Unbekannte gänzlich unbeachtet.

In den Berliner Jahren beschäftigt sich Schopenhauer intensiv mit naturwissenschaftlichen Studien, z. B. mit dem Werk des fran-

zösischen Physiologen und Materialisten Cabanis. – Nur wenige
Rezensionen erscheinen zur *Welt als Wille und Vorstellung* (vgl.
M, 103 ff.). Schopenhauer stellt sich auf weitere »10 Jahre Nicht-
beachtung« ein. »Ich habe gelebt, um mein Buch zu schreiben: daher von dem was ich in der Welt wollte und sollte sind 99/100 gethan und gesichert: der Rest ist Nebensache, folgl. auch meine
Person und ihr Schicksal« (B, 83).

4. *Ein Einsamkeit blickendes Auge.*
Mein Zeitalter und ich passen nicht für einander (1822–1851)

»Herzlich gern« läßt er 1822 das »dürre Berlin« hinter sich und
auch sein ganzes »tintenklexendes, wortkramendes Vaterland«
(B, 86). Noch einmal begibt er sich auf eine Reise nach Italien.
Zwölf Monate lang verbringt er eine unbeschwerte, »äußerst an-
genehme« Zeit. »Ich war so gesellig wie lange nicht« (B, 92). »Mit
Italien lebt man wie mit einer Geliebten, heute im heftigen Zank,
Morgen in Anbetung: – mit Teutschland wie mit einer Hausfrau,
ohne großen Zorn und ohne große Liebe« (B, 88).

Wieder nach Deutschland zurückgekehrt häufen sich Krank-
heiten, Mißerfolge und enttäuschte Hoffnungen. Schopenhauers
psychische Verfassung steht vor einem Umbruch. Er hat zu kämpfen mit einer Nervenkrankheit und der Ertaubung des rechten
Ohrs, mit dem faktischen Abbruch der Universitätslaufbahn (eine
Umhabilitierung nach Heidelberg schlägt fehl), mit einem lang-
wierigen, schließlich verlorenen Prozeß wegen Körperverletzung
einer Näherin, mit der unbefriedigend verlaufenden Liebesbezie-
hung zur Chorsängerin und Tänzerin Caroline Richter, genannt
Medon, mit dem Scheitern von Übersetzungsplänen, mit finan-
ziellen Verlusten durch eine nachteilige Kapitalanleihe. – In diesen Jahren des bedrückenden Schwebezustands zwischen Beruf
und Berufslosigkeit fragt Schopenhauer 1828 bei Brockhaus an,
wie sich sein vor zehn Jahren erschienenes Buch, *Die Welt als Wille
und Vorstellung*, verkaufe. Die Antwort ist niederschmetternd. Wegen des »sehr unbedeutenden« Absatzes wurde ein beträcht-

licher Teil der Auflage zu Altpapier gemacht (BW I, 392; vgl.
M, 99 f.).

Schopenhauer bekommt allmählich ein »Einsamkeit blickendes
Auge«, wird »systematisch ungesellig«, nimmt sich vor, »den Rest
des flüchtigen Lebens ganz mir selbst zu widmen und so wenig
wie möglich davon mit jenen Geschöpfen zu verlieren, denen der
Umstand, daß sie auf zwei Beinen gehen, das Recht giebt, uns für
ihresgleichen zu halten« (HN IV 2, 111). – In einer anderen pri-
vaten Aufzeichnung um 1822/23 verrät er die Methode seiner
Selbstbehauptung, die Meisterung seiner Krise aus eigener Kraft:
»Wenn ich zu Zeiten mich unglücklich gefühlt, so ist dies mehr
nur vermöge einer *méprise*, eines Irrthums in der Person geschehen, ich habe mich dann für einen Andern gehalten, als ich bin,
und nun dessen Jammer beklagt: z. B. für einen Privatdocenten,
der nicht Professor wird und keine Zuhörer hat, oder für Einen,
von dem dieser Philister schlecht redet und jene Kaffeeschwester
klatscht, oder für den Beklagten in jenem Injurienprozesse, oder
für den Liebhaber, den jenes Mädchen, auf das er capricirt ist,
nicht erhören will, oder für den Patienten, den seine Krankheit zu
Hause hält, oder für andere ähnliche Personen, die an ähnlichen
Misèren laboriren: das Alles bin ich nicht gewesen, das Alles ist
fremder Stoff, aus dem höchstens der Rock gemacht gewesen
ist, den ich eine Weile getragen und dann gegen einen andern ab-
gelegt habe. Wer aber bin ich denn? Der, welcher die Welt als
Wille und Vorstellung geschrieben und vom großen Problem des
Daseins eine Lösung gegeben […]. Der bin ich, und was könnte
den anfechten in den Jahren, die er noch zu athmen hat?« (HN
IV 2, 109)

Fast beiläufig lernt Schopenhauer ab 1825 als Autodidakt Spanisch und beginnt, Balthasar Graciáns *Hand-Orakel und Kunst der
Weltklugheit* zu übersetzen. Für die 300 Verhaltensregeln findet
sich kein Verleger. Die Übersetzung erscheint posthum 1862. –
Die Farbenlehre *Ueber das Sehn und die Farben* erscheint 1830 um-
gearbeitet und lateinisch übersetzt *(Theoria colorum physiologica)*.

Ende August 1831 verläßt Schopenhauer wegen der drohenden
Cholera fluchtartig Berlin und geht als »privatisirender Fremder«

nach Frankfurt am Main, wo er sich endgültig ab Juni 1833 bis zu seinem Tod im Jahre 1860 niederläßt: »Guter Ort für eine Eremitage.«

Johanna Schopenhauer sorgt sich um die Gesundheit ihres einsam lebenden Sohnes. Am 30. 3. 1832 schreibt sie ihm: »Was du über deine Gesundheit, deine Menschenscheu, deine düstere Stimmung mir schreibst, betrübt mich mehr als ich dir sagen kann und darf. Du weißt warum. Gott helfe dir und sende dir Licht und Muth und Vertrauen in dein umdüstertes Gemüth!« (BW I, 435) – Für sich notiert Schopenhauer (um 1831): »Sobald ich zu denken angefangen, habe ich mich mit der Welt entzweit gefunden [...] Mein ganzes Leben hindurch habe ich mich schrecklich einsam gefühlt und stets aus tiefer Brust geseufzt: ›Jetzt gieb mir einen Menschen!‹ Vergebens. Ich bin einsam geblieben. Aber ich kann aufrichtig sagen, es hat nicht an mir gelegen: ich habe Keinen von mir gestoßen, Keinen geflohen, der an Geist und Herz ein Mensch gewesen ist: nichts als elende Wichte, von beschränktem Kopf, schlechtem Herzen, niedrigem Sinn habe ich gefunden« (HN IV 2, 116 f.). Nur wenige nimmt er aus, zum Beispiel Goethe.

Auch seinem Zeitalter gegenüber fühlt er sich als Fremdling. »*Mein Zeitalter und ich* passen nicht für einander« (HN IV 1, 216). »Ich schreibe für die Einzelnen, mir Gleichen, die hie und da im Lauf der Zeit leben und denken, nur durch die zurückgelaßnen Werke mit einander kommuniziren, und dadurch Einer der Trost des Andern sind« (HN IV 1, 150). Verbitterung mischt sich in seine Zurückgezogenheit: »Mich haben die Unterrichtsministerien nicht brauchen können: und ich danke dem Himmel, daß ich kein Solcher bin, den sie brauchen könnten. Sie können eigentlich nur Solche brauchen, die sich brauchen lassen« (HN IV 1, 273). – Seinen Zeitgenossen erscheint der einsame Denker als wunderlicher, in altmodischer Tracht gekleideter Sonderling, der auf raschen Spaziergängen von einem Pudel begleitet wird und dabei heftig gestikulierend Selbstgespräche führt.

Wieder erfährt Schopenhauer von Brockhaus, daß es in neuerer Zeit »gar keine Nachfrage« nach der *Welt als Wille und Vorstellung* gab, weshalb die Restauflage »großentheils zu Maculatur« vernichtet wurde (vgl. BW I, 461). Ohne Honorar veröffentlicht er 1836 seine Schrift *Ueber den Willen in der Natur. Eine Erörterung der Bestätigungen, welche die Philosophie des Verfassers, seit ihrem Auftreten, durch die empirischen Wissenschaften erhalten hat.* In der Einleitung verurteilt er scharf die führenden Vertreter der nachkantischen Spekulation. Schopenhauer zählt diese Schrift, die auf Versöhnung der empirischen Wissenschaften mit der Metaphysik zielt, zu seinen wichtigsten Arbeiten, weil sie den »Kern meiner Metaphysik, den eigentlichen *nervus probandi* der Sache, gründlicher darlegt, als irgend eine andere« (B, 261).

1837 plädiert er bei einer geplanten Kant-Ausgabe erfolgreich für den Abdruck der ersten Auflage der *Kritik der reinen Vernunft* von 1781. Diese Auflage, nicht die zweite, ist in seinen Augen die echte unverfälschte Gestalt dieses »wichtigste[n] Buch[es], das jemals in Europa geschrieben worden« (B, 167; Briefe von Rosenkranz: BW I, 477 ff.). – Seine Vorschläge im gleichen Jahr zur Gestaltung des Frankfurter Goethe-Monuments werden dagegen nicht akzeptiert (vgl. B, 160 ff.).

Schopenhauer beteiligt sich 1837 und 1838 an zwei skandinavischen Preisfragen, die er 1841 gemeinsam unter dem Titel *Die beiden Grundprobleme der Ethik* veröffentlicht. Die erste Schrift, *Ueber die Freiheit des menschlichen Willens*, wird von der Norwegischen Societät der Wissenschaften preisgekrönt. Schopenhauer widerfährt die erste öffentliche Anerkennung. Die zweite Schrift, *Ueber das Fundament der Moral*, erhält von der Dänischen Societät keine Auszeichnung. Schopenhauer schreibt im Vorwort 1841: »Wenn die Herren Preisfragen in die Welt ergehn lassen, müssen sie vorher sich eine Portion Urtheilskraft anschaffen« (E, 356; vgl. E, 327–358).

Die nächsten Jahre dienen dem weiteren Ausbau des philosophischen Systems. Zwar bleibt die ersehnte Anerkennung zunächst noch aus, aber die Krise der ersten Frankfurter Jahre ist weitgehend aufgefangen. Schopenhauer arbeitet an einem Ergänzungsband der *Welt als Wille und Vorstellung*. In fünfzig Kapiteln sollen die in 24 Jahren gesammelten Gedanken mitgeteilt werden, »die Frucht eines ganzen, unter stetem Studium und Nachdenken hingebrachten Lebens«. Der zweite Band verhält sich dabei zum ersten »wie das ausgemalte Bild zur bloßen Skitze« (B, 195). »Es handelt sich jetzt in der That darum«, schreibt Schopenhauer an Brockhaus, »ein Werk in die Welt zu setzen, dessen Werth und Wichtigkeit so groß ist, daß ich selbst hier hinter den Kulissen, d. h. dem Verleger gegenüber, solche nicht auszusprechen wage: weil Sie mir nicht glauben können« (B, 195 f.). Und: »Die große, aufgedunsene Seifenblase der Fichte-Schelling-Hegelschen Philosophie ist soeben im endlichen Platzen begriffen: dabei ist das Bedürfniß einer Philosophie größer, als jemals: man sehnt sich nach solider Speise: diese kann man allein bei mir finden, dem lange Verkannten« (B, 198).

Nach zähen Verhandlungen mit dem Verlag verzichtet Schopenhauer auf ein Honorar, damit beide Bände seines Hauptwerks 1844 erscheinen können. Vom ersten Band, der im wesentlichen bis auf den Kant-Anhang unverändert bleibt, werden noch einmal 500 Exemplare gedruckt, vom zweiten Band 750. »Nicht den Zeitgenossen«, so eröffnet die Vorrede, »nicht den Landesgenossen – der Menschheit übergebe ich mein nunmehr vollendetes Werk« (W I, 14). Schopenhauer ist überzeugt, daß der Ergänzungsband das Beste enthält, was er je geschrieben hat. – Zwei Jahre später teilt ihm Brockhaus mit: »Ich kann Ihnen zu meinem Bedauern nur sagen, daß ich damit ein *schlechtes* Geschäft gemacht habe, und die nähere Auseinandersetzung erlassen Sie mir wol« (BW I, 609).

Erste Anhänger versammeln sich um Schopenhauer, »Apostel« und »Evangelisten«. Es sind neben dem schon erwähnten Julius Frauenstädt, dem späteren Erben des literarischen Nachlasses, der Justizrat Friedrich Dorguth, der Rechtspraktikant Adam von Doß, der Redakteur der Vossischen Zeitung Ernst Otto Lindner und der Englischlehrer David Asher. Mit dem Kreisrichter Johann August Becker führt er einen philosophisch bemerkenswerten Briefwechsel, der wichtige Klarstellungen des Werkverständnisses enthält (vgl. Briefwechsel zwischen Schopenhauer und Becker 1883, BW I/II).

Während der Revolution von 1848 ergreift der aristokratisch

konservativ gesinnte Schopenhauer Partei für die Regierung, für die Aufrechterhaltung der gesetzlichen Ordnung. Soldaten leiht er seinen »großen doppelten Opernkucker«, damit sie besser »das Pack hinter der Barrikade« – die »souveräne Kanaille« – ausmachen können (B, 234). Noch in seinem Testament gedenkt er der »Aufruhr- und Empörungskämpfe«, indem er über einen Fonds die zerschossenen und verkrüppelten Preußischen Soldaten sowie deren Witwen und Waisen zu seinen Universalerben einsetzt (vgl. Busch 1950, 67). Schopenhauer kennt diese Leidenden, die ihm in Frankfurt oft als Bettler begegnen.

5. *Komödie meines Ruhmes (1851–1860)*

1851 erscheinen in zwei Bänden die *Parerga und Paralipomena*, also Nebenarbeiten und Nachgebliebenes. Mit diesem letzten, für ein größeres Publikum allgemeinverständlich abgefaßten Werk – »mein ›Philosoph für die Welt‹« (B, 244) – gelingt Schopenhauer der Durchbruch zum philosophischen Erfolg wie auch zur Anerkennung als Klassiker der deutschen Sprache. Der erste Band enthält unter anderem die polemische Abhandlung *Ueber die Universitätsphilosophie* sowie die berühmten *Aphorismen zur Lebensweisheit.* »O, meine Abhandlung über die Universitätsphilosophie gleicht jetzt dem wiehernden Streitroß im Stall: es will hinaus!« (B, 250) Der zweite Band umfaßt vereinzelte, jedoch systematisch geordnete Gedanken über zentrale und beiläufige Gegenstände. »Ich bin wirklich froh«, schreibt Schopenhauer im Oktober 1850, »die Geburt meines letzten Kindes noch zu erleben, womit ich meine Mission auf dieser Welt vollbracht sehe. Wirklich fühle ich jetzt eine Last, die ich seit meinem 24. Jahre getragen und schwer gespürt habe, von mir genommen. Das kann sich Keiner denken, wie es ist« (B, 251).

In den 50er Jahren wird Schopenhauer berühmt. Der »Kaspar Hauser der Philosophieprofessoren« (P I, 137), der Verspätete, der Übriggebliebene, spricht jetzt von der »Komödie meines Ruhmes« (Ge, 308). Bücher über ihn erscheinen (zum Beispiel

Frauenstädt 1854), er wird in Vorlesungen behandelt, in Philosophiegeschichten berücksichtigt (zum Beispiel Erdmann 1853), die Universität Leipzig stellt eine Preisaufgabe über seine Philosophie (Seydel 1857; Bähr 1857; vgl. M, 127–179). Neue Auflagen seiner Schriften werden erforderlich (zweite, vermehrte Auflage der Dissertation, 1847; zweite Auflage von *Ueber den Willen in der Natur,* 1854; zweite Auflage von *Ueber das Sehn und die Farben,* 1854; dritte Auflage des Hauptwerks, 1859; zweite Auflage der Preisschriften, 1860). Auch in England erscheinen Rezensionen (John Oxenford), Richard Wagner schickt »aus Verehrung und Dankbarkeit« den *Ring des Nibelungen* (vgl. HN V, 436 f.), Besucher stellen sich ein (zum Beispiel Friedrich Hebbel), Porträts werden gemalt (Jules Lunteschütz), eine Büste wird hergestellt (Elisabeth Ney). Das öffentliche Interesse wächst; eine Zeitung berichtet sogar über eine leichte Verletzung an der Stirn, die sich der Philosoph bei einem Sturz zugezogen hat. – »Meine Werke«, schreibt Schopenhauer im September 1858 an Brockhaus, »haben eingeschlagen und daß es kracht. Ganz Europa kennt sie. Aus *Moskau* und *Upsala* kommen mir Besucher. Und es wird noch viel besser kommen: noch sehr viele Jahre hindurch wird mein Ruhm wachsen, und zwar nach den Gesetzen einer Feuersbrunst« (B, 436).

Mittags und abends ißt er im Hotel »Englischer Hof«. Fremde, Neugierige, Gaffer stellen sich ein. Stets begleitet ihn sein Pudel, den er in der Öffentlichkeit provokativ »Mensch!« ruft. Der Frankfurter Schauspieler Friedrich Haase hat eine Begegnung mit dem 70jährigen Philosophen (um 1858) festgehalten: »Mittags pflegte ich im ›Englischen Hof‹ zu speisen und hatte die Ehre und Freude gegenüber dem ebenfalls dort speisenden gewaltigen Schopenhauer zu sitzen, welcher nie ein Wort sprach, während des Essens wissenschaftliche Zeitungen zu lesen pflegte und nur beim Verlassen seines Stuhles, ohne jemals zu grüßen, seinem unter demselben liegenden Pudel sehr laut zurief: ›Komm', Mensch!‹ Eines Tages […] bemerkte ich, daß Schopenhauer, über seine Brille weg, mich scharf fixirte und plötzlich zu mir sagte: ›Herr Haase, ich habe Sie gestern Abend im Faust spielen sehen und viel Anregung durch Ihre Darstellung empfangen.‹ […] Noch allerlei fügte der große Philosoph hinzu, was ich nicht wieder erzählen darf, weil es sehr lobend war, aber daß er schließlich: ›Adieu, Herr Haase!‹ und zum Pudel: ›Komm', Mensch!‹ sagte, darf ich erwähnen« (Ge, 340).

Schopenhauer stirbt am 21. September 1860 und wird auf dem Frankfurter Hauptfriedhof beerdigt. Ausdrücklich wünscht er in seinem Testament, auf seinem Grab »gar nichts« außer zwei Worten zu lesen: Arthur Schopenhauer – »aber schlechterdings nichts weiter« (BW III, 174; Busch 1950, 70). Sein letzter Wille ist: »ein Grab auf ewige Zeiten für mich« (BW III, 169; Busch 1950, 76).

II. SCHOPENHAUERS GRUNDGEDANKE

Die Mittheilung eines noch nie dagewesenen Gedankens,
daß diese Welt, in der wir leben und sind,
ihrem ganzen Wesen nach, durch und durch Wille
und zugleich durch und durch Vorstellung *ist.*

1. In des Teufels Klauen

Der 26jährige Schopenhauer notiert sich 1814: »Nichts ist abgeschmackter als die Mährchen zu verlachen vom Faust und Andern *die sich dem Teufel verschrieben*. Das einzige Falsche an der Sache ist nämlich nur Dies, daß es von Einzelnen erzählt wird, wir aber Alle in dem Fall sind und das *pactum* geschlossen haben« (HN I, 110). In dieser frühen, in Dresden verfaßten Notiz aus dem handschriftlichen Nachlaß versteht Schopenhauer den »Teufel« als bildhaften Ausdruck für eine unheimliche, überall verbreitete und von allen bejahte Macht, die er noch nicht genauer benennen kann. Wenn aber *alle* Menschen mit dem »Teufel« einen Pakt geschlossen haben, gleicht dann nicht bereits unser irdischer Aufenthaltsort eher der Hölle als dem Himmel?

Zum Zeitpunkt dieser Notiz ist Schopenhauers Dissertation *Ueber die vierfache Wurzel des Satzes vom zureichenden Grunde* schon abgeschlossen (1813). Er beginnt gerade, zunächst noch tastend, mit Vorarbeiten zu seinem Hauptwerk, *Die Welt als Wille und Vorstellung* (1819, Bd. II: 1844). In der Notiz heißt es weiter: »Wir leben, streben entsetzlich das Leben (das doch nur eine lange Galgenfrist ist) uns zu erhalten, (wir füttern emsig den Delinquenten der doch hängen muß) wir genießen, und für alles das müssen wir sterben, sind dafür dem Tode anheimgefallen, mit dem es nicht Spas ist, sondern bitterer Ernst, er ist eben wirklich der Tod, für alle zeitliche Wesen, für uns wie für die Thiere, für die Thiere wie für die Pflanzen, ja wie für jeden Zustand der Materie« (HN I, 110).

Die Metapher vom »Teufel« ist – auch atmosphärisch – geeignet, eine erste Vororientierung über die Philosophie Schopenhauers zu geben: Etwas ist böse, verkehrt ausgerichtet am Menschen, etwas ist unheil am endlichen Leben überhaupt, und der

Tod ist der Preis, ja, die Strafe dafür. Später, 1851, heißt es zum Beispiel: »Daß unser Daseyn selbst eine Schuld implicirt, beweist der Tod« (P II, 280). Oder, 1844: Der Tod kann aufgefaßt werden als eine »Strafe für unser Daseyn« (W II, 589). »Wir sind im Grunde etwas, das nicht seyn sollte: darum hören wir auf zu seyn« (W II, 589).

Worin besteht das Verhängnis? Schopenhauers frühe Antwort (1814) lautet bereits, an ihrer Radikalität wird sich nichts ändern: »Daß wir überhaupt *wollen* ist unser Unglück: auf das *was* wir wollen kommt es gar nicht an. Aber das Wollen (der Grundirrthum) kann nie befriedigt werden; daher hören wir nie auf zu wollen und das Leben ist ein dauernder Jammer: denn es ist eben nur die Erscheinung des Wollens, das objektivirte Wollen. Wir wähnen beständig das gewollte Objekt könne unserm Wollen ein Ende machen.« Aber dies ist ein eingefleischter Irrtum: »Denn das gewollte Objekt, nimmt sobald es erlangt ist, nur eine andre Gestalt an und ist gleich wieder da: es ist der wahre Teufel, der uns stets unter andern Gestalten neckt« (HN I, 120). – Der Mensch ist in sein Wollen, in die »Liebe zum Objekt« verstrickt. »Das *Lebenwollen* [ist] die wahre Verdamniß« (HN I, 118).

In einer anderen Notiz aus dem gleichen Jahr nennt Schopenhauer das Stichwort »Egoismus«, das näheren Aufschluß geben soll über unseren Pakt mit dem »Teufel«. Diesem Stichwort wird fortan und vor allem im ausgearbeiteten philosophischen System eine Schlüsselrolle zukommen: »Wenn dich der *Egoismus* ganz erfüllt und gefaßt hat, sey es als Freude, als Triumpf, als Begier, als Hoffnung, oder als wüthender Schmerz, als Aerger, als Zorn, als Furcht, als Mißtraun, als Eifer jeder Art; so bist du in des Teufels Klauen, und *wie* ist einerlei. – Daß du eilest herauszukommen thut Noth, und *wie* ist wieder einerlei« (HN I, 109).

In einer ersten, sehr vagen Annäherung läßt sich – metaphorisch – sagen: Schopenhauers Philosophie faßt das mit dem Tod konfrontierte Leben als einen »Teufelspakt« auf, sucht Irrtum wie Schuld des Menschen zu ergründen und fragt nach Möglichkeiten, den »Teufel« zu prellen, sich von ihm zu befreien. Von Anfang an ist erkennbar, daß für Schopenhauer das, was die Welt *ist*, oder das, »was die

Welt im Innersten zusammenhält« (*Faust I*, Vers 382), keinen neutralen Sachverhalt darstellt, der wissenschaftlich wertfrei untersucht
und erklärt werden könnte, sondern eine moralische Bedeutung
hat, die der philosophischen *Interpretation* bedarf: »Die Kraft, welche
das Phänomen der Welt hervorbringt, mithin die Beschaffenheit
derselben bestimmt, in Verbindung zu setzen mit der Moralität der
Gesinnung, und dadurch eine MORALISCHE Weltordnung als Grundlage der PHYSISCHEN nachzuweisen, – dies ist seit SOKRATES das Problem der Philosophie gewesen« (W II, 685).

2. Befreiung

Bereits in den frühen Manuskripten taucht wiederholt das Motiv
der »Befreiung« auf, das letztlich mit dem Tod verbunden ist: die
Erlösung von aller Subjektivität und damit von der zeitlichen Welt
der egoistischen Begierden, die »Entrückung in eine höhere Welt«
(HN I, 43). Schopenhauer drückt dieses Motiv mit dem Terminus »bessres Bewußtseyn« aus, ein Terminus, den er nur kurz verwendet (1812–1814) und der in seinem Hauptwerk nicht mehr
vorkommt: »Ich aber sage: in dieser Zeitlichen, Sinnlichen, Ver-
ständlichen Welt giebt es wohl Persönlichkeit und Kausalität, ja sie
sind sogar nothwendig. – Aber das bessre Bewußtseyn in mir erhebt mich in eine Welt wo es weder Persönlichkeit und Kausalität
noch Subjekt und Objekt mehr giebt. Meine Hoffnung und mein
Glaube ist daß dieses bessre (übersinnliche außerzeitliche) Bewußtseyn mein einziges werden wird: darum hoffe ich es ist kein
Gott« (HN I, 42).

Das bessere Bewußtsein, das Höchste und Beste im Menschen,
ist »*hoch über alle Vernunft*« (HN I, 44), jenseits der Spaltung von
Subjekt und Objekt, ein über-vernünftiges Vermögen mystisch-
metaphysischer Erkenntnis. Es ist etwas sprachlich Unbenennbares,
Überzeitliches, Übersinnliches, Unpersönliches, Grundloses, be-
dürfnislos Seliges. Es gehört dem Reich der ewigen Platonischen
Ideen an, der Wahrheit und Tugend. Es ist mehr als ein *Wissen*
vom Absoluten, denn es »steht nicht in unsrer Willkühr nach Be-

griffen« (HN II, 326), vielmehr *ist* es das Absolute selbst. Man könnte es Gott nennen, wenn mit diesem Ausdruck nicht die Begriffe Persönlichkeit und Kausalität unabtrennbar verbunden wären.

Dem bessren Bewußtsein steht unvermittelbar das »empirische Bewußtseyn« gegenüber. Dieses, durch den Gegensatz von Subjekt und Objekt gekennzeichnet, ist zeitlich, sinnlich, kategorial, bedingt, personhaft, bedürftig. Es ist der Ort des Verstandes und der Vernunft, der trügerischen Begriffe, auch der Ort des Philosophierens, des nur bedingten Wissens vom Absoluten. Das empirische Bewußtsein repräsentiert das Leben in seiner ganzen zeitlichen Hinfälligkeit, es stellt die Welt der egoistischen Begierden dar, den Standpunkt der Nützlichkeit. Es ist der borniert – gleichsam der »teuflische« – Blick, der an den Dingen nichts anderes sieht, »als ihre Beziehung auf unser Individuum und dessen Bedürfnisse« (HN I, 47). »Mit dem empirischen Bewußtseyn ist nicht nur Sündhaftigkeit, sondern auch alle Uebel die aus diesem Reich des Irrthums, des Zufalls, der Bosheit und Thorheit folgen, und endlich der Tod nothwendig gesetzt« (HN I, 68).

»Wie kann es uns doch wundern«, schreibt Schopenhauer 1813, »daß diese Welt das Reich des Zufalls des Irrthums und der Thorheit, die der Weisheit auf das Haupt schlägt, ist, daß Bosheit darin wüthet, und jeder Abglanz des Ewigen nur wie ein Zufall darin Raum findet, dagegen tausend Mal verdrängt wird? Wie kann uns dies wundern, sage ich, da doch eben diese Welt (d. h. unser empirisches, sinnliches, verständiges Bewußtseyn in Raum und Zeit) ihr Entstehn nur durch das hat, was nach dem Ausspruch unsers bessern Bewußtseyns nicht seyn sollte, sondern die verkehrte Richtung ist, von der Tugend und Asketik die Rückkehr und ein, in Folge dieser, seeliger Tod die Ablösung ist (wie die der reifen Frucht vom Baum) und Plato deshalb *(Phaedon)* das ganze Leben des Weisen ein langes Sterben, d. i. Losreißen von solcher Welt, nennt? –« (HN I, 41)

Zwischen dem empirischen und dem besseren Bewußtsein – Schopenhauer spricht auch von der »Duplicität unsers Bewußtseyns« (HN I, 68) – gibt es keine Brücke, keine Vermittlung, »so wenig als wir eine Sommerstunde in den Winter hinübertragen, oder eine Schneeflocke in der heißen Stube bewahren, oder ein Stück eines schönen Traums in die Wirklichkeit bringen können oder so wenig die Töne einer Musik wenn sie ausgetönt hat eine Spur hinterlassen« (HN I, 79).

Es gibt nur ein existentialistisch anmutendes Entweder – Oder. Entweder wir ziehen uns in das bessere Bewußtsein zurück und verzichten auf alles Empirische, oder wir verstricken uns in das empirische Bewußtsein und verlieren ewige Wahrheit und ewiges Heil: *Das bessre Bewußtseyn* ist vom *empirischen* durch eine Gränze ohne Breite, eine *mathematische Linie*, getrennt: das wollen wir meistens nicht einsehn und glauben vielmehr es sei eine *physische*, auf der sich wandeln ließe, mitten zwischen beiden Gebieten, und von der man nach beiden sehn könnte: d. h. wir wollen den Himmel verdienen, und dabei die Blumen der Erde pflücken. Das geht aber nicht: wie wir das eine Gebiet betreten, haben wir auch gleich das andre verlassen und verleugnet: zu vermitteln und zu verbinden ist nichts, nur zu wählen, für jeden Augenblick« (HN I, 111).

In einem anderen Aphorismus heißt es: »Die Quelle aller wahren Seeligkeit, alles sicheren und nicht auf losem Sande sondern unerschütterlichem Boden gebauten Trostes, *(das bessre Bewußtseyn)* ist ja für unser empirisches Bewußtseyn gänzlicher Untergang, Tod und Vernichtung: kein Wunder daß wir aus ihr keinen Trost schöpfen können so lange wir auf dem Standpunkt des empirischen Bewußtseyns stehn, daß wir in dieses keinen Trost von dort herabtragen können [...] sondern daß uns jenes bessre Bewußtseyn auf dem harten Boden des empirischen verläßt, und von uns weicht, (wie der Priester den Hinzurichtenden am Schafot verläßt): daher um jenem bessern Bewußtseyn treu zu seyn, wir diesem empirischen entsagen [und] uns von ihm losreißen müssen. Selbstertödtung. –« (HN I, 79)

Die Befreiung vom empirischen Bewußtsein läßt »nach Wegnahme des Zeitlichen« (HN I, 47) das bessere Bewußtsein übrig, das keinerlei Objekte mehr hat. Mit dem Objekt – der Welt – ist auch das Subjekt vernichtet. Das bessere Bewußtsein ist »kein

Subjektseyn mehr« (HN I, 152): »Mit dem Eintritt des bessern Bewußtseyns verschwindet jene ganze Welt wie ein leichter Morgentraum, wie ein optisches Blendwerk [...] und selbst die Ideen verschwinden zuletzt, indem das Bewußtseyn sich zurückzieht in die ewige Ruhe und ungetrübte Seeligkeit, die geistige Sonne des Platon« (HN I, 136 f.).

3. Gar nicht mehr Mensch

Es gehört zu Schopenhauers stets präsenter Hintergrundüberzeugung, daß die menschliche Natur sündhaft, im Innern angefault (vgl. HN I, 138), daß die »Wurzel« in uns »das Schlechte« (Ge, 112) ist und der Erlösung bedarf – durch Erkenntnis. »Der Zweck des Lebens [ist,] daß wir unsern eignen Bösen Willen erkennen, daß er Objekt für uns werde, und wir demnach uns im Innersten bekehren« (HN I, 133). Die Erkenntnis dieses Willens, der sich in der Zeit entwickelt und darstellt, bezweckt die Be-kehrung des Willens, die Wende seiner bösen Ausrichtung. »Der Mensch erkennt in der Succession des Lebens, wie in einem Spiegel seinen Willen: der Schreck über diese Erkenntniß ist das Gewissen. Die Bitte: ›führe mich nicht in Versuchung‹ heißt: ›laß mich nicht sehn wie abscheulig ich bin‹« (HN I, 106).

Zur Philosophie Schopenhauers gehört gerade auch die Anstrengung, diese Bitte nach Selbsttäuschung nicht zu erfüllen. Es gilt, der einzigen Verpflichtung, die die Philosophie hat, unbedingt nachzukommen: »WAHR zu seyn« (W II, 218). In einem Brief an Goethe vom 11.11.1815 schreibt Schopenhauer: »Der Muth keine Frage auf dem Herzen zu behalten ist es der den Philosophen macht. Dieser muß dem Oedipus des Sophokles gleichen, der Aufklärung über sein eignes schreckliches Schicksal suchend, rastlos weiter forscht, selbst wenn er schon ahndet daß sich aus den Antworten das Entsetzlichste für ihn ergeben wird. Aber da tragen die Meisten die Jokaste in sich, welche den Oedipus um aller Götter willen bittet, nicht weiter zu forschen: und sie geben ihr nach, und darum steht es auch mit der Philosophie noch immer

wie es steht« (B, 18). Schopenhauer plädiert für eine unerschrok-
kene radikale Geisteshaltung, die insbesondere Nietzsche wieder
aufgreift und als vorbildhaft herausstellt (vgl. Nietzsche, KSA 6,
259).

Schopenhauer beginnt 1814, in dem für die Entstehung seines
Hauptwerks so fruchtbaren Jahr, mit dem Terminus »Wille«, den er
in seiner Bedeutung sehr erweitert, das Wesen des Menschen wie das
der Welt zu kennzeichnen. Zugleich setzt er dem Willen kontrapunktisch den Zustand des reinen Erkennens entgegen, den er anfangs als »bessres Bewußtseyn«, zuletzt als Verneinung des Willens
zum Leben, als »Nichts«, als das »Nirwana der Buddhaisten« bezeichnet (W I, Schluß). Die ausführlichen Darlegungen und Begründungen finden sich erst vier Jahre später in der *Welt als Wille und
Vorstellung* (W I) sowie in seinen Berliner *Philosophischen Vorlesungen*
(VN I–IV).

Der Wille steht für das nichtrationale, unheile Weltwesen. Er
kommt als dinghafte Welt zur Erscheinung, zur Verkörperung,
bringt sich gleichsam als ein »Spiegel« zum Ausdruck. »Ueberhaupt aber sehn wir daß Alles was ist nur Erscheinung von *Willen*
ist, verkörperter *Wille*. Wir wissen aber daß alle unsre Quaal nur
aus dem Willen kommt, wir nur in ihm unseelig, dagegen im reinen Erkennen, als von ihm befreit, seelig sind. – Der Wille also ist
der Ursprung des Bösen und auch des *Uebels* das nur für seine Erscheinung, den Leib, da ist: und der Wille ist auch der *Ursprung der
Welt*« (HN I, 146).

Ursprung des Bösen, Ursprung des Übels und Ursprung der
Welt fallen im Willen zusammen. Kein Mensch steht außerhalb
dieses universellen Schuldzusammenhangs. Alle sind durch ihren
Willen, der ihr Wesen ausmacht, in diesen Zusammenhang maß-
gebend, wenn auch unmerklich, verstrickt und verleihen der Welt
eine moralische Bedeutung. Zudem ist die Erscheinung des Willens in den Köpfen der Menschen – das ist die Welt als Vorstellung – auf gauklerische Weise so geartet, Schopenhauer spricht
von »Grundirrthum« (HN I, 120), daß sich jedem das Leben als
lebenswert darstellt. Das Leben wird wie selbstverständlich bejaht,
das Getriebe der Welt gewollt, das Leiden in Kauf genommen und

dadurch fortgesetzt. Aufgrund dieser, fast listig zu nennenden Bejahung des Willens zum Leben »ist es klar, daß es ungleich wahrer ist zu sagen: der Teufel hat die Welt geschaffen; als: Gott hat die Welt geschaffen: ebenfalls wahrer: die Welt ist Eins mit dem Teufel; als: die Welt ist Eins mit Gott« (HN I, 120). – Die Welt, wie sie uns in Erscheinung tritt, ist kristallisierte Moralität. Sie lediglich als neutralen Sachverhalt wissenschaftlich behandeln zu wollen, hieße, sich vollends dem »Teufel« zu verschreiben.

Der Umriß des philosophischen Systems zeichnet sich in Schopenhauers frühen Manuskripten seines handschriftlichen Nachlasses immer deutlicher ab. Die unterschiedlichsten Bausteine werden zusammengetragen, ineinandergefügt und konturieren allmählich den Gedanken: Erlösung durch Erkenntnis – oder genauer: Erlösung vom egoistischen Wollen durch Erkenntnis. Bereits 1814 stellt Schopenhauer die große Alternative seines gesamten Denkens – »*wollend unseelig*« oder »*erkennend seelig*« (HN I, 166) – deutlich heraus: »Der Zweck des Lebens (ich brauche hier einen nur gleichnißweise wahren Ausdruck) ist die Erkenntniß des Willens. Das Leben ist der Spiegel des Willens, dessen in innrer Entzweiung bestehendes Wesen darin Objekt wird, durch welche Erkenntniß der Wille sich wenden kann und Erlösung möglich ist. Wären wir bloß wollend und nicht erkennend, so wären wir ewiger Verdamniß Preiß gegeben. Das Leben ist daher nur insofern eine Wohltat als wir *erkennend* sind: denn sofern wir *wollend* sind ist es eine Quaal: das *Erkennen* ist die Verheißung der Erlösung, ist das wahre Evangelium: das Wollen dagegen ist die Hölle selbst. Daher nun unsre Seeligkeit sofern wir uns als reines Subjekt des Erkennens finden: denn obwohl dies noch nicht die Seeligkeit, noch nicht das bessre Bewußtseyn selbst ist; so ist es doch die Bedingung, der Weg dazu, die Verheißung desselben: der Zustand des reinen Erkennens (der beim Anblick der Natur und der Kunstwerke eintritt) ist daher das wahre Evangelium, welches uns sagt: ›Du Wollender, (d. i. Unseeliger) bist aber auch Erkennender, und dies wird dich vom Wollen erlösen.‹ Daß wir als Wollende zugleich Erkennende sind ist die wahre Verheißung der Erlösung. Daß aber diese Verheißung da ist und daß sie nöthig ist, daß wir als Wollende doch zugleich Erkennende und als Erkennende doch zugleich Wollende sind, ist eben *das große Mysterium der Identität des Subjekts des Wollens mit dem des Erkennens*: diese Identität ist eben die Vereinigung von Himmel und Hölle in uns. [...] Jene wundervolle Vereinigung drückt sich in unserm Leibe aus durch seine beiden Pole, den Kopf und die Genitalien. Die Genitalien sind der Brennpunkt des Wollens, das Leben erhaltende, der Zeit immerdar Leben zusichernde Princip, der Kopf dagegen ist das Organ des Erkennens, das den Weg der Erlösung den Ausgang zur Freiheit repräsentirt!« (HN I, 167 f.)

Erkennen verheißt Erlösung, Wollen dagegen Verdammnis. Schopenhauer meint mit Erkenntnis in diesem Zusammenhang nicht die abstrakte begriffliche der Vernunft, nicht die diskursive wissenschaftliche Rationalität, sondern die intuitive Erkenntnis, die ohne Begriffe, ohne Argumente auskommt, zum Beispiel die Kontemplation, die ohne Absicht geschieht. Die Seligkeit entspringt einzig dieser letzten Art von »Erkenntnis«, die für sich steht, von der nichts mehr gewollt wird. In der Kontemplation, etwa bei der Betrachtung eines Naturgegenstands oder eines Kunstwerks, geht es einzig um das Erkennen selbst. Schopenhauer spricht deshalb vom »*reinen* Subjekt des Erkennens«, das das Angeschaute seiner zeitlosen Idee nach auffaßt, ohne es begrenzen, ohne es benutzen, ohne es beherrschen zu wollen. Subjekt des Erkennens ist der Mensch immer, *reines* Subjekt des Erkennens nur dann, wenn er sich dem Gegenstand ganz hingibt, sich ganz in ihn verliert, wenn er die Ewigkeit nicht länger durch die Zeit auszumessen sucht (vgl. HN I, 84 f.). Diese veränderte Erkenntnisweise wird für Schopenhauers Kunstphilosophie ebenso konstitutiv wie für seine Ethik.

Daß der Mensch zwei Seiten, die gar nicht zu vereinigen sind, dennoch in sich vereinigt – Subjekt des Wollens und Subjekt des Erkennens, Hölle und Himmel –, dies nennt Schopenhauer »das große Mysterium der Identität«. Sein Menschenbild schließt damit eine harmonisch gelingende, von Grund auf zu bejahende Entwicklung der Persönlichkeit aus. Durch die Ich-Identität geht ihrem ganzen Wesen nach eine »innre Entzweiung«, ein metaphysischer Riß, ein letzter Unfriede, etwas rätselhaft Unheiles.

»Die Identität nun aber des Subjekts des Wollens mit dem erkennenden Subjekt, vermöge welcher (und zwar nothwendig) das
Wort ›Ich‹ beide einschließt und bezeichnet, ist der Weltknoten
und daher unerklärlich. [...] Wer aber das Unerklärliche dieser
Identität sich recht vergegenwärtigt, wird sie mit mir das Wunder
$\varkappa\alpha\tau$' $\varepsilon\xi o\chi\eta\nu$ nennen« (G, 152). Schopenhauer setzt an einer anderen Stelle hinzu: »die Erklärung desselben ist gewissermaaßen
meine ganze Philosophie« (HN I, 443).

Erst die Erlösung, die *endgültige* Verneinung des Willens zum
Leben – das reine Subjekt des Erkennens ist noch nicht die zeitlose Seligkeit des besseren Bewußtseins – zerschlägt den gor-
dischen Weltknoten. Schopenhauer, der schon zunehmend seine
spätere atheistische Position bezieht, drückt dies mit einer religiösen Metapher aus: »Um des *Frieden[s] Gottes* Theilhaftig zu werden (d. i. zum Hervortreten des *bessren Bewußtseyns*) ist erfordert,
daß der Mensch, dies hinfällige, endliche, nichtige Wesen, etwas
ganz andres sey, gar nicht mehr Mensch, sondern als etwas ganz
andres sich bewußt werde« (HN I, 104 f.).

4. Die Welt ist meine Vorstellung: und die Welt ist lauter Wille

Schopenhauer, bestens vertraut mit Kants *Kritik der reinen Vernunft*,
schreibt 1814: »Wir erkennen keine Dinge an sich, sagte Kant:
d. h. was erkannt wird ist eben darum Vorstellung [...]. Dinge an
sich, die da wären *ohne vorgestellt zu werden*, die folglich etwas andres als Vorstellungen wären – solche Dinge uns *vorzustellen* ist der
größtmöglichste Widerspruch« (HN I, 96). Noch im selben Jahr
durchbricht Schopenhauer Kants erkenntniskritisches Verdikt:
»Der Wille selbst ist Kants Ding an sich« (HN I, 188). »*Die Welt
als Ding an sich* ist ein großer Wille, der nicht weiß was er will;
denn er *weiß* nicht sondern *will* bloß, eben weil er ein Wille ist und
nichts Andres« (HN I, 196). Schopenhauer behält Kants grundlegende Unterscheidung von *Ding an sich* und *Erscheinung* bei –
»KANTS GRÖSSTES VERDIENST« (W I, 534) –, aber er versucht, diese
Unterscheidung durch eine Interpretation zu entziffern, sie aus-

zudeuten. Zum ersten Mal klingt auch der Titel seines Hauptwerks an: »die Welt ist meine Vorstellung: und die Welt ist lauter Wille« (HN I, 170).

Schopenhauer unterlegt der ganzen Welt einen Willen, der dem menschlichen Willen, wie wir ihn erfahren, ähnlich ist. Der Mensch gibt das Modell für die Welterklärung und -deutung ab. Schopenhauer hält es für richtiger, weil näherliegender, die Welt aus dem Menschen, aus dem Selbstbewußtsein zu verstehen, als umgekehrt, den Menschen aus der Welt. Dies führt zu einer erheblichen Erweiterung und Bedeutungsveränderung des Begriffs »Wille«. »Man erkannte nur da Wille, wo ihn die Erkenntniß begleitet und also ein Motiv seine Aeußerung bestimmt. Ich aber sage, daß jede Bewegung, Gestaltung, Streben, Seyn, daß dies Alles Erscheinung, Objektität [Sichtbarkeit], des Willens ist; indem er das *Ansich* aller Dinge ist, d. h. dasjenige was von der Welt noch übrig bleibt, nachdem man davon absieht, daß sie unsre Vorstellung ist« (HN I, 353).

Der Wille ist die *metaphysische Seite* der Welt: die *Welt als Wille*. Er ist etwas Nicht-Personhaftes, Nicht-Rationales, Nicht-Bewußtes, Nicht-Sichtbares, Zeitloses, Allmächtiges, Unergründbares, »ein dunkler, dumpfer Drang zu leben, der sich am stärksten im reinen Geschlechtstrieb ausspricht« (HN I, 226). »Der *Wille* ist ein blinder Drang, ohne die Erkenntniß« (HN I, 229). Er ist das Erste und Ursprüngliche, die Erkenntnis kommt bloß hinzu. »Bisher haben die Philosophen sich viele Mühe gegeben die Freiheit des Willens zu lehren: ich aber werde die *Allmacht des Willens* lehren« (HN I, 239).

Der Wille erscheint – im Medium eines vorstellenden Subjekts – verkörpert als Leib und darüber hinaus als dinghafte, sichtbare Welt, als Natur. Dies ist die *physische Seite* ein und desselben Willens: die *Welt als Vorstellung*. »Der Leib (der körperliche Mensch) *ist nichts als der sichtbar gewordene Wille*« (HN I, 106). »Es ist ein Hauptsatz meiner Philosophie daß *der Leib* nur die *Objektität*, Sichtbarkeit *des Willens*, und daher mit diesem identisch ist« (HN I, 180). »Was ich als anschauliche Vorstellung meinen Leib nenne, nenne ich sofern ich es auf eine ganz andre keiner andern zu ver gleichende Art erkenne, meinen Willen; – oder: mein Leib ist mein Wille sofern er anschaulich ist; – oder mein Leib, außerdem daß er Vorstellung ist, ist mein Wille« (HN I, 444). Diese Objektität, also die Sichtbarkeit des Willens, umfaßt sowohl die »Organisation des Leibes« wie auch die »Thaten des Leibes« (HN I, 277). – Was für den Leib gilt, gilt für die ganze Natur, für alle sichtbaren Objekte »vom Affen bis zum Stein«: Die Welt ist – in den Augen eines erkennenden Subjekts – Objektität des Willens: Vorstellung.

Das Wesen des Menschen wie das der Welt erschöpft sich in Wille und Vorstellung. Unser aller Wille, der Wille in der gesamten Natur ist es, der die Welt trägt: Das ist die *Welt als Wille*. Unsere *Intellekte* sind es, die die Welt als Wille in Vorstellungen verwandeln, das Unsichtbare in Sichtbares. Das ist die *Welt als Vorstellung*. Sie ist das durch unsere Erkenntnisformen objektivierte Ding an sich. »Der grundlose erkenntnißlose Wille offenbart sich«, so faßt Nietzsche treffend Schopenhauers Grundgedanken zusammen, »unter einen Vorstellungsapparat gebracht, als Welt« (M, 255).

Die Beschaffenheit des »Vorstellungsapparats« untersucht Schopenhauer in seiner Erkenntnislehre, die er in Anlehnung an Kant als Transzendentalphilosophie versteht. Was die Welt als Vorstellung »hervorbringt«, so betont er bildhaft, »ist ein Apparat von 2 geschliffenen Gläsern, durch die wir alles sehn müssen: das eine Glas heißt *Zeit*, das andre *Raum*, beide zusammen Kausalität. Was wir also sehn sind folglich bloße Erscheinungen und nicht Dinge, wie sie an sich, unabhängig von unserm Sehn, sind. Dies ist der Kern der Kant'schen Philosophie« (HN III, 145). Das Ding ansich steht außerhalb von Zeit, Raum und Kausalität. Diese gelten *nur innerhalb* der Welt als Vorstellung, also *nur innerhalb* der sichtbaren empirischen Realität. – Schopenhauer faßt die Erkenntnisformen, die Gesetzmäßigkeiten des Vorstellungsapparats – also z. B. Zeit, Raum, Kausalität – mit dem Terminus »Satz vom zureichenden Grunde« zusammen.

In seinen *Philosophischen Vorlesungen* resümiert Schopenhauer seine Übereinstimmung mit Kants *Kritik der reinen Vernunft*: »Kants Lehre ist im Wesentlichen folgende: ›Raum, Zeit, Kausalität sind nicht Bestimmungen des Dings an sich; sondern gehören nur seiner Erscheinung an, indem sie nichts als bloße Formen unsrer Erkenntniß sind. Da nun aber alle Vielheit, und alles Entstehn und Vergehn eben nur möglich sind vermittelst Zeit, Raum und Kausalität; so folgt, daß auch jene allein der Erscheinung, keineswegs dem Ding an sich anhängen. Weil nun aber unsre Erkenntniß durch jene Formen bedingt ist; so ist die gesammte Erfahrung nur Erkenntniß der Erscheinung, nicht des Dinges an sich: daher können auch ihre Gesetze nicht auf das Ding an sich geltend gemacht werden. Selbst auf unser eigenes Ich erstreckt sich das Gesagte und wir erkennen es nur als Erscheinung, nicht nach dem, was es an sich seyn mag‹« (VN III, 44 f.).

Das folgende vollständige handschriftliche Fragment aus dem Jahr 1816 formuliert schon den Grundgedanken von Schopenhauers Metaphysik der Natur. Zu beachten ist, daß Schopenhauer – gebunden an seine an Kant orientierte Erkenntnislehre – zwischen der Welt als Wille und der Welt als Vorstellung ebensowenig ein kausales Verhältnis von Ursache und Wirkung annimmt wie zwischen Wille und Leib. Die rationale Reflexion erweckt lediglich den Anschein einer zeitlichen kausalen Entstehung der Welt als Vorstellung aus der Welt als Wille. Schopenhauer wird zeigen, daß diese Betrachtungsweise in den Naturwissenschaften ihre bedingte Berechtigung hat, aber stets von den erkenntniskritischen Resultaten der Erkenntnislehre ergänzend eingeholt und richtig interpretiert werden muß. Nicht ohne Grund stellt Schopenhauer der gesamten Willensmetaphysik des Hauptwerks eine Erkenntniskritik voran. Jeder transzendente Dogmatismus einer ersten Welturssache soll vermieden werden, etwa – in der polemischen Sprache Schopenhauers – »das dumme Gerede von der Welt, aus Nichts geschaffen, und von einem persönlichen Kerl, der sie gemacht hat. Pfui über diesen Schmutz!« (Ge, 104) oder etwa die »Barbiergesellen- und Apotheker-Lehrlings-Philosophie« (W II, 205 f.) des Materialismus, der das Erkennen aus der Materie ableitet.

Das Fragment lautet: »*Der Wille* wirkt blind d. h. ohne Erkenntniß, so lange er kann, nämlich in der unorganischen und vegetativen Welt, ja bis zur Hervorbringung und Ausbildung jedes Thiers, auch noch bei der Erhaltung des Thieres, soweit solche von dessen inneren Oekonomie abhängt: allein die Erhaltung mittelst Herbeischaffung der Nahrung konnte (bei der Mannigfaltigkeit der Erscheinungen des Willens, die sich gegenseitig stöhren,) nicht ohne Erkenntniß geschehn; es bedurfte ihrer zur Aufsuchung und Auswahl der Nahrung, sobald das Thier dem Ei oder Mutterleib entgangen ist: bloßer Reiz konnte hier nicht leiten, weil er abgewartet werden muß und der Zufall, bei dem Gedränge und Gewirr hier zu ungünstig ist: die Wahrnehmung mußte Motive zeigen, denen das Thier nachgeht zu seiner Erhaltung. So brachte auf dieser Stufe der Wille die Erkenntniß, im Gehirn oder großen Ganglion repräsentirt hervor, eben wie jedes andre Organ, als eine μηχανη [Hilfsmittel] zur Erhaltung des Individuums und Fortpflanzung des Geschlechts. Mit dieser μηχανη steht aber auf ein Mal die ganze *Welt als Vorstellung* da. Bisher war der Wille im Dunkeln, und höchst sicher, gegangen (weil er allein wirkte, ohne Stöhrung einer andern Natur, d. i. der Erkenntniß): jetzt zündet er sich ein Licht an, als das letzte Mittel was er ergreift um den Nachtheil, der aus dem Gedränge und Konflikt seiner Erscheinungen eben den vollendetesten erwächst, aufzuheben. Ja in der vollendetesten seiner Erscheinungen, dem Menschen, muß er dieses Mittel, da es als einfache Erkenntniß zur Erhaltung dieses so komplizirten Wesens nicht ausreicht, gleichsam potenziren, so daß es Reflexion, Vernunft wird. – Aus dem Willen selbst also, und zu seinem Dienst geht die Erkenntniß hervor: auch bleibt sie einzig in seinem Dienst bei allen Thieren, bei den Menschen, dem größten Theil nach, auch: allein hier geschieht es, gegen die Absicht des Willens, daß sein stärkstes Mittel ihm entgegen wirkt, indem er hier bei der höchsten Besonnenheit zur Selbsterkenntniß kommt, die theils in Kunst und Philosophie (bei welchen die zum Dienst des Willens entstandene Erkenntniß, sich von diesem *losreißend, frei* wirkt) sich offenbart, theils die Aufhebung des Willens in Tugend, Asketik, Weltüberwindung, herbeiführt« (HN I, 356f.).

Der Terminus »Erkenntniß« wird in *diesem Kontext* im wesentlichen gleichbedeutend mit »Vorstellung« verwendet. Gemeint ist

zunächst das unmittelbare Bewußtsein der phänomenal gegebenen empirischen Realität. Beim Menschen tritt zur anschauenden
bildhaften Erkenntnis der Tiere noch potenzierend die unan-
schauliche abstrakte Erkenntnis durch Begriffe hinzu. Schopenhauer begreift in dem zitierten Fragment erstmals die Erkenntnis
ausschließlich funktional als Werkzeug im Kampf ums Dasein.
1827 schreibt er: »Der *Intellekt* ist eine Eigenschaft des Thiers, ist
also wesentlich animalisch, nur so und nicht anders ist er uns bekannt« (HN III, 366). Die Erkenntnis hat eine physiologische materielle Basis, das Gehirn, das Ausdruck des metaphysischen Willens ist.

Schopenhauer sieht einen Hauptirrtum der Philosophie – er
denkt zum Beispiel an Descartes und an Spinoza – in der Vermi-
schung von *Wille* und *Urteil*, »als wäre Wollen nur ein Akt des Ur-
theilens, des Affirmirens und Negirens« (Ge, 109). Es ist »der
Grundzug meiner Lehre« (N, 207), so Schopenhauers Selbstver-
ständnis, daß sie den Willen von der Erkenntnis gänzlich gesondert hat. »Keiner [...] hat so scharf zwischen *Wille* und *Intellekt*
geschieden, wie ich« (Ge, 109). In einer der prägnantesten Zu-
sammenfassungen des mittlerweile ausgereiften metaphysischen
Grundgedankens heißt es 1836 im *Willen in der Natur*, also in der
»Erörterung der Bestätigungen, welche die Philosophie des Verfassers, seit ihrem Auftreten, durch die empirischen Wissenschaften erhalten hat«: »Die nun hier anzuführenden fremden und
empirischen Bestätigungen betreffen sämmtlich den Kern und
Hauptpunkt meiner Lehre, die eigentliche Metaphysik derselben,
also jene paradoxe Grundwahrheit, daß Das, was KANT als das
DING AN SICH der bloßen ERSCHEINUNG, von mir entschiedener
VORSTELLUNG genannt, entgegensetzte und für schlechthin unerkennbar hielt, daß, sage ich, dieses DING AN SICH, dieses Substrat
aller Erscheinungen, mithin der ganzen Natur, nichts Anderes ist,
als jenes uns unmittelbar Bekannte und sehr genau Vertraute, was
wir im Innern unsers eigenen Selbst als WILLEN finden; daß demnach dieser WILLE, weit davon entfernt, wie alle bisherigen Philosophen annahmen, von der ERKENNTNISS unzertrennlich und
sogar ein bloßes Resultat derselben zu seyn, von dieser, die ganz

sekundär und spätern Ursprungs ist, grundverschieden und völlig
unabhängig ist, folglich auch ohne sie bestehn und sich äußern
kann, welches in der gesammten Natur, von der thierischen abwärts, wirklich der Fall ist; ja, daß dieser Wille, als das alleinige
Ding an sich, das allein wahrhaft Reale, allein Ursprüngliche und
Metaphysische, in einer Welt, wo alles Uebrige nur Erscheinung,
d. h. bloße Vorstellung, ist, jedem Dinge, was immer es auch seyn
mag, die Kraft verleiht, vermöge deren es daseyn und wirken
kann; daß demnach nicht allein die willkürlichen Aktionen thie-
rischer Wesen, sondern auch das organische Getriebe ihres beleb-
ten Leibes, sogar die Gestalt und Beschaffenheit desselben, ferner
auch die Vegetation der Pflanzen, und endlich selbst im unorganischen Reiche die Krystallisation und überhaupt jede ursprüngliche Kraft, die sich in physischen und chemischen Erscheinungen
manifestirt, ja, die Schwere selbst, – an sich und außer der Erscheinung, welches bloß heißt außer unserm Kopf und seiner Vorstellung, geradezu identisch sind mit Dem, was wir in uns selbst
als WILLEN finden, von welchem WILLEN wir die unmittelbarste
und intimste Kenntniß haben, die überhaupt möglich ist; daß ferner die einzelnen Aeußerungen dieses Willens in Bewegung gesetzt werden bei erkennenden, d. h. thierischen Wesen durch Motive, aber nicht minder im organischen Leben des Thieres und der
Pflanze durch Reize, bei Unorganischen endlich durch bloße Ursachen im engsten Sinne des Worts; welche Verschiedenheit bloß
die Erscheinung betrifft; daß hingegen die Erkenntniß und ihr
Substrat, der Intellekt, ein vom Willen gänzlich verschiedenes,
bloß sekundäres, nur die höhern Stufen der Objektivation des
Willens begleitendes Phänomen sey, ihm selbst unwesentlich, von
seiner Erscheinung im thierischen Organismus abhängig, daher
physisch, nicht metaphysisch, wie er selbst; daß folglich nie von
Abwesenheit der Erkenntniß geschlossen werden kann auf Abwesenheit des Willens; vielmehr dieser sich auch in allen Erscheinungen der erkenntnißlosen, sowohl der vegetabilischen, als der
unorganischen Natur nachweisen läßt; also nicht, wie man bisher
ohne Ausnahme annahm, Wille durch Erkenntniß bedingt sei;
wiewohl Erkenntniß durch Wille« (N, 190 f.).

Pointiert herausgestellt heißt es in derselben Schrift: »Ich setze also erstlich den WILLEN, ALS DING AN SICH, völlig Ursprüngliches; zweitens seine bloße Sichtbarkeit, Objektivation, den Leib; und drittens die Erkenntniß, als bloße Funktion eines Theils dieses Leibes. Dieser Theil selbst ist das objektivirte (Vorstellung gewordene) Erkennenwollen, indem der Wille, zu seinen Zwecken, der Erkenntniß bedarf. Diese Funktion nun aber bedingt wieder die ganze Welt als Vorstellung« (N, 208; vgl. W II, 22. Kapitel).

Der Intellekt ist demnach nichts Autonomes, sondern steht dem an sich erkenntnislosen Willen zu Diensten mit der beim Menschen vagen Möglichkeit, sich von diesem Dienst dispensieren zu können (vgl. HN III, 106). »Herr [ist] der Wille, der Diener der Intellekt« (W II, 242). Die fast schwärmerisch-jugendliche Zuversicht aus der Anfangszeit des »bessren Bewußtseyns« auf Befreiung, auf Erlösung von diesem Herrschaftsverhältnis wird zwar grundsätzlich beibehalten, weicht aber in ihrer Einschätzung einem eher strengeren, sachlicheren, auch düsteren Blick. – Das Verhältnis von Wille und Intellekt begründet Schopenhauers Lehre von der akzidentiellen Stellung des Erkennens. Wie fruchtbar diese Lehre auch in psychologischer Hinsicht für die Erschließung und Erforschung des Unbewußten ist – ja, bis in Details Grundgedanken der Psychoanalyse vorwegnimmt –, zeigt Schopenhauer 1844 in seinem literarisch großen Essay *Vom Primat des Willens im Selbstbewußtseyn*« (W II, 19. Kapitel; vgl. M, 23 ff.).

5. Die ersten Menschen vom Pongo und vom Schimpansen geboren

Ein neues Menschenbild ist errichtet. Aller Tradition entgegen bestimmt Schopenhauer den Standort des Menschen nicht mehr – wie zum Beispiel Aristoteles oder Thomas von Aquin – teleologisch von oben nach unten, von der Perspektive Gottes her. Der absolute Bezugspunkt einer übermenschlichen, ontologisch vorrangigen, objektiven Vernunft als zusammenhangstiftender Einheit des ganzen, in Gegensätzen erscheinenden Seins ist aufgege-

ben. Der frühere philosophische Anspruch auf absolutes Wissen,
namentlich in der Metaphysik, erweist sich als »Illusion, welche
herbeigeführt wird durch die falsche Grundansicht, daß das Ganze
der Dinge von einem INTELLEKT ausgegangen, folglich als bloße
VORSTELLUNG dagewesen sei, ehe es wirklich geworden; wonach
es, als aus der Erkenntniß entsprungen, auch der Erkenntniß ganz
zugänglich, ergründlich und durch sie erschöpfbar seyn müßte«
(P II, 91 f.).

Das Vernünftige des menschlichen Intellekts ist von Grund auf
bedingt und abhängig von etwas Nicht-Vernünftigem, dem letztlich unerkennbaren Willen, von dem sich nur sagen läßt, daß er mit
blinder Gewalt leben will – koste es, was es wolle. Die historisch
überlieferten Geländer der geistig-moralischen Orientierung –
personaler, vernünftiger, barmherziger Gott, heile Natur, unster-
liche Geist-Seele –, diese Geländer haben sich aus ihren geistes-
geschichtlichen Verankerungen gelöst und stürzen als Illusionen in
den Abgrund des Ungeborgenseins. Gott, Natur, Seele – im traditionellen Sinn verstanden – gibt es nicht mehr. Schopenhauer wirft
den Menschen auf sich selbst, auf seine blinde, mächtige Triebhaf-
tigkeit, auf sein egoistisches Dasein zurück, und der Aufprall ist so
kränkend wie ernüchternd.

Vom empirischen, naturwissenschaftlichen Standpunkt aus gesehen, den Schopenhauer durch seine Willensmetaphysik fundiert
und dadurch aufwertet, ist der Intellekt, das Verständige und Vernünftige, erst im Lebenskampf entstanden. Dieser genetischen Betrachtung zufolge ist der Intellekt alles andere als göttlichen Ursprungs und kommt dem Menschen auch nicht allein zu. Er ist
etwas Sekundäres, das zur Erhaltung des Weltganzen nicht nötig
war, sondern bloß zur Erhaltung der einzelnen tierischen Wesen:
»Jedes Thier hat […] seinen Intellekt offenbar nur zu dem Zwecke,
daß es sein Futter auffinden und erlangen könne; wonach dann
auch das Maaß desselben bestimmt ist. Nicht anders verhält es sich
mit dem Menschen; nur daß die größere Schwierigkeit seiner Erhaltung und die unendliche Vermehrbarkeit seiner Bedürfnisse
hier ein viel größeres Maaß von Intellekt nöthig gemacht hat«
(P II, 93).

Im Gegensatz zur jüdisch-christlichen Religion und der abendländischen Philosophie gibt es für Schopenhauer – wie später auch
für Darwin und die neuere Biologie, zumindest phylogenetisch –
keinen prinzipiellen Unterschied mehr zwischen Mensch und Tier,
nur noch einen *graduellen*. Er liegt im wesentlichen in der physiologischen Funktion des Intellekts, dessen jeweilige Fähigkeit bedingt
ist durch die somatische Verschiedenheit eines Organs: des Gehirns.
Ein beträchtlicher Unterschied besteht allerdings darin, daß der
Mensch nicht nur wie jedes andere höhere Tier auch über Verstand
(instinktartige Erkenntnis durch Anschauung) verfügt, sondern zu-
sätzlich noch über Vernunft (Erkenntnis durch Umwandlung der
Anschauung in abstrakte Begriffe). Schopenhauer gibt jedoch
gemäß seiner starken nominalistisch geprägten Vorliebe für die anschauende Erkenntnis dem Verstand gegenüber der Vernunft den
uneingeschränkten Vorrang.

Was die maßgebende Gemeinsamkeit zwischen Mensch und
Tier angeht, so empfiehlt er, sich daran zu erinnern, daß nicht nur
jeder Hund von seiner Mutter gesäugt worden ist. Alle natürlichen
Verrichtungen der Tiere, die sie mit uns gemeinsam haben und
womit sie unsere gemeinsame Natur bekunden, wie beispielsweise
Essen, Trinken, Schwangersein, Gebären und Sterben, durch ganz
andere Worte, durch Schimpfnamen, herabzusetzen – dies sei ein
niederträchtiger Kunstgriff der europäischen Pfaffenschaft. Eine
derartige Duplizität der Ausdrücke sei den alten Sprachen unbekannt. Unter der Diversität der Worte bleibe die vollkommene
Identität der Sache versteckt. – Schopenhauer kritisiert in diesem
Zusammenhang auch die vom »christlichen Pöbel« praktizierte
Rechtlosigkeit der Tiere, ihre Behandlung als »totale Nullität« mit
dem Ziel, ihnen »das letzte Mark aus ihren armen Knochen zu
arbeiten« (P II, 330).

Schopenhauer spricht bereits 1851 in den *Parerga und Paralipomena* seine Überzeugung von der biologischen Abstammung des
Menschen vom Affen – ohne die geringsten Konzessionen an die
Theologie, an den biblischen Schöpfungsbericht, zu machen –
direkt aus: »Wir wollen es uns nicht verhehlen, daß wir danach die
ersten Menschen uns zu denken hätten als in Asien vom Pongo

und in Afrika vom Schimpansee[n] geboren, wiewohl nicht als Affen, sondern sogleich als Menschen« (P II, 135).

Darwin ist zunächst wesentlich zurückhaltender. In seinem ersten grundlegenden, 1859 erschienenen Werk, *On the Origin of Species by Means of Natural Selection; or the Preservation of Favoured Races in the Struggle for Life*, in dem er seine antiteleologische kausale Selektionstheorie entwickelt, wird der Mensch nur mit einem einzigen, vorsichtigen Satz im Schlußkapitel gestreift: »Licht wird auch fallen auf den Menschen und seine Geschichte« (Darwin, *Die Entstehung der Arten durch natürliche Zuchtwahl*, Stuttgart 1976, 676). Erst zwölf Jahre später, 1871, läßt Darwin sein Buch über die Abstammung des Menschen und die geschlechtliche Auslese, *The Descent of Man, and Selection in Relation to Sex*, folgen. In ihm wird der Mensch durch die Deszendenztheorie genealogisch auf eine affenähnliche, schon ausgestorbene Stammform zurückgeführt.

Wesentlich neue, naturwissenschaftlich innovative Grundlagen der Evolutionstheorie hat Schopenhauer allerdings nicht geschaffen, wohl aber arbeitet er mit seinen Überlegungen, die nach dem heutigen Kenntnisstand seltsam anmuten, dem Durchbruch der neuen Theorie voraus – und leistet zugleich einen nach wie vor gewichtigen Beitrag zur Reflexion ihrer erkenntnistheoretisch relevanten Voraussetzungen. Schopenhauer stellt nicht wie der Neo-Darwinismus die Mutation und Selektion als die wichtigsten Faktoren für die phylogenetische Entwicklung lebender Wesen heraus – Konrad Lorenz nennt sie die »beiden großen Konstrukteure des Artenwandels« (Lorenz, *Das sogenannte Böse*, Wien 1970, 18) –, gleichwohl operiert er schon mit dem Ausdruck »Kampf um Leben und Daseyn« (P II h, 305; vgl. W I, 405 ff.), wenn auch in einem eher existentialistischen Sinn. Es ist die metaphysische Ideenlehre, die Schopenhauer den Durchbruch zur Einsicht in den Entwicklungszusammenhang der Arten verstellt. Die Arten sind danach konstante Erscheinungsformen der unentstandenen und unwandelbaren Platonischen Ideen.

6. Künstlerblick des Philosophen

Schopenhauer unterscheidet zwei Arten, die Welt zu betrachten: die eine folgt dem Satz vom zureichenden Grund, d. h. der Notwendigkeit des Erkennens, jede einzelne Vorstellung mit einer anderen ursächlich zu verknüpfen, die andere tut dies nicht. »Jene erste führt von Folge zu Grund und umgekehrt ins Unendliche, und in Folge derselben leben die Menschen, hoffen die Menschen, erwarten die Menschen, lernen und bilden Wissenschaften, deren Erkenntniß durchaus relativ ist, d. h. überall nur in Beziehung der Folge auf den Grund besteht: und auf diesem Wege hoffen sie sogar die Philosophie zu erlangen! In ihrem Nachziehn dem Satz vom Grunde (der sie wie ein Kobold unter 4 Gestalten [Grund des Werdens, des Erkennens, des Seins, des Handelns] neckt und bei der Nase herumzieht) hoffen sie im Wissen Befriedigung und im Leben Glück, und gehn getrost nur immer vorwärts; sie gleichen dabei Einem der auf der Fläche dem Horizont entgegenläuft in der Hoffnung endlich die Wolken zu berühren: zum Wesentlichen gelangen sie dabei so wenig als Einer der eine Kugel nach allen Seiten wendet und befühlt dadurch zum Mittelpunkt gelangt; ja sie gleichen ganz und gar dem Eichhörnchen, das im Rade läuft« (HN I, 153 f.).

Die erste Betrachtungsweise dient dem Willen, ihr »Blick [ist] durch Subjektivität getrübt« (HN I, 112). Sie interessiert sich bloß für (nützliche) Relationen. Objekte erkennt sie nur, sofern sie zu dieser Zeit, an diesem Ort, unter diesen Umständen, aus diesen Ursachen mit jenen Wirkungen da sind, mit einem Wort: »als einzelne Dinge« (VN III, 52).

Ganz anders die zweite Betrachtungsweise. Sie reißt sich »plötzlich« vom Dienst des Willens los und kommt vom Gängelband des Satzes vom Grund frei. »Sie hat nicht wie jene unendliche Reihen und zeigt nicht ein fernes Ziel, sondern überall und in jedem Punkt *ist* sie am Ziel: die *Idee* der Dinge betrachtet sie, das Was und Wie derselben, nicht das Warum« (HN I, 154).

Das Subjekt solcher Erkenntnis hört auf, Individuum zu sein, hört auf, in den Dingen nur die Motive seines Willens zu erkennen. Es wird »reines, willenloses Subjekt der Erkenntniß« (VN III, 54). Die »ganze Macht des Geistes« (VN III, 54) ist auf die Anschauung gerichtet. Abstraktes Denken und Begriffe der Vernunft haben hier keinen Platz mehr: »Das ganze Bewußtseyn wird ausgefüllt durch die ruhige Kontemplation des grade gegenwärtigen natürlichen Gegenstandes, es sei eine Landschaft, Baum, Fels, Gebäude, oder was immer: es ist eine sinnvolle Teutsche Redensart, daß man sich ganz in einen Gegenstand *verliert*: d. h. eben man verliert sein eignes Individuum, seinen Willen, aus dem Gesicht: die Stimmung wird *rein objektiv*: das ganze Bewußtseyn ist nur noch der klare Spiegel des dargebot[enen] Objekts, ist das Medium darin dieses in die Welt als Vorstellung tritt« (VN III, 54).

In dieser ästhetischen Erkenntnis findet eine doppelte Verwandlung statt. Einmal erweitert sich das individuelle Subjekt gleichsam zu einem überindividuell entgrenzten »reinen willenlosen Subjekt des Erkennens«. Das verwandelte individuelle Subjekt tritt hinter den Gegenstand zurück, betrachtet ihn nicht mehr als Ding, das sich beherrschen ließe, sondern bietet sich in der Kontemplation – jenseits von egoistischen Interessen – als »klares Weltauge« an, das »Bild« des Gegenstands zu tragen, zu spiegeln. »Reines Subjekt des Erkennens werden, heißt, sich selbst los werden« (HN I, 485).

Zum andern hört das auf diese Weise Angeschaute auf, ein vereinzeltes, abhängiges Ding unter Dingen zu sein. Es ist nicht mehr bedeutsam, was es in bezug auf andere Dinge ist – vorher oder nachher, größer oder kleiner, verursacht oder verursachend –, sondern es vermag, als Bild außerhalb dieser relativierenden Relationen für sich selbst zum Vorschein zu kommen: als Platonische Idee – getragen von der genialen Sicht des Künstlers beziehungsweise der mittelbaren des Kunstbetrachters. Der Gegenstand, der auf diese Weise auf seine Idee hin angesehen wird, kommt in der beseligenden Fülle seiner Unbedingtheit zum Vorschein – in der Vereinigung mit der nicht-egoistischen Anschauung, der jede Art von Vereinnahmung fremd ist. Anschauungsobjekt und Anschauungssubjekt fallen für Augenblicke in der schönen Vorstellung zusammen. Es enthüllt sich »das ganze Ding an sich, nur unter der Form der Vorstellung« (W I, 240).

Von entscheidender Bedeutung ist, daß diese Betrachtungsweise der ästhetischen Kontemplation, die den egoistischen Willen zurücknimmt und die Vorstellung unbedingt sein läßt, in Schopenhauers Philosophie eine über die Ästhetik noch hinausreichende Schlüsselrolle spielt: »Kant hat, um das innerste Wesen der Welt zu erforschen, zum Ausgangspunkt gewisse Wortfügungen genommen. Ich dagegen mache das Objekt der reinen, willensfreien und reflexionsfreien Anschauung, das was Gegenstand der Kunst ist, die Platonische Idee, zur Quelle der Erkenntniß des Wesens der Welt« (HN I, 377). »Die Ideen sind also die Wege der Erkenntniß und diese der Weg des Heils« (HN I, 200).

Kant wird in diesem Zusammenhang vorgeworfen, bei seiner Ergründung des Erkenntnisvermögens fast ausschließlich die *abstrakte* Erkenntnis betrachtet und die bedeutendere, gehaltvollere *intuitive* vernachlässigt zu haben. Weil er beide nicht gehörig gesondert habe, sei eine »heillose Konfusion« (W I, 557) entstanden. Schon sehr früh, 1810, trifft Kant die zugespitzte (später verständnisvollere) Kritik des Zweiundzwanzigjährigen: »Es ist vielleicht der beste Ausdruck für Kants Mängel, wenn man sagt: er hat die Kontemplation nicht gekannt« (HN I, 13). Als Gegengewicht werden Plato und Goethe auf die andere Waagschale gelegt.

Schopenhauer macht die ästhetische intuitive Betrachtungsweise auch für die Ethik fruchtbar, nur geht es hier nicht mehr um eine intuitive Erkenntnis der Welt als Vorstellung, sondern um eine der Welt als Wille, die tätige Moralität auslöst. Heißt es in der Ästhetik: »Welchen Gegenstand ich betrachte, der bin ich« (HN I, 126), so heißt es in der Ethik: »Mein wahres, inneres Wesen existirt in jedem Lebenden so unmittelbar, wie es in meinem Selbstbewußtseyn sich nur mir selber kund giebt. – Diese Erkenntniß, für welche im Sanskrit die Formel *tat-twam asi*, d. h. ›dies bist Du‹, der stehende Ausdruck ist, ist es, die als MITLEID hervorbricht« (E, 628). »Die Andern sind […] kein Nicht-Ich; sondern ›Ich noch ein Mal‹« (E, 629).

Es geht sowohl in der Ästhetik auf der Ebene der Vorstellung, der Außenbetrachtung, als auch in der Ethik auf der Ebene des Willens, der Innenbetrachtung, um die Entwindung von der egoistischen Willensherrschaft, vom »grimmen Willensdrang« – durch intuitive, vom Satz vom Grund unabhängige *Erkenntnis*. Die ästhetische Anschauung, in der das erkennende Subjekt schön wird (vgl. HN I, 126), bekommt gewissermaßen die hohe Bedeutung einer Vorstufe des moralischen Handelns, bei dem das wollende Subjekt gut, heil, ist. Nur dem intuitiven Blick des Künstlers – Schopenhauer thematisiert später noch den »Heiligen« – kann Moral entspringen, nicht dem sezierenden und instrumentellen Blick des Wissenschaftlers.

7. Philosophie als ein Mittleres zwischen Kunst und Wissenschaft

Die Philosophie hat jenem »großen Unterschied« zwischen intuitiver und abstrakter Erkenntnis Rechnung zu tragen und selbst mit jenem »Künstlerblick des Philosophen« (HN I, 222) die Welt unmittelbar zu betrachten. Nur der ist ein echter Philosoph, dem »aus dem Anblick der Welt selbst« und nicht »nur aus einem Buche, einem vorliegenden Systeme« (W I, 67) die philosophischen Fragen erwachsen. Der generelle Vorrang der Anschauung gegenüber dem Begriff, der intuitiven gegenüber der diskursiven Erkenntnis, ist ein »Grundzug« der Schopenhauerschen Philosophie (vgl. W II, 105). Schopenhauer versteht sich als Anschauungsdenker, er will kein »Begriffsarchiteckt« (W II, 99) sein: »Mein Denken in Worten, also *Begriffen*, also die Thätigkeit der *Vernunft*, ist für meine Philosophie nichts anderes als was das Technische für den Mahler ist, das eigentliche Mahlen, die *conditio sine qua non*. Aber die Zeit der wahrhaft philosophischen, wahrhaft künstlerischen Thätigkeit sind die Augenblicke wo ich mit Verstand und Sinnen rein objektiv in die Welt hineinsehe; diese Augenblicke sind nichts Beabsichtigtes, nichts Willkührliches, sie sind das mir Gegebene, mir Eigene, was mich zum Philosophen macht, in ihnen fasse ich das Wesen der Welt auf, ohne dann zugleich zu *wissen* daß ich es auffasse; ihr Resultat wird oft erst lange nachher aus der Erinnerung schwach in Begriffen wiederholt und so dauernd befestigt« (HN I, 225 f.).

Tatsächlich rückt die Philosophie nach Schopenhauers ursprünglicher Auffassung (um 1814) in enge Nachbarschaft zur Kunst: »Die Philosophie ist so lange vergeblich versucht, weil man sie auf dem Weg der Wissenschaft, statt auf dem der Kunst suchte. Daher hat keine Kunst so entsetzliche Pfuscherei aufzuweisen als diese. Man suchte das Warum, statt das Was zu betrachten; man strebte nach der Ferne, statt das überall Nahe zu ergreifen; man gieng nach Außen in allen Richtungen, statt in sich zu gehn, wo jedes Räthsel zu lösen ist« (HN I, 154). »Der Philosoph vergesse nie daß er eine Kunst treibt und keine Wissenschaft« (HN I, 154).

Die Wissenschaft, »stolzirend im Wahn eines Ziels«, geht den Weg des Satzes vom Grunde, der einem Sturm gleicht, der alles mit sich fortreißt. Die Kunst dagegen ist dem ruhigen Sonnenlicht zu vergleichen, das kein Sturm erschüttert und das den Sturm durchschneidet. Läßt der Philosoph, so führt Schopenhauer weiter aus, »sich im mindesten von jenem Sturm von der Stelle rücken, läßt er sich auf Ursach und Wirkung, auf früher und später, oder gar auf Abspinnen aus Begriffen ein; so ist ihm die Philosophie verloren, und an ihrer Statt werden ihm Mährchen. Nicht dem Warum gehe er nach wie der Physiker, Historiker und Mathematiker; sondern er betrachte blos das Was, lege es in Begriffen nieder (die ihm sind was der Marmor dem Bildner) indem er es sondert und ordnet, jedes nach seiner Art, treu die Welt wiederholend, in Begriffen, wie der Mahler auf der Leinwand« (HN I, 154).

Noch 1844 greift Schopenhauer in dem Kapitel *Vom Verhältniß der anschauenden zur abstrakten Erkenntniß*« (W II, 7. Kapitel) auf diesen Gedanken zurück: »Begriffe sind freilich das Material der Philosophie, aber nur so, wie der Marmor das Material des Bildhauers ist: sie soll nicht AUS ihnen, sondern IN SIE arbeiten, d. h. ihre Resultate in ihnen niederlegen, nicht aber von ihnen, als dem Gegebenen ausgehen« (W II, 98).

An dieser Stelle gilt es, auf eine *problematische Differenz* aufmerksam zu machen, die in Schopenhauers Philosophie mitzubedenken ist. Die Lebendigkeit, die Unmittelbarkeit der intuitiven Erfahrungen des »Künstlerblick[s] des Philosophen«, die vor aller begrifflichen Reflexion gemacht werden, sind eine Seite, eine ganz andere ist der auch für Schopenhauers Philosophie unumgängliche Versuch, diese Erfahrungen im inadäquaten Medium der Begriffe nach Maßgabe des Satzes vom Grund zu reflektieren, sie gleichsam begrifflich umzuformen und begrifflich dingfest zu machen. Schopenhauer versucht schon von seinem Ansatz her, Unmögliches möglich zu machen, Nicht-Begriffliches in Begriffen definitiv einzufangen, das ausgeschlossene Denken gedanklich wieder einzuholen. Es handelt sich hier um die bedeutsame, schon von Platon in seinem *Siebten Brief* (341 a 7–342 a 1) aufgeworfene und von ihm allerdings verneinte Frage, ob die Darstellung philosophischer Erkenntnis überhaupt möglich ist (vgl. Platon, *Phaidros*, 274 b–278 d: über den Wert schriftlicher Ausführungen). Schopenhauer selbst läßt an einer Stelle seines handschriftlichen Nachlasses diese Problematik der philosophischen Transkription anklingen, ohne ihr aber selbstkritisch weiter nachzugehen: »Mein Kniff ist, das lebhafteste Anschauen oder das tiefste Empfinden, wann die gute Stunde es herbeigeführt hat, plötzlich und im selben Moment mit der kältesten abstrakten Reflexion zu übergießen und es dadurch erstarrt aufzubewahren. Also ein hoher Grad von Besonnenheit« (HN IV 1, 59; vgl. P II, 253 ff.).

Das Zarte der Erfahrung erstarrt zu Eiskristallen, gefriert zu handhabbaren Bausteinen des philosophischen Systems. Schopenhauer wird dieser *problematischen Differenz* zwischen der ursprünglichen Erfahrung und ihrer Vermittlung wenigstens teilweise dadurch gerecht, daß er 1817 von der allzu engen Nachbarschaft von Philosophie und Kunst wieder abrückt: »Sofern die *Philosophie* nicht Erkenntniß nach dem Satz vom Grund ist, sondern Erkenntniß der *Idee*, ist sie allerdings den *Künsten* beizuzählen: allein sie stellt die Idee nicht, wie die andern Künste, als Idee, d. h. *intuitiv* dar, sondern *in abstracto*. Da nun alles Niederlegen in Begriffen ein *Wissen* ist, so ist sie in sofern doch eine *Wissenschaft*: eigentlich ist sie ein Mittleres von Kunst und Wissenschaft, oder vielmehr etwas das beide vereinigt« (HN I, 482).

Die *problematische Differenz* besagt also: Die Philosophie durchschaut mit ihrem Künstlerblick alle Vergegenständlichungen und
Verdinglichungen des empirischen Bewußtseins und kann doch
nicht umhin, will sie nicht auf ihre Mitteilung verzichten, ihre
eigenen entdinglichenden Intuitionen wieder zu verdinglichen, so
daß »nur ein abstraktes Andenken« (HN I, 484) bleibt.

8. Ein organisches Ganzes

Schopenhauer stellt in der Vorrede zur ersten Auflage der *Welt als
Wille und Vorstellung*, Band I, an den Leser die Forderung: »DAS
BUCH ZWEI MAL ZU LESEN« (W I, X), da der Anfang das Ende beinahe so sehr voraussetzt wie das Ende den Anfang. Diese Forderung ist sehr ernst zu nehmen. Von ihr hängt im wesentlichen das
Verständnis der Philosophie Schopenhauers im ganzen ab. Um
dieser Forderung wenigstens im Ansatz gerecht zu werden, habe
ich dieses 2. Kapitel als Vororientierung – gewissermaßen als Ersatz für ein *erstes* Lesen – der ausführlicheren Darstellung voran-
gestellt, die gleichsam für ein *zweites* Lesen stehen soll.

Es geht um folgendes hermeneutisches Problem. – Schopenhauer
faßt seine gesamte Philosophie als ein »organisches Ganzes« (HN I,
55) auf, dem »EIN EINZIGER GEDANKE« zugrunde liegt. Dieser *eine*
Gedanke lautet: »daß diese Welt, in der wir leben und sind, ihrem
ganzen Wesen nach, durch und durch WILLE und zugleich durch
und durch VORSTELLUNG ist« (W I, 227). Schon der Titel des Hauptwerks resümiert ihn formelhaft: *»Die Welt als Wille und Vorstellung«*.
Das gesamte Denken Schopenhauers ist der Entfaltung *dieses* einen
Gedankens gewidmet (vgl. N, 316). »Je nachdem man jenen einen
mitzutheilenden Gedanken von verschiedenen Seiten betrachtet,
zeigt er sich als Das, was man Metaphysik, Das, was man Ethik und
Das, was man Aesthetik genannt hat« (W I, 7). Um die organische
Einheit dieses Zentralgedankens und die Unzertrennlichkeit aller
seiner betrachteten Seiten zu betonen, vergleicht Schopenhauer
1813 in seinen *Frühen Manuskripten* die Entstehung seiner Philosophie mit der eines Kindes im Mutterleib: »Ich weiß nicht was zuerst

und was zuletzt entstanden ist« (HN I, 55). – Schopenhauer stellt damit implizit heraus, daß seine Philosophie auf keinem absolut Ersten im ursprungsphilosophischen Sinn basiert, weshalb sie nicht zu jenen Systemen gerechnet werden soll, »die bloß aus einer Reihe von Folgerungen bestehen« (W I, 375). Sein System will vor allem »kein apriorisches Herausconstruiren der Welt aus einem obersten Satze« (LF, 288) sein. In seinen *Philosophischen Vorlesungen* heißt es in diesem Sinn: »Die Summe von Sätzen daraus sie [die Philosophie] besteht, muß sich durch und durch so sehr entsprechen, daß jeder Satz den andern gleichsam nothwendig macht und das wechselseitig« (VN I, 571).

Schopenhauer reißt nun aus Gründen der prägnanteren, leichteren Mitteilbarkeit diesen intendierten unteilbaren Gedanken-*organismus* durch eine »willkürliche Abstraktion« (W I, 32; vgl. W I, 51) auseinander. Dieser Eingriff wirkt sich strenggenommen bis in den letzten Satz seiner Philosophie hinein aus. Schopenhauer möchte mit diesem Vorgehen sowohl die Erkenntnistheorie mit ihrem Gegenstand der Welt als Vorstellung als auch die Metaphysik mit ihrem Gegenstand der Welt als Wille verständlicher darstellen – obwohl jede Vorstellung auch Wille ist wie jede Äußerung des Willens zunächst auch Vorstellung. Seine begriffliche Analyse seziert einen lebendigen Zusammenhang in isolierte Einzelteile, die nach ihren einseitigen Einzeluntersuchungen – Erkenntnislehre, Naturphilosophie, Ästhetik, Ethik – wieder zusammengesetzt, »ergänzt« (W I, 32; vgl. VN I, 129) werden sollen.

In diesem Zusammenhang ist die Vorrede zur ersten Auflage der *Welt als Wille und Vorstellung* aufschlußreich: »EIN SYSTEM VON GEDANKEN muß allemal einen architektonischen Zusammenhang haben, d. h. einen solchen, in welchem immer ein Theil den andern trägt, nicht aber dieser auch jenen, der Grundstein endlich alle, ohne von ihnen getragen zu werden, der Gipfel getragen wird, ohne zu tragen. Hingegen EIN EINZIGER GEDANKE muß, so umfassend er auch seyn mag, die vollkommenste Einheit bewahren. Läßt er dennoch, zum Behuf seiner Mittheilung, sich in Theile zerlegen; so muß doch wieder der Zusammenhang dieser Theile ein organischer, d. h. ein solcher seyn, wo jeder Theil ebenso sehr das Ganze erhält, als er vom Ganzen gehalten wird, keiner der erste und keiner der letzte ist, der ganze Gedanke durch jeden Theil an Deutlichkeit gewinnt und auch der kleinste Theil nicht völlig verstanden werden kann, ohne daß schon das Ganze vorher verstanden sei« (W I, 7).

Schopenhauer bringt mit diesem *hermeneutischen Zirkel* nachdrücklich in die Reflexion, daß bei der Entfaltung seines einzigen Gedankens alle Teile nicht in einem subordinierten, sondern in einem koordinierten Verhältnis zueinander stehen sollen, so daß *keiner der erste und keiner der letzte* ist. Unter den Teilen eines organischen Ganzen gibt es keinen unbedingten Anfang, der alle übrigen Teile bedingte, aber selbst von ihnen nicht bedingt würde. – Schopenhauer trifft sich an dieser Problemstelle des systematischen einheitsstiftenden Zusammenhangs mit seinem Antipoden Hegel, der in seiner *Wissenschaft der Logik* mit folgenden Zeilen unseren Sachverhalt genau kennzeichnet: »Dies Verhältnis enthält somit die Selbständigkeit der Seiten und ebensosehr ihr Aufgehobensein und beides schlechthin in *einer* Beziehung. Das Ganze ist das Selbständige, die Teile sind nur Momente dieser Einheit; aber ebensosehr sind sie auch das Selbständige, und ihre reflektierte Einheit ist nur ein Moment; und jedes ist in seiner *Selbständigkeit* schlechthin das *Relative* eines Anderen. […] Es ist nichts im Ganzen, was nicht in den Teilen, und nichts in den Teilen, was nicht im Ganzen ist« (Hegel, Theorie-Werkausgabe, Bd. 6, Frankfurt a. M. 1969, 167 ff.).

Dieser innigst zusammenstimmenden organischen Koordination widersetzt sich jedoch die chronologische Darstellungsweise, die Schopenhauer wählt und die dem einzigen mitzuteilenden Gedanken »nicht eine wesentliche«, sondern nur eine »künstlische Form« (W I, 375) ist: »Ein Buch muß inzwischen eine erste und eine letzte Zeile haben und wird insofern einem Organismus allemal sehr unähnlich bleiben, so sehr diesem ähnlich auch immer sein Inhalt seyn mag: folglich werden Form und Stoff hier im Widerspruch stehen« (W I, 8).

Die versprochene Erleichterung in der Darstellung bürdet dem Leser eine erhebliche Erschwernis der Rezeption auf, die Schopenhauer selbst nicht aufheben konnte oder wollte: Im jeweils *eigenen* Textverstehen gilt es jetzt, den Organismus wieder *lebendig* werden zu lassen durch die Wiederherstellung des ursprünglich intendierten, aber von Schopenhauer selbst begrifflich nicht hinreichend entfalteten Zusammenhangs, der *nunmehr* erst die »willkürliche Abstraktion« einholt und auflöst. So beinhaltet Schopenhauers metatheoretisches Vorverständnis der nicht darstellbaren Differenz zwischen Form und Stoff geradezu die Aufforderung, seine Philosophie nicht auf die Unmittelbarkeit ihrer vorliegenden Form festzuschreiben, das heißt ihre Abstraktion während der Rezeption begleitend mit zu reflektieren, also ihrer Beziehungen eingedenk zu bleiben. Nicht passives, gläubiges Lesen ist gefordert, sondern aktives, ingeniöses.

Sämtliche Teile des Hauptwerks dürfen nur behelfsmäßig getrennt gelesen werden, um sie schließlich von einem allseitigen Zusammenhang aus, der über die Darstellungsweise hinausgeht, als bedingt *und* bedingend zu verstehen. Geschieht dies nicht, so entstehen zwangsläufig gedankenlose Verabsolutierungen der einzelnen Systemteile, die zu in sich widersprüchlichen Gesamtcharakterisierungen führen (vgl. M, 55 ff.). Noch einmal, in der Mitte des ersten Bandes des Hauptwerks, weist Schopenhauer mit aller Deutlichkeit auf diese Problematik hin: »Da, wie gesagt, diese ganze Schrift nur die Entfaltung eines einzigen Gedankens ist; so folgt hieraus, daß alle ihre Theile die innigste Verbindung unter einander haben und nicht bloß ein jeder zum nächstvorhergehenden in nothwendiger Beziehung steht und daher zunächst nur ihn als dem Leser erinnerlich voraussetzt, wie es der Fall ist bei allen Philosophien, die bloß aus einer Reihe von Folgerungen bestehen; sondern daß jeder Theil des ganzen Werks jedem andern verwandt ist und ihn voraussetzt, weshalb verlangt wird, daß dem Leser nicht nur das zunächst Vorhergegangene, sondern auch jedes Frühere erinnerlich sei, so daß er es an das jedesmal Gegenwärtige, soviel Anderes auch dazwischen steht, zu knüpfen vermag; eine Zumuthung, die auch Plato, durch die vielverschlungenen Irrgänge seiner Dialogen, welche erst nach langen Episoden den Hauptgedanken, eben dadurch nun aufgeklärter, wiederaufnehmen, seinem Leser gemacht hat. Bei uns ist diese Zumuthung nothwendig, da die Zerlegung unsers einen und einzigen Gedankens in viele Betrachtungen, zwar zur Mittheilung das einzige Mittel, dem Gedanken selbst aber nicht eine wesentliche, sondern nur eine künstliche Form ist. – Zur Erleichterung der Darstellung und ihrer Auffassung dient die Sonderung von vier Hauptgesichtspunkten, in vier Büchern, und die sorgfältigste Verknüpfung des Verwandten und Homogenen: dennoch läßt der Stoff eine Fortschreitung in gerader Linie, dergleichen die historische ist, durchaus nicht zu, sondern macht eine mehr verschlungene Darstellung und eben diese ein wiederholtes Studium des Buchs nothwendig, durch welches allein der Zusammenhang jedes Theils mit jedem andern deutlich wird und nun erst alle zusammen sich wechselseitig beleuchten und vollkommen hell werden« (W I, 375).

Abwegige Mißverständnisse, vorschnelle Verabsolutierung einzelner Aussagen, die die Rezeption der Philosophie Schopenhauers verzerren – nicht zuletzt seine eigenen Mißverständnisse –, wurzeln somit primär nicht in der interpretativen Inkompetenz einzelner Auslegungen, sondern letztlich in einer methodischen Darstellungsproblematik der Sache selbst. Um den organischen Zusammenhang des Denkens Schopenhauers von der Verschlungenheit der Sache her zu veranschaulichen, entwarf ich bei früherer Gelegenheit das folgende, nicht wörtlich zu verstehende *Bild*, das helfen könnte, den vielgestaltigen Gedankenorganismus in den Blick zu bekommen (vgl. Spierling, Einleitung zu VN IV, 28 ff. und 1987 a, 30 ff.).

Das Ding an sich, das sich *für uns* als Wille, insbesondere als Wille zum Leben darstellt, läßt sich imaginieren als *Unendlichfüßler.* Jeder einzelne »Fuß« stellt ein ganzes Lebewesen dar: eine Maus, einen Fisch, einen Vogel, einen Menschen. Die einzelnen Füße des Ungeheuers sterben nach einiger Zeit ab und wachsen nach dem Modell invarianter Archetypen, die Schopenhauer Platonische Ideen nennt, ähnlich wieder nach. Neben diesen Füßen, die Tiere darstellen, gibt es noch solche, die als Pflanzen und als unorganische Körper in Erscheinung treten.

Einige Füße können sich sogar über sich selbst verwundern. Sie dienen dem Leben wollenden Unendlichfüßler mit einem kompliziertem Werkzeug, dem Gehirn, das alle ihm zufließenden Impulse zu etwas verarbeitet, was diese ursprünglich selbst gar nicht sind, nämlich zu *Vorstellungen*, denen noch die räumlichen, zeitlichen und kausalen Formen des Werkzeugs anhaften. Diese Tätigkeit des Erkennens umschließt, wie Mauern einen Kerker, jeden einzelnen dieser menschlichen Füße mit einer hermetischen *Welt als Vorstellung*. Der Wille zum Leben, in unserer seltsamen Metapher der Unendlichfüßler, der selbst *nicht* im wörtlichen Sinn gegenständlich körperhaft zu verstehen ist, *erscheint* nun von der Perspektive einer seiner intelligenten Füße aus gesehen *entstellt* als materielle Dingwelt.

Diese Verwandlung legt über alles den Schleier der Täuschung. Die einzelnen Menschenfüße wissen nichts mehr von der *Stelle*, an der sie mit dem Unendlichfüßler – metaphysisch verstanden – *verwachsen* sind, ja, dadurch der Unendlichfüßler selbst *sind*. Der einzelne Mensch als Fuß dieses Ungeheuers erliegt dem empirischen Schein, er sei ein autonomes, freies Individuum, das von jedem anderen Individuum absolut geschieden sei. Das Wesen des Unendlichfüßlers aber, der Wille als Ding an sich, durchdringt immer schon alle seine Glieder und Werkzeuge, die Klauen des Tigers ebenso wie den Intellekt und die Hände des Menschen, ja, ist mit ihnen identisch.

Der Unendlichfüßler als ganzer, versehen mit Allmacht, aber ohne übergeordnete Vernunft und ohne einheitliches Gewissen, ist *getäuscht* durch die aufgesplitterten Vorstellungen seiner unzähligen Intellekte, die selbst in dieser Täuschung verstrickt sind. Das ewig verschlingende, ewig wiederkäuende Ungeheuer weiß nichts von seiner Einheit und wendet seinen blinden Lebenswillen gegen sich selbst, schlägt seine Zähne in sein eigenes Fleisch, indem seine getäuschten egoistischen Erscheinungen sich gegenseitig Leid zufügen, sich gegenseitig auffressen, sich gegenseitig bekriegen. Der Unendlichfüßler ist mit sich uneins: Jeder Fuß geht rücksichtslos seinen eigenen Weg.

Soweit dieses *Bild*, das auch die Abgründigkeit von Schopenhauers Pessimismus ausdrücken soll und das seine Sehnsucht nach

Erlösung vielleicht etwas verständlicher werden läßt. Schopenhauer geht dieser paradoxen Konstellation, seiner Intuition des pessimistischen Weltknotens, in ihren schleifenartigen Windungen nach, weshalb seine Philosophie nicht linear als deduktives System, sondern zirkular als wechselseitig sich erhellender Gedankenorganismus konzipiert ist. Verschiedene, *relativ* aufeinander bezogene Betrachtungsweisen, die das Denken Schopenhauers kennzeichnen, zeichnen sich ab. Einmal betrachtet der Mensch als Fuß des Ungeheuers sein *Anschauen* und *Denken*, stellt Selbstbetrachtungen des Intellekts an (Transzendentalphilosophie), einmal betrachtet er sich als Leib (physiologisch-materialistisch ausgerichtete Naturwissenschaft), einmal die Gefühle, Affekte und Leidenschaften seines empirischen *Willens* (Psychologie) und schließlich sucht er spekulativ, soweit dies möglich ist, den Unendlichfüßler in seiner Gesamtheit – den *Willen als Ding an sich* – zu erfassen, um von hier aus (Metaphysik der Natur) sich selbst zu orten sowie Wege der Befreiung ins Auge fassen zu können (Metaphysik des Schönen, Metaphysik der Sitten). – Keine einzige Betrachtungsweise aber darf mit ihren jeweils verschiedenen Voraussetzungen verabsolutiert werden, was infolge der »willkürlichen Abstraktion« durch Isolierung der Einzelteile des Systems naheliegen könnte, also weder der transzendentalphilosophische Ausgangspunkt des »Ich denke« im Sinne Kants oder Descartes *Cogito*, noch die Materie der Naturwissenschaft, noch die metaphysische Bestimmung des Dings an sich, des Willens als Absolutum. Erst *alle* wechselseitig sich aufeinander beziehenden, dadurch sich gegenseitig *relativierenden* und *ergänzenden* Betrachtungsweisen machen das *organische Ganze* aus.

Meine Metapher kommt Schopenhauers Denken näher, wenn der Unendlichfüßler nicht nur als etwas außerhalb von uns Existierendes imaginiert wird, sondern im wesentlichen als ein unserer eigenen *inneren* Subjektivität unsichtbar Zugrundeliegendes und Unverfügbares. Schopenhauer selbst spricht nicht von einem Unendlichfüßler, wohl aber einmal von einem »Makranthropos« (W II, 747), einem *Großmenschen*. Der Mensch ist danach kein Mikrokosmos, kein verkleinertes Abbild der großen Welt, sondern die Welt ist *ein* großer Mensch, da Wille und Vorstellung ihr wie sein Wesen erschöpfen. Schopenhauer ist überzeugt, »daß die Welt nicht weniger in uns ist, als wir in ihr« (W II, 565). Einen Standpunkt außerhalb unserer selbst und außerhalb der Welt einzunehmen, um vom Blickwinkel der Ewigkeit aus die Ordnung der Dinge selbst zu überschauen und zu erkennen, ist uns verwehrt. – Das Schlußkapitel geht bei der Rekonstruktion der organischen Einheit des einzigen Gedankens noch einmal auf den komplementären Wechsel der Betrachtungsweisen ein, durch den Schopenhauers Philosophie gekennzeichnet ist, und sucht zu zeigen, daß diesem Perspektivenwechsel eine erkennbare, aber unausgesprochene Methodenfigur eingeschrieben ist, die ich »Kopernikanische Drehwende« nennen möchte (s. u., Kapitel III, 8. und VIII).

Schopenhauers »willkürliche Abstraktion« bestimmt die Einteilung seiner Philosophie, deren Gegenstand »die Erfahrung« (P II, 24) ist. Im Gegensatz zu den übrigen Wissenschaften untersucht die Philosophie jedoch keine bestimmte Erfahrung, sondern die *ganze* Erfahrung: »die Erfahrung selbst, überhaupt und als solche, ihrer Möglichkeit, ihrem Gebiete, ihrem wesentlichen Inhalte, ihren innern und äußern Elementen, ihrer Form und Materie nach« (P II, 24). Die Erfahrung im weitesten Sinn verstanden ist es, die als *alleiniger* Gegenstand der Philosophie dem Wechselspiel der unterschiedlichen Betrachtungsweisen unterworfen wird und deren Untersuchung nun in vier Teile separiert wird.

Das erste, das die Philosophie betrachtet, ist das Medium, in dem die Erfahrung sich darstellt: der Intellekt. »Jede Philosophie [hat] anzuheben mit Untersuchung des Erkenntnißvermögens, seiner Formen und Gesetze, wie auch der Gültigkeit und der Schranken derselben« (P II, 24). Diese Untersuchung heißt »Dianoiologie, oder Verstandeslehre«, insofern sie die primären anschaulichen Vorstellungen, beziehungsweise »Logik, oder Vernunftlehre«, insofern sie die sekundären abstrakten Vorstellungen (Begriffe) behandelt. Schopenhauers Philosophie basiert also auf einer *Erkenntnislehre*, die als erstes zu klären sucht, ob die angeschauten oder die gedachten allgemeinsten und wesentlichsten

Eigenschaften der Dinge wirklich den Dingen selbst zukommen oder ihnen nicht vielmehr nur in Folge der Form und Natur unseres Vorstellungsvermögens gleichsam angedichtet werden. »Dies ist dem zu vergleichen, daß man die Farbe eines Glases den dadurch gesehenen Gegenständen beilegt« (P II, 24).

Auf dem Fundament der Erkenntnislehre baut die Metaphysik auf. »Unter METAPHYSIK verstehe ich jede angebliche Erkenntniß, welche über die Möglichkeit der Erfahrung, also über die Natur, oder die gegebene Erscheinung der Dinge, hinausgeht, um Aufschluß zu ertheilen über Das, wodurch jene, in einem oder dem andern Sinne, bedingt wäre; oder, populär zu reden, über Das, was hinter der Natur steckt und sie möglich macht« (W II, 189). Die Metaphysik faßt die Natur als eine gegebene, aber bedingte Erscheinung auf, in der ein von ihr selbst verschiedenes Wesen – in Kants Terminologie: das »Ding an sich« – sich darstellt. Sie sucht also von der Erscheinung zum Erscheinenden zu gelangen.

Die Metaphysik zerfällt in drei Teile: »Metaphysik der Natur, Metaphysik des Schönen, Metaphysik der Sitten« (P II, 25; vgl. VN I, 91 f.). Die *Metaphysik der Natur* ist die Lehre von der »Erkenntniß des innern Wesens der Welt« (VN II, 59). Die *Metaphysik des Schönen* fragt nach dem Wesen des Schönen und betrachtet, »was in uns vorgeht, wenn wir das Gefühl des Schönen und Erhabenen erfahren, und wie dieses eigentlich mit dem Wesen an sich unsres Selbst und der Welt zusammenhänge« (VN II, 59). Die *Metaphysik der Sitten* sucht die »innere Bedeutung« der Unterscheidung von Gut und Böse zu verstehn und »wie sie zusammenhängt mit dem Wesen an sich unsres Selbst und der Welt überhaupt, wie sie aus diesem innern Wesen entspringt und darauf Beziehung hat« (VN II, 59 f.). Sie behandelt neben der Schuld der Individuation auch die Freiheit des Willens und klingt aus mit der Perspektive der Erlösung.

Schopenhauers Philosophie gliedert sich demnach in vier Teile: Erkenntnislehre, Metaphysik der Natur, Metaphysik des Schönen und Metaphysik der Sitten. Die vier Bücher (Teile) der *Welt als Wille und Vorstellung* wie auch die der *Philosophischen Vorlesungen*

entsprechen dieser Einteilung. Die kleineren Schriften Schopenhauers sind Ergänzungen dieser Teile.

Unsere Darstellung folgt dieser Einteilung der Philosophie in
den nächsten vier Kapiteln (Kapitel III–VI), ergänzt sie durch die
Aphorismen zur Lebensweisheit, die eine gewisse Sonderrolle spielen
(Kapitel VII), und thematisiert abschließend noch einmal die intendierte organische Einheit des Gesamtwerks (Kapitel VIII).

III. UNTERSUCHUNG
DES ERKENNTNISVERMÖGENS

Die Welt ist nicht weniger in uns, als wir in ihr.

1. Welt als Gehirnphänomen

Der erste Band von Schopenhauers Hauptwerk eröffnet mit dem lapidaren Satz: »Die Welt ist meine Vorstellung.« Der zweite Band beginnt, atmosphärisch fast existentiell anmutend mit: »Im unendlichen Raum zahllose leuchtende Kugeln, um jede von welchen etwan ein Dutzend kleinerer, beleuchteter sich wälzt, die inwendig heiß, mit erstarrter, kalter Rinde überzogen sind, auf der ein Schimmelüberzug lebende und erkennende Wesen erzeugt hat; – dies ist die empirische Wahrheit, das Reale, die Welt. Jedoch ist es für ein denkendes Wesen eine mißliche Lage, auf einer jener zahllosen im gränzenlosen Raum frei schwebenden Kugeln zu stehn, ohne zu wissen woher noch wohin, und nur Eines zu seyn von unzählbaren ähnlichen Wesen, die sich drängen, treiben, quälen, rastlos und schnell entstehend und vergehend, in anfangs- und endloser Zeit: dabei nichts Beharrliches, als allein die Materie und die Wiederkehr der selben, verschiedenen, organischen Formen, mittelst gewisser Wege und Kanäle, die nun ein Mal dasind.« – In beiden Fällen ist dasselbe gemeint, einmal formelhaft pointiert, einmal inhaltlich skizziert: Die Welt ist – *für uns* – eine phänomenale Gegebenheit, mit einem Wort: *Erscheinung*. Die Philosophie der neueren Zeit, insbesondere dank Berkeley und Kant, hat sich darauf besonnen, daß die empirische Realität ein subjektiv bedingtes »Gehirnphänomen« ist, und hat dadurch Raum gelassen »für eine ganz andere Weltordnung« (W II, 11): für das *Ding an sich*.

Erst wenn jener Satz – »Die Welt ist meine Vorstellung« – verstanden und anerkannt ist, tritt »philosophische Besonnenheit« ein. »Man muß inne werden, daß die Welt nur als eine Erkenntniß da ist und somit abhängig vom Erkennenden welches man selbst ist. Das Seyn der Dinge ist identisch mit ihrem Erkannt-werden. Sie sind, heißt: sie werden vorgestellt« (VN I, 126).

In seiner großen Berliner Vorlesung im Jahr 1820 nimmt Scho-penhauer den naheliegenden Einwand seiner ungläubigen Stu-denten vorweg: »Sie meinen, die Dinge der Welt wären doch da, auch wenn sie niemand sähe und vorstellte. Aber suchen Sie nur einmal sich deutlich zu machen was für ein Dasein der Dinge dies wäre. Sobald Sie das versuchen stellen Sie immer die Anschauung der Welt in einem Kopfe vor, nie aber eine Welt außer der Vor-stellung. Sie sehn also daß das Seyn der Dinge in ihrem Vorge-stelltwerden besteht« (VN I, 126).

In immer neuen Anläufen sucht Schopenhauer zu demonstrie-ren, daß es unmöglich ist, sich eine Welt unabhängig von unserer Vorstellung *vorzustellen*: »Vielleicht scheint Ihnen das paradox und es ist wohl noch Einer und der Andre von Ihnen, der ganz ehrlich meint: wenn auch der Brei aus allen Hirnkasten geschlagen würde; so blieben darum Himmel und Erde, Sonne, Mond und Sterne, Pflanzen und Elemente doch stehn. – Wirklich? – Besehn Sie doch die Sache etwas in der Nähe. Stellen Sie sich eine solche Welt *ohne erkennende* Wesen einmal anschaulich vor: – da steht die Sonne, die Erde rotirt um sie herum, Tag und Nacht, Jahreszeiten wechseln, das Meer schlägt Wellen, die Pflanzen vegetiren: – aber alles was Sie jetzt sich vorstellen, ist bloß ein Auge, das das alles sieht, ein Intellekt der es percipirt: also eben das *ex hypothesi* [der Voraussetzung nach] aufgehobene. Sie kennen ja keinen Himmel und Erde und Mond und Sonne so schlechthin, an und für sich: sondern Sie kennen bloß ein Vorstellen, in welchem das Alles vor-kommt und auftritt« (VN I, 66).

An einer anderen Stelle seiner Vorlesung heißt es: »Sie haben bloß die Vorstellung von einem Auge, das eine Sonne sieht. Ein solches Auge kennen Sie; eine Sonne nimmermehr. Mit dem Auge verschwindet auch die Sonne, die Erde, die Welt« (VN I, 127).

Schopenhauer muß schon mit Goethe über sein Vorstellungs-theorem diskutiert haben, als dieser ihn im Winter 1813/14 in seine Farbenlehre einführt. Beide lehnen die Newtonsche Farbenlehre ab, aber im Gegensatz zu Schopenhauer vertritt Goethe keine erkenntnistheoretisch *idealistische*, sondern eine *realistische* Auffassung vom Dasein des Lichts. »Aber dieser Goethe«, so Schopenhauer Jahrzehnte später in einem Gespräch mit Frauenstädt, »war so ganz *Realist*, daß es ihm durchaus nicht zu Sinne wollte, daß die *Objekte* als solche nur da seien, insofern sie von dem erkennenden Subjekt *vorgestellt* werden. Was, sagte er mir einst, mit seinen Jupiteraugen mich anblickend, das Licht sollte nur da seyn, insofern Sie es sehen? Nein, *Sie* wären nicht da, wenn das Licht *Sie* nicht sähe« (Ge, 31).

Es scheint zwar zunächst gewiß zu sein, daß die empirische Realität auch ohne ein erkennendes Subjekt existiert, weil es sich *in abstracto* denken läßt. Der Versuch jedoch, diesen Gedanken zu realisieren, also eine objektive Welt ohne ein erkennendes Subjekt zu imaginieren, muß scheitern, weil er das voraussetzt, was gerade ausgeschlossen werden soll: das erkennende Subjekt. – »Die Wahrheit ist, daß man auf dem Wege der Vorstellung nie über die Vorstellung hinaus kann« (W I, 638).

Nach jahrtausendelangem objektivem Philosophieren entdeckt die Philosophie der Neuzeit den für sie charakteristischen Sachverhalt, daß das Dasein der Welt »an einem einzigen Fädchen hängt«, nämlich an dem »jedesmalige[n] Bewußtseyn, in welchem sie dasteht« (W II, 12). So macht schon Descartes, der »Vater der neueren Philosophie« (G, 22), die skeptische Bedenklichkeit zum Ausgangspunkt seiner Philosophie, indem er das *Cogito ergo sum*, das »Ich denke, also bin ich«, als allein gewiß und das Dasein der Welt zunächst als problematisch auffaßt. Damit ist der wahre Ausgangspunkt der Philosophie gefunden: »DAS SUBJEKTIVE, DAS EIGENE BEWUSSTSEYN« (W II, 12). Berkeley geht noch einen entscheidenden Schritt weiter und gelangt zum »eigentlichen Idealismus«, zur Erkenntnis, daß die objektive, materielle Welt nur in unserer Vorstellung existiert. Kant schließlich stellt heraus, daß zwischen den Dingen und uns der Intellekt steht, weshalb sie nicht erkannt werden, wie sie *an sich* beschaffen sind, sondern nur, wie sie *für uns* aufgrund der Beschaffenheit dieser »Maschinerie unsers Erkenntnißvermögens« (W I, 537) erscheinen.

Weil der Mensch sein Bewußtsein nicht überspringen kann, ist er außerstande, sich unmittelbar mit den von ihm verschiedenen Dingen zu identifizieren, um zu erfahren, was sie an sich, unabhängig von ihrem Bezug auf sein Bewußtsein, sind. Die Welt als Vorstellung läßt sich durch keine Vorstellung transzendieren. Die »allererste Thatsache« (W II, 13) ist daher, daß alles, was der Mensch von der Welt wissen kann, *innerhalb* seines Bewußtseins liegen muß: »Die Welt ist im Bewußtseyn vorhanden: darum ist das Bewußtseyn der wesentliche Ausgangspunkt für jede Philosophie« (HN III, 244).

Der Satz »Die Welt ist meine Vorstellung« ist die »Grundwahrheit« von Schopenhauers »idealistischer Grundansicht« (W II, Kapitel 1). Seine Wahrheit beruht auf einer Evidenz, die der der Axiome Euklids in nichts nachsteht. »Wenn irgendeine Wahrheit *a priori* ausgesprochen werden kann, so ist es diese« (W I, 31). »Demnach muß die wahre Philosophie jedenfalls IDEALISTISCH seyn: ja, sie muß es, um nur redlich zu seyn. [...] Nur das BEWUSSTSEYN ist unmittelbar gegeben, daher ist IHRE Grundlage auf Thatsachen des Bewußtseyns beschränkt: d. h. sie ist wesentlich IDEALISTISCH« (W II, 13).

2. Subjekt–Objekt

Die Welt als Vorstellung hat »zwei wesentliche, nothwendige und untrennbare Hälften«: Subjekt und Objekt, Erkennendes und Erkanntes. Es ist eine ursprüngliche Tatsache des Bewußtseins, daß Subjekt und Objekt sich »überall, unzertrennlich und unvereinbar gegenüberstehen« (W II, 15). Das »Zerfallen« in Subjekt und Objekt ist die »Grund- und Urform unsers Bewußtseyns« (P I, 88).

Subjekt ist das, so legt Schopenhauer definitiv fest, was erkennt, aber selbst nicht erkannt werden kann. Objekt ist das, was erkannt wird, aber selbst nicht erkennen kann. Das Verhältnis von Subjekt und Objekt ist durch diese Definition als eine reziproke Korrelation gekennzeichnet, in der der Satz »Kein Objekt ohne Subjekt« zugleich in seiner Umkehrung – »Kein Subjekt ohne Objekt« – wahr sein muß, denn das Subjekt läßt sich nur dann als ein Erkennendes denken, wenn es Erkenntnisse, Objekte hat. Ein Bewußtsein ohne Gegenstand ist kein Bewußtsein. Weder Objekt noch Subjekt sind denkbar ohne ihr jeweiliges Korrelat: »Wie nämlich kein Objekt ohne Subjekt seyn kann, so auch kein Subjekt ohne Objekt« (W II, 233).

Schopenhauer begründet seine Philosophie nicht durch ein subjektunabhängiges Objekt wie der *Realismus* oder durch ein objektunabhängiges Subjekt wie der *eigentliche Idealismus*, sondern durch die *Vorstellung*, die Subjekt und Objekt gleichermaßen impliziert und voraussetzt. Auf die Würdigung der Originalität dieser Begründung seiner Philosophie legt Schopenhauer großen Wert: »Dies Verfahren unterscheidet nun unsere Betrachtungsart ganz und gar von allen je versuchten Philosophien, als welche alle entweder vom Objekt oder vom Subjekt ausgingen, und demnach das eine aus dem andern zu erklären suchten, und zwar nach dem Satz vom Grunde« (W I, 59; vgl. VN I, 508).

Schopenhauer sieht den »Fehler aller bisherigen Philosophien« (VN I, 499) in ihrer Absicht, entweder das Subjekt aus dem Objekt oder umgekehrt das Objekt aus dem Subjekt ursächlich erklären zu wollen. So entstanden die falschen dogmatischen Positionen des *Realismus* beziehungsweise des *eigentlichen Idealismus*. In seinen *Philosophischen Vorlesungen* gibt Schopenhauer mit zwei Zeichnungen folgende Veranschaulichung: »Sie setzten demgemäß entweder das Objekt als Ursach der Vorstellung im Subjekt: Realismus; oder umgekehrt das Subjekt als Ursach seines Objekts: Idealismus:«

»Der Streit zwischen Idealismus und Realismus, ist also bloß über den Ausgangspunkt: aber beide haben Unrecht; denn das Verhältniß ist so darzustellen:« (VN I, 499 f.)

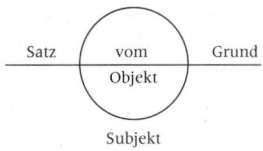

Die dogmatischen Philosophien gehen nicht von der Subjekt und Objekt gleichermaßen voraussetzenden Vorstellung aus, sondern von einem ihrer Bestandteile. Dadurch wird die Subjekt-Objekt-Korrelation, die Schopenhauer in das Bewußtsein hereinnimmt, zerrissen und in einer falschen Abstraktion entweder das Subjekt oder das Objekt als absolut Erstes hypostasiert.

Die Korrelationslehre von Subjekt und Objekt begründet Schopenhauers »idealistische Grundansicht« in einem fundamentalen Sinn. Das Dasein der Welt ist Vorstellung für ein Subjekt. Dieses Vorgestelltwerden der Welt als notwendige Bedingung für ihr Dasein drückt ihr den Stempel der Idealität auf. Die »ganze Welt der Objekte« besitzt keine absolute, an sich seiende Realität, sondern lediglich Realität *für* ein erkennendes Subjekt. Durch die Konstatierung dieser Relativität, die Schopenhauer in Anlehnung an Kants *Kritik der reinen Vernunft* als »transscendentale Idealität« (W I, 45) bezeichnet, wird der Erscheinungscharakter der Realität manifest.

Die ganze empirische Realität ist demnach bloß Erscheinung, weil die erste und allgemeinste Form aller Erscheinung das »Objekt-für-ein-Subjekt-seyn« (W I, 240) ist, weil also »schon das Objektseyn überhaupt zur Form der Erscheinung gehört und durch das Subjektseyn überhaupt [...] bedingt ist« (W I, 638). Erscheinung und Objekt sind Wechselbegriffe und bedeuten dasselbe: »Erscheinung heißt Vorstellung, und weiter nichts: alle Vorstellung, welcher Art sie auch sei, alles *Objekt*, ist *Erscheinung*« (VN I, 128).

Schopenhauer konstatiert eine *gänzliche* Diversität zwischen Erscheinung und Ding an sich oder, wie er es auch nennt, zwischen Idealem und Realem. In dieser Bestimmung von Erscheinung und Ding an sich besteht für ihn »Kants grösstes Verdienst« (W I, 453) und der »Grundzug der Kantischen Philosophie« (W I, 453).

Damit ist für Schopenhauer die Phänomenalität der Welt prinzipiell erwiesen. Die Tatsache der Bewußtseinsimmanenz jedes vorgestellten (also angeschauten oder gedachten) Gegenstands begründet Schopenhauers idealistische Grundansicht oder, wie er in Anlehnung an Kant sagt: »Transscendentalphilosophie«. »Hierunter verstehe ich jede Philosophie, welche davon ausgeht, daß ihr nächster und unmittelbarer Gegenstand nicht die Dinge seien, sondern allein das menschliche BEWUSSTSEYN von den Dingen, welches daher nirgends außer Acht und Rechnung gelassen werden dürfe« (P II, 16).

3. Urbeschaffenheit unseres ganzen Erkenntnisvermögens

Die Grundbedingung der Erkenntnis ist das Zerfallen in Subjekt und Objekt. In dieser Ur-Teilung, in der wir uns ein unbekanntes Etwas – das Ding an sich – objektiv vor-stellen, uns auf dieses Etwas wie auf einen Gegenstand beziehen, verwandeln wir es in ein dinghaftes *Phänomen für uns.* Schopenhauers Erkenntnislehre ist der Versuch, uns darüber aufzuklären, *daß* wir durch unsere Erkenntnistätigkeit und unsere Erkenntniswerkzeuge dieses unbekannte X zu der Welt verwandeln, wie sie uns in unseren Vorstellungen *erscheint.* Dies ist der erste Schritt seiner idealistischen Grundansicht.

In einem zweiten Schritt untersucht er, *wie* dies geschieht. Er analysiert die allgemeinen Formen der uns möglichen Erkenntnis, die verschiedenen fundamentalen Arten und Weisen, wie sich uns dieses X als Welt, als kausal strukturiertes Vorstellungs-Sein darstellt. Schopenhauer unterstreicht in seiner Abhandlung *Ueber die vierfache Wurzel des Satzes vom zureichenden Grunde,* die für seine Erkenntnislehre grundlegend ist, daß es das erkennende Subjekt ist, das durch seine Erkenntnistätigkeit die Welt als Vorstellung allererst formt, verknüpft, einigt, ihr dadurch auf allen Ebenen ihrer Erscheinung eine kausale Struktur verleiht, und daß diese subjektive Konstituierung der gegenständlichen Welt nach Maßgabe *apriorischer Gesetzmäßigkeiten* erfolgt. Die allgemeinen For-

men der Vorstellungswelt sind nicht etwas, das subjektunabhän-
gig, an sich vorhanden ist, sondern etwas, das vom Subjekt aufge-
prägt wird. Schärfer formuliert: Bei diesen gesetzmäßigen Formen
handelt es sich gleichsam um im voraus feststehende Produktions-
schablonen des Erkenntnisvermögens. Schopenhauer nennt sie
»Gestalten« oder »Gestaltungen« des »Satzes vom zureichenden
Grund«. Alle diese gesetzmäßigen Formen sind uns *a priori* bewußt. – Um ein Mißverständnis zu vermeiden: Wenn Schopenhauer vom »Satz« des Grundes spricht, meint er nicht etwas, das
die Vernunft sich ausgedacht und in einem Satz begrifflich
formuliert hätte, sondern ein fundamentales Gesetz – er spricht
auch von »Gehirnfunktion« –, dem *jede* Erkenntnis unter- steht
und entsprechen muß, um überhaupt zustande kommen zu
können.

Die Welt als Vorstellung ist den Gestaltungen des Satzes vom
Grund unterworfen. Sie ist kein Abbild, sondern eine Projektion:
»Man muß von allen Göttern verlassen seyn, um zu wähnen, daß
die anschauliche Welt da draußen […] ganz objektiv-real und
ohne unser Zuthun vorhanden wäre, dann aber, durch die bloße
Sinnesempfindung, in unsern Kopf hineingelangte, woselbst sie
nun, wie da draußen, noch ein Mal dastände« (G, 64).

Der Verstand – er wird hier zur Vororientierung beispielhaft her-
ausgegriffen – schreibt seine gesetzmäßige *Form* in den bilderlosen,
ungeordneten *Stoff* der Sinnesempfindungen hinein und verwan-
delt ihn zu bildhaften, kausal strukturierten Anschauungen. Die dadurch zustande kommende anschaubare, gegenständliche Welt ist
nichts anderes als die nach außen projizierte Form des erkennenden
Subjekts, des Erkennens selbst. »Erst wenn der VERSTAND, – eine
Funktion, nicht einzelner zarter Nervenenden, sondern des so
künstlich und räthselhaft gebauten, drei bis gegen fünf Pfund wie-
genden Gehirns, – in Thätigkeit geräth« (G, 65), kommt »das Gehirnphänomen der gegenständlichen Welt« (G, 82) zustande. »Diese
Welt als Vorstellung ist, wie nur durch den Verstand, auch nur für
den Verstand da« (W I, 42). – Ohne Verstand wäre keine objektive
Außenwelt da, »aber doch vielleicht etwas ganz andres, das jetzt als
Natur erscheint« (VN I, 238).

Bei seiner Untersuchung der *fundamentalen Formen* oder *Strukturen* der uns möglichen Erkenntnis folgt Schopenhauer, wenn auch mit Einschränkungen, Kants Transzendentalphilosophie. Die subjektive Bedingtheit der Welt ist ihr zufolge eine *gesetzmäßige*. Das Subjekt ist mit transzendentallogischen Erkenntnis*formen* ausgestattet, die es bei *jeder* Erkenntnis anwenden *muß*. Anders gesagt: *Etwas* kann nur dadurch *Objekt für ein Subjekt* werden, wenn es diese gesetzmäßigen Erkenntnisformen *des Subjekts* annimmt und durch sie nunmehr gleichsam verkleidet selbst als gesetzmäßig erscheint.

Das erkennende Subjekt richtet sich nicht nach seinem Erkenntnisgegenstand, sondern der Erkenntnisgegenstand richtet sich nach dem erkennenden Subjekt. Das ist Kants sogenannte »Kopernikanische Wende« (vgl. KrV, B XVI f.). In seinen *Prolegomena* schreibt Kant: »Die Möglichkeit der Erfahrung überhaupt ist also zugleich das allgemeine Gesetz der Natur, und die Grundsätze der erstern sind selbst die Gesetze der letztern. [...] *der Verstand schöpft seine Gesetze (a priori) nicht aus der Natur, sondern schreibt sie dieser vor* [...] so ist der Verstand der Ursprung der allgemeinen Ordnung der Natur« (Prol, §§ 36 und 38).

Eigentümlich für Schopenhauers Erkenntnislehre ist, daß er gemäß seiner doppelten Betrachtungsweise des Intellekts (s. u., III, 8) die apriorischen Erkenntnisformen einmal transzendentallogisch als Formen der Erkenntnis auffaßt und einmal physiologisch-materialistisch als Gehirnfunktionen. Beide Ebenen der Betrachtung, die ihre jeweiligen Einseitigkeiten wechselseitig kompensieren sollen, sind in der zweiten, sehr veränderten und beträchtlich vermehrten Auflage der Abhandlung *Ueber die vierfache Wurzel des Satzes vom zureichenden Grunde* (1847) präsent. Für die standortbedingte physiologische Fundierung der apriorischen Erkenntnisformen ist in Kants strenger Transzendentalphilosophie kein Platz (vgl. Spierling 1977).

Der Satz vom Grund ist das Gesetz, das unser Erkennen beherrscht und uns die Welt durch die Brille verschiedener Arten von Kausalitäten – von Gründen – sehen läßt. Er besagt, daß »NICHTS FÜR SICH BESTEHENDES UND UNABHÄNGIGES, AUCH NICHTS EINZELNES

UND ABGERISSENES, OBJEKT FÜR UNS WERDEN KANN« (G, 39). Der Satz vom Grund drückt die universale und notwendige Verbundenheit aller Vorstellungen untereinander aus: »ALLE UNSERE VORSTELLUNGEN [STEHN] UNTER EINANDER IN EINER GESETZMÄSSIGEN UND DER FORM NACH *a priori* BESTIMMBAREN VERBINDUNG (G, 39).

Immer und überall ist jegliches nur vermöge eines anderen. Die Elementarform des Satzes vom Grund heißt daher: »Alles was ist, hat einen Grund warum es ist« (VN I, 443), weshalb bei jeder Vorstellung gefragt werden kann, *warum* sie ist. Deshalb ist das *Warum* die »Mutter aller Wissenschaften« (G, 18) oder der Satz vom Grund die »Grundlage aller Wissenschaft« (G, 18).

Als die »Form aller Vorstellung und das Princip aller Erklärung« (VN I, 444) hat der Satz vom Grund selbst keinen Grund. Jeder Versuch, ihn zu begründen, müßte ihn bereits voraussetzen und wäre ein *circulus vitiosus*. Kant untersagt sich daher, ihn etwa physiologisch-materialistisch fundieren zu wollen, das Apriori also aus dem Aposteriori abzuleiten. Konrad Lorenz und die im wesentlichen von ihm angeregte *Evolutionäre Erkenntnistheorie* werden sich später über diese Bedenken hinwegsetzen, indem sie bewußtseinstranszendente Voraussetzungen festlegen. Schopenhauer steht auf eine sehr problembewußte, reflektierte Weise eher zwischen Kant und Lorenz (vgl. Spierling, M, 53 f. und Einleitung zu VN II, 37 f.).

Der Satz vom Grund ist das *Verbindungsprinzip* aller Vorstellungen im Hinblick auf *Grund* und *Folge*, im Hinblick auf verschiedene Arten von Kausalitäten. Er stellt sich in allen seinen Gestaltungen dar als Ausdruck »einer und der selben Urbeschaffenheit unsers ganzen Erkenntnißvermögens« (G, 165). Schopenhauer nennt diese *eine* Urbeschaffenheit die *Wurzel* des Satzes vom Grund. Sie verzweigt sich je nach den Klassen der Objekte beziehungsweise der verschiedenen Arten der Vorstellungen, die der Satz vom Grund verbindet, *vierfach*, was der Titel der Abhandlung bereits anzeigt. Die vier Wurzeln, die vier Arten von Kausalitäten oder Gründen, sind: der *Grund des Werdens*, der *Grund des Erkennens*, der *Grund des Seins* und der *Grund des Handelns*. Der Grund des Werdens verbindet die Vorstellungen *kausal*, der Grund des Erkennens *logisch-begrifflich*, der Grund des Seins *räumlich* und *zeitlich*, der Grund des Handelns schließlich *nach Motiven*.

Diese vier Gestaltungen des Satzes vom Grund beziehen sich auf vier Klassen von Objekten beziehungsweise Vorstellungsarten. Anders gesagt: In jeder Klasse von Objekten tritt der Satz vom Grund in einer anderen kausalen Gestaltung auf. Schopenhauer faßt die Objektklassen in seiner Terminologie folgendermaßen zusammen: »Die vier Klassen sind: 1ste Klasse: die anschaulichen vollständigen das Ganze der Erfahrung ausmachenden Vorstellungen, also was man reale Objekte nennt. 2te Klasse: die abstrakten Vorstellungen [Begriffe]. 3te Klasse: der formale Theil der ersten Klasse: also Raum und Zeit in reiner Anschauung *apriori*, getrennt von allem Inhalt. 4te Klasse: die unmittelbare Erkenntniß des eig[nen] Willens jedes Individuums« (VN I, 445; zur Systematik der Reihenfolge vgl. G, 158 und M, 43). Aus diesen vier Klassen der Objekte beziehungsweise Vorstellungsarten erschließt (vgl. G, 149 ff.) Schopenhauer die jeweils korrelierenden Erkenntniskräfte oder, wie er auch sagt, Erkenntnisvermögen: Verstand (zu 1), Vernunft (zu 2), reine Sinnlichkeit (zu 3) und Selbstbewußtsein (zu 4, spielt eine Sonderrolle). – »Wie aber das Objekt überhaupt nur für das Subjekt da ist, als dessen Vorstellung; so ist jede besondere Klasse von Vorstellungen nur für eine eben so besondere Bestimmung im Subjekt da, die man ein Erkenntnißvermögen nennt« (W I, 41).

Insgesamt will Schopenhauer darauf hinaus: *Die Welt als Vorstellung ist dem Satz vom Grund, dem Prinzip der Dependenz, Relativität und Endlichkeit aller Objekte, unterworfen.* Wo diese apriorische Grundfunktion gilt, haben wir es nur mit Erscheinungen, mit der Phänomenalität der Welt, zu tun, nicht mit dem »Wesen an sich der Dinge«. »Darum stoßen wir mit unserm Intellekt, diesem bloßen Willens-Werkzeug, überall an unauflösliche Probleme, wie an die Mauer unsers Kerkers« (W II, 746). Was sich erst beim Studium des Gesamtwerks erschließt, ist, zugespitzt gesagt: Schopenhauer rüttelt gleichsam an den vierfach verstrebten Gittern dieses selbst errichteten Vorstellungskäfigs, den wir »Welt« nennen, er will sich mit dem Verhängnis dieser relativen, endlichen, beschränkten, nichtigen Vorstellungswelt nicht abfinden, er faßt den Satz vom Grund als eine

teuflische, verdinglichende, Unmoralität bewirkende Weise egozentrischen Erkennens auf und er hält Ausschau nach einer *ganz
anderen*, befreienden *Erkenntnis*. – Gleichwohl analysiert Schopenhauer sorgfältig die dem Satz vom Grund unterworfene Erkenntnisweise, die in den Wissenschaften große Triumphe feiert. Sämtliche kausale Strukturen, die in der Welt als Vorstellung anzutreffen
sind, fallen mit den kausalen Strukturen des erkennenden Subjekts,
den Verbindungsprinzipien des Satzes vom Grund, zusammen. Daher liefert die in den folgenden Kapiteln (III, 4–7) skizzierte Analyse der vierfachen Wurzel des Satzes vom zureichenden Grund das
Grundgefüge *allen* uns nur vorstellbaren Seins: das vom Individuum
aus gesehene Grundgefüge der Welt als Vorstellung.

4. Grund des Werdens. Intellektualität der Anschauung. Verstand als werkbildender Künstler

Die erste Klasse der Objekte ist das »Ganze der Erfahrung« (VN I,
246), die »Gesammtvorstellung« (G, 46), »EMPIRISCHE REALITÄT«
(G, 40), oder, wie Schopenhauer auch sagt, die Klasse der »AN-
SCHAULICHEN, VOLLSTÄNDIGEN, EMPIRISCHEN Vorstellungen« (G, 40).
In dieser Klasse tritt der Satz vom Grund als »GESETZ DER KAUSA-
LITÄT« auf. Schopenhauer nennt ihn den »SATZ VOM ZUREICHEN-
DEN GRUNDE DES WERDENS, *principium rationis sufficientis fiendi*«
(G, 45 f.).

Alle Veränderungen der Objekte der empirischen Realität sind
durch diesen »Satz«, also durch diese apriorische Erkenntnisform
des Verstandes, notwendigerweise miteinander verknüpft. Diese
Verknüpfung ist zunächst als etwas zu verstehen, das jeder bewußten Reflexion vorausspringt, vorausgeht, und erst im nach-
hinein von der *Vernunft* (also zum Beispiel durch Schopenhauers
Abhandlung) ins Bewußtsein gehoben, wieder eingeholt werden
kann. Erst nachträglich gibt das – nunmehr begrifflich erkannte –
Gesetz der Kausalität das wissenschaftliche Begründungsprinzip
der reinen Naturwissenschaft ab.

Die anschauliche empirische Realität ist für Schopenhauer, wie oben schon erwähnt, keine fertige Gegebenheit der Sinne, von der die Philosophie als ursprüngliches Faktum auszugehen hätte, sondern ein *Produkt*, das »in der Hauptsache das Werk des VER-STANDES« (G, 63) ist, dem die Sinne nur den »ärmlichen Stoff« (G, 87) liefern. Die Analyse der Konstitution der produzierten empirischen Realität durch die Verstandestätigkeit bildet das Kernstück von Schopenhauers transzendentalem Idealismus (vgl. Spierling 1977, 51–65).

Schopenhauer ist überzeugt, als erster die Frage nach dem Zustandekommen der empirischen Realität stichhaltig beantwortet zu haben, weshalb er auch gegenüber Kant eine bedeutende Originalität für die »eigentlich von mir, in Folge der Kantischen Lehre, zuerst dargelegte Intellektualität der Anschauung« (W II, 32) beansprucht. Seine Theorie, daß die Anschauung der Außenwelt »im Wesentlichen das Werk des VERSTANDES« (G, 87) ist, rechnet er daher zu den »großen und wichtigen Wahrheiten, welche darzulegen, um sie dem menschlichen Geschlechte auf immer anzueignen, die Aufgabe und Arbeit meines ganzen Lebens gewesen ist« (G, 63).

Schopenhauer geht von der Empfindung des Leibes aus. Sie ist anfänglich bloß ein amorphes, angenehmes oder unangenehmes Gefühl und enthält »nichts einer Anschauung Aehnliches« (G, 64). In keiner Empfindung liegt etwas »Objektives«. »Denn die Empfindung jeder Art ist und bleibt ein Vorgang im Organismus selbst, als solcher aber auf das Gebiet unterhalb der Haut beschränkt, kann daher, an sich selbst, nie etwas enthalten, das jenseits dieser Haut, also außer uns läge« (G, 64).

Zwischen der subjektiven Empfindung und der objektiven Anschauung besteht also eine »weite Kluft« (W II, 51). Käme zur Empfindung nichts Überbrückendes hinzu, so reichte das Bewußtsein nicht über den eigenen Leib hinaus, das heißt wir besäßen nichts als ein »dumpfes, pflanzenartiges Bewußtseyn« (VN I, 198) bedeutungsloser Affektionen des Leibes innerhalb seiner vegetativen Grenzen. Sobald jedoch der Verstand, der »werkbildende Künstler« (G, 87), sein Gesetz der Kausalität *a priori* auf die als Wirkung aufgefaßte Empfindung anwendet – dies alles geschieht un-

mittelbar, ohne Reflexion – und mit Hilfe der apriorischen An-
schauungsform des Raums eine äußere Ursache entwirft, »geht
eine mächtige Verwandlung vor« (G, 65). Aus der subjektiven
Empfindung wird die objektive Anschauung, die empirische Realität. Der Verstand »nämlich faßt, vermöge seiner selbsteigenen
Form, also *a priori*, d. i. VOR aller Erfahrung (denn diese ist bis dahin
noch nicht möglich), die gegebene Empfindung des Leibes als eine
WIRKUNG auf (ein Wort, welches er allein versteht), die als solche
nothwendig eine URSACHE haben muß. Zugleich nimmt er die
ebenfalls im Intellekt, d. i. im Gehirn, prädisponirt liegende Form
des ÄUSSERN Sinnes zu Hülfe, den RAUM, um jene Ursache AUS-
SERHALB des Organismus zu verlegen: denn dadurch erst entsteht
ihm das Außerhalb, dessen Möglichkeit eben der Raum ist; so daß
die reine Anschauung *a priori* die Grundlage der empirischen abge-
ben muß« (G, 65). »*Der Verstand* also bringt jenes Verhältniß von Ursach und Wirkung selbst zur Anschauung hinzu, trägt es also in sich«
(VN I, 222).

Ohne diese projektive Tätigkeit des Verstandes käme es trotz
der Sinnesorgane, mit denen der Leib ausgestattet ist, nie zur *Verwandlung* der bloßen Empfindung in wahrnehmbare räumliche
und zeitliche Gegenstände. Der Verstand ist es, der die Welt als
Vorstellung allererst konstituiert. Sie ist daher eine phänomenale
Welt *für uns*, niemals eine Welt *an sich*.

Da die Erkenntnistätigkeit des Verstandes allein in der Anwendung seines kausalen Verknüpfungsgesetzes besteht, so schließt
Schopenhauer weiter, muß die von ihm projizierte gegenständliche materielle Welt sein eigenes Kausalgesetz sein, das, nunmehr
objektiviert, dinghaft in Erscheinung tritt. Demnach ist die Materie als solche lediglich der »Widerschein unsers eigenen Verstandes, das nach außen projicirte Bild seiner alleinigen Funktion«
(G, 91). Das Wesen der Materie muß daher als Wirken begriffen
werden, was auch in dem deutschen Begriff »Wirklichkeit« zum
Ausdruck kommt: »Seyn ist überhaupt mit Wirken gleichbedeutend« (F, 660). Aus diesem Grund läßt sich reine Materie nicht anschauen, sondern bloß denken: »sie ist ein zu jeder Realität als ihre
Grundlage Hinzugedachtes« (G, 91).

Die empirische Realität kann also nicht fertig gegeben sein, sondern ist Resultat eines konstitutiven Erkenntnisprozesses: »Demnach hat der Verstand die objektive Welt erst selbst zu schaffen: nicht aber kann sie, schon vorher fertig, durch die Sinne und die Oeffnungen ihrer Organe, bloß in den Kopf hineinspaziren. Die Sinne nämlich liefern nichts weiter, als den rohen Stoff, welchen allererst der Verstand, mittelst der angegebenen einfachen Formen, Zeit, Raum und Kausalität, in die objektive Auffassung einer gesetzmäßig geregelten Körperwelt umarbeitet. Demnach ist unsere alltägliche, EMPIRISCHE ANSCHAUUNG eine INTELLEKTUALE« (G, 65 f.).

Schopenhauer unterstreicht auch in seiner Farbenlehre diese »Intellektualität der Anschauung« und sucht sie auf dekonstruktive Weise plausibel zu machen: »Könnte Jemand, der vor einer schönen weiten Aussicht steht, auf einen Augenblick alles Verstandes beraubt werden, so würde ihm von der ganzen Aussicht nichts übrig bleiben, als die Empfindung einer sehr mannigfaltigen Affektion seiner Retina, den vielerlei Farbenflecken auf einer Malerpalette ähnlich, – welche gleichsam der rohe Stoff ist, aus welchem vorhin sein Verstand jene Anschauung schuf« (F, 649).

Die Konstitution der anschaubaren empirischen Realität geschieht *völlig unabhängig* von der reflektierenden Teilnahme der Vernunft. »Dieser Uebergang von der Wirkung auf die Ursache ist aber ein unmittelbarer, lebendiger, nothwendiger: denn er ist eine Erkenntniß des REINEN VERSTANDES: nicht ist er ein Vernunftschluß, nicht eine Kombination von Begriffen und Urtheilen, nach logischen Gesetzen« (F, 647).

Schopenhauer sieht in dem Vermögen des *Verstandes* kein begrifflich urteilendes Denkvermögen, sondern ein animalisches, physiologisch vermitteltes *vorbegriffliches Anschauungsvermögen*. Der Verstand ist ein »intuitives Vermögen« (G, 43), das in seiner »Unmittelbarkeit und Bewußtlosigkeit« (W II, 34) jeder bewußten Begriffsoperation vorausgeht. Das begriffliche Denken behält Schopenhauer allein der menschlichen *Vernunft* vor. Auch Tiere haben Verstand, aber keine Vernunft. – Hier liegt Schopenhauers Angelpunkt seiner Kritik an Kants »transzendentaler Logik« der *Kritik der reinen Vernunft* (vgl. G, 89 f.; W I, 577 f.; W I, 549).

Die Anwendung des Gesetzes der Kausalität *a priori* wird »so unmittelbar und schnell vollzogen, daß von ihr nichts, als bloß das Resultat, ins Bewußtseyn kommt« (G, 76 f.). »Mit *einem* Schlage« (VN I, 198) steht daraufhin die empirische Realität da, die anschaubare Welt als Vorstellung, so daß die Tätigkeit des Verstandes an seinem Produkt selbst nicht mit anschaubar ist. Es entsteht der notwendige Schein, dieses Produkt, diese Konstituierung, sei kein Resultat des erkennenden Subjekts, sondern eine objektive subjektunabhängige Gegebenheit.

5. Grund des Erkennens. Wolkengebilde der Vernunft

Der Mensch verfügt im Gegensatz zum Tier infolge seines voluminöseren Gehirns über eine besondere Klasse von Objekten und über eine mit dieser Klasse korrespondierende besondere Erkenntniskraft. Es sind die Objektklasse *Begriffe* beziehungsweise die Erkenntniskraft *Vernunft*. Begriffe sind reflektierte Anschauungen, die unzählige Einzeldinge mit gemeinsamen Merkmalen unter sich begreifen. Schopenhauer definiert sie als »VORSTELLUNGEN AUS VORSTELLUNGEN« (G, 107).

Das Verstandesprodukt der Anschauung wird durch die Begriffsbildungen und -operationen der Vernunft noch einmal weiterverarbeitet. Auf dieser Ebene gilt der »Satz vom Grunde des Erkennens, *principium rationis sufficientis cognoscendi*« (G, 114). Er regelt nach Maßgabe der Logik das Verbinden und Trennen von Begriffen, also das Urteilen, das »Denken im engern Sinne« (G, 114) und besagt, »daß wenn ein Urtheil eine ERKENNTNISS ausdrücken soll, es einen zureichenden Grund haben muß: wegen dieser Eigenschaft erhält es sodann das Prädikat WAHR. Die WAHRHEIT ist also die Beziehung eines Urtheils auf etwas von ihm Verschiedenes, das sein Grund genannt wird« (G, 114). Die »Beziehung des Urtheils auf den Erkenntnißgrund ist hier die Gestaltung des Satzes vom Grunde« (VN I, 446). – Der Satz vom Grund des Erkennens ist das Begründungsprinzip aller wissenschaftlichen Aussagen.

Das »fundamentale Geschäft der Vernunft« (G, 109) besteht

darin, die konkreten Anschauungen in abstrakte Begriffe abzuset-
zen. Die Vernunft formt mit diesen Begriffen mittels Urteilen und
Schlüssen gemäß dem Satz vom Grund des Erkennens die angeschaute, bildhafte Welt als Vorstellung in eine *gedachte* Welt als
Vorstellung um. Aus dieser einzigen Tätigkeit der Vernunft geht
hervor, daß ihre Produktivität lediglich eine formale und keine
materiale ist. Sie kann bloß den vorhandenen, vom Verstand bereits vorgeformten Stoff der empirischen Realität umformen,
ohne dabei neuen, erkenntniserweiternden Stoff aus sich selbst
heraus zu erzeugen: »Die VERNUNFT«, so hebt Schopenhauer er-
kenntniskritisch hervor, »hat also durchaus keinen MATERIELLEN,
sondern bloß einen FORMELLEN Inhalt, und dieser ist der Stoff der
Logik, welche daher bloße Formen und Regeln zu Gedanken-
operationen enthält. Den materiellen Inhalt muß die Vernunft, bei
ihrem Denken, schlechterdings von außen nehmen, aus den anschaulichen Vorstellungen, die der Verstand geschaffen hat. [...]
Dies also, und Dies allein, ist die Thätigkeit der Vernunft: hingegen STOFF AUS EIGENEN MITTELN liefern kann sie nimmermehr. –
Sie hat nichts als Formen« (G, 125).

Damit stimmt Schopenhauer mit den erkenntniskritischen Resultaten der »transzendentalen Dialektik«, dem dritten Teil von
Kants *Kritik der reinen Vernunft*, überein. *Keine reine*, also keine von
jeder Empirie unabhängige und losgelöste *Vernunft* kann aus sich
heraus (z. B. mit Hilfe angeblicher angeborener Ideen) die durch
die Sinne vermittelte und vom Verstand konstituierte empirische
Realität transzendieren, um materiell-inhaltliche, neue Erkenntnisse zu gewinnen (zum Beispiel die zum Scheitern verurteilten
Gottesbeweise). Diese Anmaßung der reinen Vernunft, die sich
über ihre empirische Basis hinwegzuheben versucht, ist zu kriti-
sieren und zurückzuweisen. *Jeder* abstrakte Begriff verdankt sich
der intuitiven Anschauung, der »Urquelle aller Erkenntniß« (W II,
172), und muß aus diesem Grund direkt oder indirekt auf die ihn
begründenden Anschauungen zurückgeführt werden können.
Sonst haben wir »nicht Begriffe, sondern bloße Worte im Kopf
gehabt« (W II, 84), die einem »Wolkengebilde ohne Realität«
(W II, 85) gleichen: »Ein durchaus gründliches Verständniß von

Dingen und deren Verhältnissen hat man nur, sofern man fähig ist, sie in lauter deutlichen Anschauungen, ohne Hülfe der Worte, sich vorstellig zu machen. Worte durch Worte erklären, Begriffe mit Begriffen vergleichen, worin das meiste Philosophiren besteht, ist im Grunde ein spielendes Hin- und Herschieben der Begriffssphären; um zu sehn, welche in die andere geht und welche nicht« (W II, 84 f.).

Für eine kritische Philosophie ist deshalb die Nähe zur Anschauung unentbehrlich, weil durch die weiterverarbeitenden Prozesse der Vernunft die Anschaulichkeit der primären konkreten Erfahrung zerstört wird und die Begriffe um so unwesentlicher ausfallen, je abstrakter und allgemeiner sie gebildet werden. »Je höher man nun in der Abstraktion aufsteigt, desto mehr läßt man fallen, also desto weniger denkt man noch. Die höchsten, d. i. die allgemeinsten Begriffe sind die ausgeleertesten und ärmsten, zuletzt nur noch leichte Hülsen, wie z. B. Seyn, Wesen, Ding, Werden u. dgl. m.« (G, 107 f.).

6. Grund des Seins. Principium individuationis

Die dritte Klasse der Objekte bildet der *formale* Teil der anschaulichen Vorstellungen: *Raum* und *Zeit*. In dieser Klasse werden Raum und Zeit nicht in ihrer empirischen Wahrnehmbarkeit, nicht unter dem Gesichtspunkt der Materie, sondern als »Gegenstände der reinen Anschauung« »für sich und abgesondert von den vollständigen Vorstellungen« (G, 139) betrachtet.

Raum und Zeit sind Formen des Objektseins als solchen. Die nähere Bestimmung der Beschaffenheit dieser Formen kann daher nicht abhängen von der besonderen Beschaffenheit dieser oder jener Objekte, sondern muß ein für allemal bestimmt sein als die Beschaffenheit der Objekte überhaupt. Aus dieser Prämisse folgt, daß das Subjekt zur Erkenntnis jener Formen nicht der speziellen Erkenntnisse der in ihnen erscheinenden Objekte bedarf, sondern sie erkennen kann, »sofern es ein Objekt überhaupt hat, d. h. sofern es überhaupt erkennt, d. h. sofern es Subjekt ist« (VN I, 133).

Die Formen von Raum und Zeit müssen also in unserem Bewußtsein liegen und völlig *a priori* von uns bestimmt werden können.

Kennzeichnend für Raum und Zeit ist, daß alle ihre Teile in einem Verhältnis zueinander stehen, durch das jeder Teil durch einen anderen bestimmt und bedingt ist. Für den Raum heißt dieses Verhältnis »LAGE«, für die Zeit »FOLGE« (G, 140). Lage und Folge sind die apriorischen, vorbegrifflichen Verknüpfungsweisen der *reinen Sinnlichkeit*.

Das Gesetz, nach dem die Teile des Raums und der Zeit einander bestimmen, ist der »Satz vom ZUREICHENDEN GRUND DES SEYNS, *principium rationis sufficientis essendi*« (G, 140). Er bildet durch sein gesetzmäßiges Verknüpfen der räumlichen Lage (»Nexus aller Theile des Raumes«) und der zeitlichen Folge (»jeder Augenblick ist bedingt durch den vorigen und führt den folgenden nothwendig herbei« – VN I, 449 f.) die Grundlage der Geometrie und der Arithmetik.

Raum und Zeit sind keine abstrakten Begriffe, die aus konkreten Erfahrungen abstrahiert wären, sondern dem erkennenden Subjekt zuzurechnende *apriorische* Anschauungsformen. Sie können wegen dieser subjektiven Bedingtheit nicht als etwas vom Subjekt Unabhängiges, Absolutes gelten. Raum und Zeit sind keine Formen des Dings an sich, sondern lediglich Formen der Erscheinung. Ohne ein Subjekt, das anschaute, gäbe es keinen Raum und keine Zeit. – Schopenhauer übernimmt fast vollständig die Argumente und Resultate von Kants »transzendentaler Ästhetik«, also des ersten Teils der *Kritik der reinen Vernunft*.

Gegenüber dem Raum hat die Zeit Vorrang: »Die *Zeit* ist nicht bloß eine Form *a priori* unsers Erkennens, sondern sie ist die Basis, oder der Grundbaß desselben; sie ist der erste Einschlag zum Gewebe der ganzen uns sich darstellenden Welt, und der Träger aller unserer anschaulichen Auffassungen. Die übrigen Formen des Satzes vom Grunde sind gleichsam ihr nachgebildet: sie ist der Urtypus von Allem« (P II h, 45). Die Zeit macht »das unterste Grundgerüst der Schaubühne dieser objektiven Welt« (P II, 47).

Von zentraler Bedeutung – auch für Schopenhauers Philoso-

phie der Kunst, vor allem aber für seine Ethik – ist der im Anschluß an den Grund des Seins gewonnene Terminus *»principium
individuationis«*. Dieser Terminus verleiht der *Apriorität* von Raum
und Zeit eine extreme Ausdeutung, die zur pessimistischen Cha-
rakteristik des gesamten Werks entschieden beiträgt und über
Kants Erkenntnislehre hinausgeht. Es stellt sich sogar die Frage, ob
die philosophische Begründung von Schopenhauers Pessimismus
nicht *auch* in der Tiefenstruktur seiner Erkenntnislehre zu suchen
ist.

Schopenhauer nennt Raum und Zeit das *principium individuationis*, was soviel heißt wie Seinsgrund der Einzelwesen, weil allererst das Nebeneinander und Nacheinander eine unzählbare Vielheit – also Individuierung – möglich macht. »Der Ort und die
Zeit unterscheiden die Individuen, auch wenn sie sonst völlig
gleich sind: nur durch das Nebeneinander, also den Raum, und
das Nacheinander, die Zeit, ist die *Vielheit* als solche möglich, die
Vielheit des ganz Gleichartigen, das Erscheinen der Gattung in
unzähligen Individuen: daher nenne ich Raum und Zeit das *principium individuationis«* (VN I, 158).

Die Vielheit aller Lebewesen und aller Dinge ist demnach eine
bloße subjektive Bestimmung der formalen anschaulichen Vorstellung (vgl. aber Schopenhauers spätere Einschränkung: P II, 206
und LF, 434 f.). »Man kann sich das durch ein Bild deutlich machen«, schreibt Schopenhauer, »indem man jenes *principium individuationis* vergleicht mit einem geschliffenen Glase, dessen Facet-
ten, wenn man durchsieht, denselben Gegenstand, hundertmal
zeigen, und e[s] doch an sich nur einer und derselbe ist: wie zwischen das Auge und den Gegenstand solches Glas sich stellt und
jenen dadurch vervielfacht; so stellten sich zwischen das Ding an
sich und unsre Erkenntniß, jene Formen unsres Erkenntnißvermögens, Raum und Zeit« (VN I, 159 f.).

Im Kontext der idealistischen Grundansicht erfährt das *principium
individuationis* eine radikale Zuspitzung. Allem Individuellen, allem
Einmaligen, allem Besonderen – in Raum und Zeit – widerfährt
eine abgrundtiefe Entsubstantialisierung. Die Sonderung alles Individuellen, aller einzelnen Dinge von der übrigen Welt liegt nur in

der Erscheinung, nicht im Wesen der Dinge, nicht im Ding an sich. Der Terminus *»principium individuationis«* charakterisiert Schopenhauers metaphysischen Monismus: Das Ding an sich ist *ein einziger* Wille, dem alle Vielheit fremd, unwesentlich ist. – Die Abwertung alles Individuellen führt bei Schopenhauer auch zu einer Ablehnung der »lügenhaften« Geschichte, die von lauter Individuen und einzelnen Vorgängen redet, vorgibt, stets etwas anderes zu erzählen, und doch nur dasselbe wiederholt, »unter andern Namen und in anderm Gewande« (W II, 517).

Schopenhauer gibt in den *Philosophischen Vorlesungen* seinen Studenten folgende Zusammenfassung: »Rufen wir nun abermals uns zurück daß Raum und Zeit nur die Formen der Erscheinung, nicht des Dinges an sich, oder im umgekehrten Ausdruck nur die Erkenntnißweise des Subjekts und allein in dieser existirend sind, und daß was von Zeit und Raum gilt auch natürlich von dem durch diese Erkenntnißformen allein Möglichen gilt, z. B. von Ausdehnung, Form, Bewegung, Veränderung, also auch von jener Vielheit des Gleichartigen, jener Pluralität der Individuen einer Gattung; nehmen wir ferner nochmals problematisch an, daß die ganze Welt als Vorstellung, die Erscheinung überhaupt, auch noch etwas außer aller Vorstellung, ein *Ding an sich,* sei; so werden wir einsehn, daß solchem Ding an sich, so wenig als die allgemeinste Form der *Vorstellung,* das Zerfallen in Objekt und Subjekt ihm zukommt, noch auch die mehr besondern Formen der Vorstellung, oder die Erkenntnißweisen des Subjekts, nämlich Raum und Zeit, und was aus diesen folgt, z. B. Bewegung, Veränderung, daß sage ich eben so wenig die Vielheit des Gleichartigen solchem Ding an sich, oder innern Wesen der Welt zukommen kann, da auch diese erst durch Raum und Zeit Möglichkeit und Bedeutung erhält. Demnach läge es nur an diesen Formen unsrer Erkenntniß, Raum und Zeit, diesem *principio individuationis* daß uns die Vielheit der Individuen erscheint« (VN I, 159). – Bezogen auf die organische Natur gehört daher »Vielheit und Geschiedenheit allein der bloßen ERSCHEINUNG an, und es ist Ein und das selbe Wesen, welches in allem Lebenden sich darstellt« (E, 626).

Die (unausgesprochene) ethische Intention von Schopenhauers (pessimistisch gefärbter) Erkenntnislehre – gerade auch in seiner überarbeiteten Dissertation von 1847 – läßt sich an dem Terminus *principium individuationis* ablesen. Er reflektiert die mögliche heilsame Ent-täuschung einer Betrachtungsweise, die die Welt einem Ich als deren Mittelpunkt zu-stellt und von diesem abgrenzt. Die Ansicht nämlich, die die Vielheit und Verschiedenheit der Individuen als Ordnung der Dinge an sich unterstellt, die damit auch den Unterschied zwischen Ich und Nicht-Ich als etwas *an sich* Reales setzt, ist die Erkenntnisweise, »die allem Egoismus zum Grunde liegt« (E, 627).

Schopenhauer verweist hierbei nicht nur auf Kant, der die »Prämissen« gab, sondern mit Nachdruck auch auf die indische Philosophie, die diese Auffassung, wenn auch nicht hinreichend begründet, so doch treffend als »Schleier der Maja«, das heißt als Schein oder Gaukelbild bezeichnet hat (vgl. E, 626). Denn: »Die Individuation ist bloße Erscheinung, entstehend mittelst Raum und Zeit, welche nichts weiter als die durch mein cerebrales Erkenntnißvermögen bedingten Formen aller seiner Objekte sind; daher auch die Vielheit und Verschiedenheit der Individuen bloße Erscheinung, d. h. nur in meiner VORSTELLUNG vorhanden ist. Mein wahres, inneres Wesen existirt in jedem Lebenden so unmittelbar, wie es in meinem Selbstbewußtseyn sich nur mir selber kund giebt« (E, 627 f.).

In der Phänomenalität der Welt als Vorstellung dagegen sieht der »Blick des rohen Individuums« – *solange seine Erkenntnisweise der Welt vom Satz des Grundes beherrscht wird* – »in dieser Form seiner beschränkten Erkenntniß [...] nicht das Wesen der Dinge, welches Eines ist, sondern dessen Erscheinungen, als gesondert, getrennt, unzählbar, sehr verschieden, ja entgegengesetzt [...], befangen im *principio individuationis*, getäuscht durch den Schleier der Maja. – Denn, wie auf dem tobenden Meere, das, nach allen Seiten unbegränzt, heulend Wasserberge erhebt und senkt, auf einem Kahn ein Schiffer sitzt, dem schwachen Fahrzeug vertrauend; so sitzt, mitten in einer Welt voll Quaalen, ruhig der einzelne Mensch, gestützt und vertrauend auf das *principium individuationis*« (W I, 456 f.*).

7. Grund des Handelns

Die vierte Klasse der Objekte, »eine gar eigene, aber sehr wichtige« (G, 149), ist das »unmittelbare Objekt des innern Sinnes, DAS SUBJEKT DES WOLLENS« (G, 149), das allein in der Zeit, nicht im Raum, gegeben ist. Der Untersuchung der Objekte des *Bewußtseins von anderen Dingen*, der Objekte des »äußern Sinnes« (VN I, 464), folgt die Untersuchung des Bewußtseins, das jeder von sich selbst hat, des *Selbstbewußtseins*. In Frage steht, ob das, was als Gegenstand vorgestellt wird, wenn das erkennende Subjekt das Selbstbewußtsein zum Objekt macht, ebenfalls unter der Herrschaft einer Gestaltung des Satzes vom Grund steht, also ebenfalls nicht als Ding an sich, sondern als subjektbedingtes, gesetzmäßig kausal-strukturiertes Phänomen gegeben ist.

Versucht das Subjekt des Erkennens, sich selbst *als Erkennendes* zu erkennen, dann muß es scheitern. Schopenhauer bestreitet grundsätzlich die Möglichkeit von Selbsterkenntnis im gegenständlich objekthaften Sinn. Das Subjekt des Erkennens kann sich als Subjekt des Erkennens nicht erkennen. »Das vorstellende Ich, das Subjekt des Erkennens kann nie selbst wieder *erkannt*, selbst wieder sein *Objekt* werden; weil es das nothwendige Korrelat und daher die Bedingung alles Erkennens ist. Daher ist *das Erkennen des Erkennens* unmöglich« (VN I, 464). Vom Subjekt gilt der »schöne Ausspruch des heiligen Upanischad«: »Es ist nicht zu sehen: es sieht alles; es ist nicht zu hören: es hört alles; es ist nicht zu wissen: es weiß alles; und es ist nicht zu erkennen: es erkennt alles. Außer diesem Sehenden, Wissenden, Hörenden und Erkennenden gibt es kein anderes Wesen« (G, 149; übers.).

Versucht das Subjekt des Erkennens trotzdem, sich selbst zu erkennen, dann muß es sich auf sich als ein *Objekt* beziehen. In diesem vergegenständlichenden Bezug auf sich selbst, der »nicht eigentlich mehr« (VN II, 76) möglich ist, weshalb das Selbstbewußtsein gegenüber den Erkenntniskräften (reine Sinnlichkeit, Verstand, Vernunft) eine Sonderrolle spielt, erkennt es sich nicht als ein Erkennendes, sondern als ein *Wollendes*. »Jeder wird, bei Beobachtung des eigenen Selbstbewußtseyns bald gewahr werden, daß sein Gegenstand allezeit das eigene Wollen ist« (E, 369). »Das Subjekt erkennt sich nur als ein *Wollendes*, nicht als ein *Erkennendes*« (VN I, 464). In diesem Selbstbezug eröffnet sich die Mannigfaltigkeit der inneren Erfahrung alles Wollens, zu der nicht nur die »sofort zur That werdenden Willensakte und die förmlichen Entschlüsse« gehören, sondern auch »alle Affekte und Leidenschaften« (E, 369), wie zum Beispiel Begehren, Wünschen, Hoffen, Lieben, Jubeln, Verabscheuen, Fürchten, Hassen, Trauern, Schmerzerleiden.

Wenn Schopenhauer hier vom Wollen spricht, so meint er zunächst lediglich die Phänomenalität, die Vorstellung des Willens, wie er in unsere alles zeitlich-chronologisch strukturierende Erkenntnis tritt, aber noch nicht den zeitlosen Willen als Ding an sich. Auf diesem Gebiet des durch die Vorstellung vermittelten Wollens tritt der Satz vom Grund auf als »SATZ VOM ZUREICHENDEN GRUNDE DES HANDELNS, *principium rationis sufficientis agendi*, kürzer, GESETZ DER MOTIVATION« (G, 154). Er besagt, daß jeder Handlung notwendig eine Motivation zeitlich vorhergeht, die diese Handlung verursacht, indem sie den Willen zu einer Aktion stimuliert. Es gibt keine Handlung ohne Motiv. »Wir sehn aber diese Erfahrung unsres eignen Selbst, nicht regellos und ohne den Leitfaden eines Gesetzes in die Vorstellung treten: vielmehr ist uns sowohl *a priori* bewußt als durch innre Erfahrung jeden Augenblick bestätigt, daß ganz und gar kein Willensakt, keine Bewegung des Willens hervortreten, aus dem innern Dunkel unsres Wesens in das Licht der Vorstellung, Erkenntniß treten kann, ohne daß der Wille durch etwas Aeußeres angeregt worden. Unser eigener Wille schlummert in uns und regt sich nicht, so lange nicht etwas Aeußeres ihn anregt; eben wie in einem unorganischen Naturkörper sehr viele mechanische, physische, chemische Kräfte schlummern, jedoch nie in die Erscheinung treten, bis die ihnen angemessene Einwirkung von Außen sie hervorlockt. [...] keiner kann vom Stuhl aufstehn oder einen Arm heben, ohne daß eine Vorstellung ihn dazu bewöge« (VN I, 468). – Das Gesetz der Motivation gilt aber für den Willen nur dann, wenn er als Subjekt des Wollens zeitlich *erscheint*. Nur der empirische Wille in der Zeit wird durch Motive determiniert, nur er ist unfrei – nicht der metaphysische Wille als Ding an sich außerhalb der Zeit (s. u., Kapitel VI, 2–5).

Das Motiv einer Handlung ist eine durch die Erkenntnis hindurchgegangene äußere Einwirkung (vgl. G, 153). Es stellt als notwendiger Grund jeder Handlung eine Art Kausalität dar. Dieses handlungsbegründende Motiv ist zunächst ein empfundener Reiz, den der Verstand zu einer äußeren, vollständigen, anschaulichen Vorstellung umarbeitet, unter deren Vermittlung der Wille die Wirkung, das ist die Leibesaktion, ausführt (vgl. N, 209). Mit anderen Worten: Die Erkenntniskräfte reine Sinnlichkeit, Verstand, Vernunft konstituieren die Welt als Vorstellung, auf die der Wille anspringt. Oder: Der Intellekt hat die Aufgabe, mit seiner Erkenntnislaterne dem Willen Objekte vorzustellen, auf die er durch Handlungen reagiert (oder nicht). – Schopenhauer bestimmt die Motivation als »das durch die Vorstellung hindurchgegangene Gesetz der Kausalität« (VN I, 469). »DIE MOTIVATION IST DIE KAUSALITÄT VON INNEN GESEHEN« (G, 154).

Schopenhauer steht an der Schwelle zu seiner Metaphysik. »In wiefern aber grade das durch die Vorstellung hindurch gehende Gesetz der Kausalität d. i. das Gesetz der Motivation dienen kann uns Aufschluß zu geben über die blindwirkende d. h. eigentliche Kausalität, ihrem innern Wesen nach, und eben damit auch über das innere Wesen aller ihr unterworfener Körper, inwiefern also die aufgestellte 4te Klasse unsrer Vorstellungen (der eigene individuelle Wille des Erkennenden) Aufschluß geben kann über das innere Wesen der 1sten Klasse d. i. der realen Objekte, das werden wir im zweiten Theil [s. u., Kapitel IV] unsrer gesammten Betrachtung erkennen« (VN I, 470). Diese Einsicht, inwiefern das Subjekt des Wollens (vierte Klasse) den Schlüssel abgibt zur Erkenntnis des inneren Wesens der empirischen Realität, der ganzen gegenständlichen Welt (erste Klasse), »ist der Grundstein meiner ganzen Metaphysik« (G, 154; vgl. VN II, 76 f. und N, 272 ff.).

8. Zwei von Grund aus verschiedene Betrachtungsweisen des Intellekts

Schopenhauer philosophiert bei seiner Untersuchung des Erkenntnisvermögens von verschiedenen Standpunkten aus. Infolge dieses Wechsels hat es einmal den Anschein, als sei er, abgesehen von einigen gewichtigen Modifikationen, ein unbedingter, strenger Anhänger von Kants Transzendentalphilosophie – entsprechend unseren bisherigen Ausführungen über Schopenhauers idealistische Grundansicht und den Satz vom Grund. Das andere Mal hingegen sieht es so aus, als sei Schopenhauer in Wahrheit ein eingefleischter Materialist und stehe in der Tradition zeitgenössischer französischer Schulen. Diese von Schopenhauer reflektierte Widersprüchlichkeit hängt damit zusammen, daß er im ersten Fall von der Erkenntnislehre ausgeht, um von hier aus den Weg zur Metaphysik zu bahnen, während er im zweiten Fall vom Blickwinkel der bereits erreichten Metaphysik auf die Erkenntnislehre zurückschaut.

Die erste Betrachtungsart des Intellekts ist die *subjektive*. Sie geht von *innen* aus und untersucht die apriorischen Funktionen des Intellekts. Die anschaubare Wirklichkeit wird als *Resultat* des Erkenntnisvorgangs aufgefaßt. Die zweite Betrachtungsart ist die *objektive*. Sie hebt von *außen* an und betrachtet den Intellekt als empirisches Ding unter Dingen, als Gehirn, das in metaphysischer Hinsicht als Objektivation, als Vergegenständlichung des Willens verstanden wird. Die anschaubare Wirklichkeit erscheint jetzt als *Voraussetzung* des Erkenntnisvorgangs. Die Welt als Vorstellung wird hier, im Rahmen der Metaphysik, als physiologisch abhängig und bedingt – *vorgestellt*.

Jeder Standpunkt soll den andern relativieren und ergänzen. Das, was zunächst als *unbedingter* Ausgangspunkt gesetzt war, soll durch den Standpunktwechsel als *bedingtes* Resultat erwiesen werden (vgl. P II, § 27). Schopenhauer stellt die Notwendigkeit dieses Standpunktwechsels zum Beispiel in dem Kapitel *Objektive Ansicht des Intellekts* (W II, Kapitel 22) mit aller Deutlichkeit heraus:

»Es giebt zwei von Grund aus verschiedene Betrachtungsweisen des Intellekts, welche auf der Verschiedenheit des Standpunkts beruhen und, so sehr sie auch, in Folge dieser, einander entgegengesetzt sind, dennoch in Uebereinstimmung gebracht werden müssen. – Die eine ist die SUBJEKTIVE, welche, von INNEN ausgehend und das BEWUSSTSEYN als das Gegebene nehmend, uns darlegt, durch welchen Mechanismus in demselben die Welt sich darstellt, und wie aus den Materialien, welche Sinne und Verstand liefern, sie sich darin aufbaut. Als den Urheber dieser Betrachtungsweise haben wir LOCKE anzusehn: KANT brachte sie zu ungleich höherer Vollendung« (W II, 316).

Dem stellt Schopenhauer entgegen: »Die dieser entgegengesetzte Betrachtungsweise des Intellekts ist die OBJEKTIVE, welche von AUSSEN anhebt, nicht das eigene Bewußtseyn, sondern die in der äußern Erfahrung gegebenen, sich ihrer selbst und der Welt bewußten Wesen zu ihrem Gegenstande nimmt, und nun untersucht, welches Verhältniß der Intellekt derselben zu ihren übrigen Eigenschaften hat, wodurch er möglich, wodurch er nothwendig geworden, und was er ihnen leistet. Der Standpunkt dieser Betrachtungsweise ist der empirische: sie nimmt die Welt und die darin vorhandenen thierischen Wesen als schlechthin gegeben, indem sie von ihnen ausgeht. Sie ist demnach zunächst zoologisch, anatomisch, physiologisch, und wird erst durch die Verbindung mit jener erstern und von dem dadurch gewonnenen höhern Standpunkt aus philosophisch« (W II, 316 f.). – Die objektive Betrachtungsweise des Intellekts (Gehirns) wird durch die Willensmetaphysik fundiert und gewinnt dadurch erheblich an Bedeutung.

Die Erkenntnislehre steht in der Reihenfolge der Darstellung zwar an *erster* Stelle, aber das, was sie darstellt, die Erkenntnis, wird aus der metaphysisch-materialistischen Perspektive als zweit- beziehungsweise als drittrangig eingestuft. Von der Metaphysik aus gesehen setzt Schopenhauer 1. den Willen als Ding an sich als etwas völlig Ursprüngliches, 2. den Leib als bloße sichtbare Objektivation des Willens und 3. die Erkenntnis als bloß organische Werkzeugfunktion eines Teils des Leibes, des Gehirns (s. o., 53). Diese partikulare Funktion des Leibes ist es, die die ganze Welt als Vorstellung bedingt, »d. h. diese ganze in Raum und Zeit ausgebreitete Körperwelt, die ALS SOLCHE nirgends als in Gehirnen vorhanden seyn kann« (N, 254). – »Denn«, so faßt Schopenhauer implizit seine Standpunktwechsel zusammen und läßt die von ihm intendierte *organische Einheit* seines Werks erkennen, »bei mir ist nicht, wie in der bisherigen Meinung, der Wille ein Accidenz des Erkennens und mithin des Lebens; sondern das Leben selbst ist Erscheinung des Willens. Die Erkenntniß hingegen ist wirklich ein Accidenz des Lebens und dieses der Materie. Aber die Materie selbst ist bloß die Wahrnehmbarkeit der Erscheinungen des Willens« (N, 266).

Die Wichtigkeit der objektiven Betrachtungsweise des Intellekts für Schopenhauers Erkenntnislehre läßt sich beispielsweise an seinem Rückgriff auf den französischen Physiologen Flourens (1794–1867) zeigen. Schopenhauer sucht seine transzendentalphilosophische Auffassung von der Intellektualität der Anschauung – die Anschauung ist »in der Hauptsache das Werk des VERSTANDES« (G, 63) – durch den für ihn neuesten Stand der naturwissenschaftlichen Forschung zu untermauern. Der Satz vom Grund ist ihm dann von diesem Blickwinkel nicht mehr *apriorisch*, sondern »angeboren«, eine Eigenschaft der Organausstattung. Schopenhauer stützt sich in diesem Zusammenhang auf die hirnphysiologischen Experimente von Flourens, dessen Resultate er ausführlich und zustimmend zitiert.

Flourens betont die Unterscheidung der Sinnesempfindung von der Wahrnehmung. Dies kommt Schopenhauers Überzeugung entgegen, daß die Anschauung im wesentlichen intellektual ist und nicht bloß sensual. Schopenhauer bezieht sich unter anderem auf das folgende Zitat von Flourens: »Eines meiner Experimente beweist, daß man die *Sinnesempfindung* von der *Perception* (Wahrnehmung) genau unterscheiden muß. Wenn man das *eigentliche Gehirn* (die *Hirnlappen* oder *cerebralen Hemisphären*) bei einem Tiere entfernt, so verliert das Tier das Gesicht. Aber am Auge hat sich nichts geändert: die Gegenstände zeichnen sich nach wie vor auf der Retina ab; die Iris behält ihre Fähigkeit, sich zusammenzuziehen; der *Sehnerv* bleibt empfindlich, vollkommen empfindlich. Und doch kann das Tier nicht mehr sehen; es verliert das *Sehvermögen*, obgleich alles, was zur *Sinneswahrnehmung* gehört, fortbesteht; es verliert das *Sehvermögen*, weil die *Perception* aufgehoben ist. Die *Perception* und nicht die *Sinnesempfindung* ist somit die Hauptaufgabe des *Verstandes*. Die *Perception* ist ein Teil des *Verstandes*; denn sie verliert sich mit dem *Verstande*, und mit der Entfernung des nämlichen Organs, der *Hirnlappen* oder *cerebralen Hemisphären*; die *Sinnesempfindung* ist kein Teil des Verstandes, da sie bei Verlust des *Verstandes* und Entfernung der *Hirnlappen* oder *Hemisphären* fortbesteht« (G h, 75; übers.).

Schopenhauer arbeitet diese naturwissenschaftlichen, eher materialistisch orientierten Forschungsergebnisse in seine Erkenntnislehre ein, besser gesagt, sie ist durch und durch von ihnen durchdrungen. So schreibt er zum Beispiel: »Ich habe demgemäß es geradezu ausgesprochen, daß jene Formen [Raum, Zeit, Kausalität] der Antheil des GEHIRNS an der Anschauung sind, wie die specifischen Sinnesempfindungen der der respectiven SINNESORGANE« (P I, 91). In einem handschriftlichen Zusatz ergänzt er: »Wie unser Auge es ist, welches Grün, Roth und Blau hervorbringt, so ist es *unser Gehirn*, welches *Zeit, Raum* und *Kausalität* [...] hervorbringt. – Meine *Anschauung* eines Körpers im Raum ist das Produkt meiner Sinnen- und Gehirn-Funktion mit X« (P I h, 92). Im zweiten Band seines Hauptwerks heißt es: »Wie gering bei der Anschauung der Antheil der Sinne ist, gegen den des Intellekts, bezeugt also auch der Vergleich zwischen dem Nervenapparat zum Empfangen der Eindrücke mit dem zum Verarbeiten derselben; indem die Masse der Empfindungsnerven sämmtlicher Sinnesorgane sehr gering ist, gegen die des Gehirns, selbst noch bei den Thieren, deren Gehirn, da sie nicht eigentlich, d. h. abstrakt, denken, bloß zur Hervorbringung der Anschauung dient« (W II, 31).

Schopenhauer diskutiert die Vor- und Nachteile des subjektiven und objektiven Ausgangspunktes. Dem Ausgehen vom Subjekt bleibt ein »wirklicher Vorzug«, da das Bewußtsein das allein Unmittelbare ist. »Andererseits hat auch der subjektive Ausgangspunkt und Ursatz ›die Welt ist meine Vorstellung‹ sein Inadäquates: theils sofern er einseitig ist, da die Welt doch außerdem noch

viel mehr ist (nämlich Ding an sich, Wille), ja, das Vorstellungsseyn ihr gewissermaaßen akccidentell ist; theils aber auch, sofern
er bloß das Bedingtseyn des Objekts durch das Subjekt ausspricht,
ohne zugleich zu besagen, daß auch das Subjekt als solches durch
das Objekt bedingt ist« (W II, 25).

Das Festhalten am idealistischen Gesichtspunkt ist aber ein
notwendiges Gegengewicht gegen den materialistischen, der behauptet, die Materie sei das Ding an sich und damit das Er-
klärungsprinzip aller Dinge. Eine materialistische Erklärung der
Welt – insofern sie ihre prinzipiellen Erkenntnisvoraussetzungen
verleugnet – überspringt das Bewußtsein und schreibt die Materie als etwas Absolutes dogmatisch fest.

Schopenhauer wägt ab, versagt sich vorschnelle Grenzziehun-
gen, sucht das Ganze in den Blick zu bekommen: »Hingegen hat
auch der Materialismus seine Berechtigung. Es ist eben so wahr,
daß das Erkennende ein Produkt der Materie sei, als daß die Materie eine bloße Vorstellung des Erkennenden sei: aber es ist auch
eben so einseitig. Denn der Materialismus ist die Philosophie des
bei seiner Rechnung sich selbst vergessenden Subjekts. Darum
eben muß der Behauptung, daß ich eine bloße Modifikation der
Materie sei, gegenüber, diese geltend gemacht werden, daß alle
Materie bloß in meiner Vorstellung existire: und sie hat nicht minder Recht« (W II, 23).

Dennoch: Das Dasein der Dinge ist für Schopenhauer aber *auch*
vorstellungs*unabhängig*, nicht restlos bewußtseinsimmanent. Auch
diese *Schwankung* innerhalb seines Werks hängt mit dem oben
skizzierten Standpunktwechsel zusammen, damit, ob er seine Erkenntnislehre als Ausgangspunkt setzt oder seine Metaphysik.
1844 schreibt er: »Andererseits aber darf ich nicht annehmen, daß
auch nur diese leblosen Körper ganz allein in meiner Vorstellung
existirten; sondern muß ihnen, da sie unergründliche Eigenschaften und vermöge dieser Wirksamkeit haben, ein SEYN AN SICH,
irgend einer Art, zugestehn« (W II, 225). *Generell gilt:* Schopenhauers *idealistische* Grundansicht – sein transzendentaler Idealismus – ist *materialistisch* durch einen Leib vermittelt. Die Subjekt-
Objekt-Korrelation stellt sich Schopenhauer auch als Intellekt-

Materie-Korrelation dar: »Bei mir hingegen sind Materie und Intellekt unzertrennliche Korrelata, nur für einander, daher nur relativ, da« (W II, 27). »Die Erkenntniß und die Materie (Subjekt
und Objekt) sind also nur relativ für einander da und machen die
ERSCHEINUNG aus« (N, 208).

Eine Philosophie, die Kants »subjektive Ansicht« des Intellekts
nicht durch die »objektive Ansicht« ergänzt, wie sie besonders in
der französischen Physiologie bahnbrechend durch Cabanis (1757
bis 1808) oder durch Flourens entwickelt wurde, ist für Schopenhauer jetzt unzulänglich, namentlich Kants eigene: »Eine Philosophie, welche, wie die Kantische, diesen Gesichtspunkt für den
Intellekt gänzlich ignorirt, ist einseitig und eben dadurch unzureichend. Sie läßt zwischen unserm philosophischen und unserm
physiologischen Wissen eine unübersehbare Kluft, bei der wir
nimmermehr Befriedigung finden können« (W II, 317).

Aus der »objektiven und genetischen Betrachtung des Intellekts« (W II, 333) geht hervor, daß »lebendiges Anschauen« und
»besonnenes Denken« lediglich die »physiologische Funktion
eines Eingeweides, des Gehirns« (W II, 318), und damit leibbe-
dingt ist. Die ganze objektive Welt ist »nur eine gewisse Bewegung
oder Affektion der Breimasse im Hirnschädel« (W II, 318), eine
»bloße Erscheinung« für einen Intellekt beziehungsweise für ein
Gehirn. Die Welt als Vorstellung ist ein »Gehirnphänomen«
(G, 56; vgl. W II, 12; N, 254 ff.).

Die transzendentalidealistische Betrachtung des Intellekts muß
mit einer materialistischen, das heißt physiologischen, in Übereinstimmung gebracht werden: »Man erkennt aber nichts ganz
und vollkommen, als bis man darum herumgekommen und nun
von der andern Seite zum Ausgangspunkt zurückgelangt ist. Daher muß man, auch bei der hier in Betracht genommenen, wichtigen Grunderkenntniß, nicht bloß, wie KANT gethan, vom Intellekt zur Erkenntniß der Welt gehn, sondern auch, wie ich hier
unternommen habe, von der als vorhanden genommenen Welt
zum Intellekt. Dann wird diese, im weitern Sinn, physiologische
Betrachtung die Ergänzung jener ideologischen, wie die Franzo-
sen sagen, richtiger transscendentalen« (W II, 338).

Schopenhauer nimmt hier ganz bewußt und auf der Höhe der Reflexion seines Jahrhunderts eine Zirkelstruktur in Kauf, die es in Kants *Kritik der reinen Vernunft* nicht gibt. Er ist überzeugt, daß es sich hierbei nicht um einen Denkfehler handelt, um einen unstatthaften *Circulus vitiosus*, sondern um die notwendige Kennzeichnung eines komplizierten Sachverhalts der Welt als Vorstellung, die für die menschliche Erkenntnis *paradox* in Erscheinung tritt. Schopenhauer nennt diese Problematik auch die »Antinomie in unserm Erkenntnißvermögen« (W I, 65).

Kants »Kopernikanische Wende« bestand darin, daß der nicht physiologisch aufgefaßte Verstand der Natur ihre Gesetze auf eine Weise vorschreibt, die *nicht* reversibel zu verstehen ist. Schopenhauer sucht diese einmalige Wende beizubehalten *und* sie doch gleichzeitig von einem zweiten Standpunkt aus ergänzend vor- und zurückzudrehen. Aus Kants »Kopernikanischer Wende« wird das, was ich Schopenhauers »Kopernikanische Drehwende« genannt habe (Spierling, M, 53 und Einleitung zu VN II, 36). Sie ist das Charakteristikum seiner Erkenntnistheorie.

IV. METAPHYSIK DER NATUR

Es ist nicht genug, daß man verstehe,
der Natur Daumschrauben anzulegen:
man muß auch sie verstehn können,
wenn sie aussagt.

1. Die große Hieroglyphe

Schopenhauer fragt in seiner Metaphysik nach der »Bedeutung jener ganzen als Vorstellung in uns sich darstellenden Welt« (VN II, 61). Seine Metaphysik – die Metaphysik der Natur, des Schönen, der Sitten – ist eine »Deutung und Auslegung« (W II, 213) der Welt als Vorstellung. Schopenhauer sucht in erster Linie die Welt als Vorstellung zu *interpretieren*, sie hermeneutisch sinnverstehend zu entschlüsseln. Er behandelt sie nicht als einen Gegenstand, der kausal erklärt werden soll. Was sich in ihr zum *Ausdruck* bringt, soll *verstanden* werden. »Uns nun aber genügt es nicht zu wissen daß wir Vorstellungen haben, daß sie solche und solche sind und zusammenhangen nach diesen und jenen Gesetzen, deren allgemeiner Ausdruck allemal zuletzt der Satz vom Grund ist. Wir wollen die *Bedeutung* jener Vorstellungen wissen« (VN II, 66).

Wäre die Welt nichts weiter als Vorstellung, so müßte sie wie ein »wesenloser Traum«, ein »gespensterhaftes Luftgebilde«, ein »bloßes Phantom« (VN II, 66 und 68) an uns vorüberziehn. Es gilt daher, nach ihrem »*Gehalt*« (VN II, 61) zu fragen: »Was ist diese Welt noch außerdem daß sie unsre Vorstellung ist? was bleibt übrig, wenn man vom Vorgestelltwerden, d. h. vom Vorstellungsseyn absieht? Was bedeutet diese ganze Welt der Vorstellung? Was ist von dieser Erscheinung das Wesen, das Erscheinende, das Ding an sich? – Diese Frage ist das Hauptproblem der Philosophie« (VN II, 61).

Aufgrund der Erkenntnislehre, der idealistischen Grundansicht, scheint das philosophische Hauptproblem schier unlösbar. »Die Schwierigkeit ist sehr groß. Gegeben sind nur die Vorstellungen, ihre Formen *apriori*, in Bezug auf sie allein gültig, allein gültig für die Erscheinung, nicht für das Ding an sich: diese Formen sind der

Satz vom Grund: er führt aber immer nur von Vorstellungen zu andern Vorstellungen, nicht über sie hinaus: der empirische Regressus, d. h. der Regressus am Leitfaden des die Erfahrung zu einem Ganzen verknüpfenden Satzes vom Grund, führt immer nur von Erscheinung auf Erscheinung: denn er selbst gehört mit zur Erscheinung als ihre Form. So steht also die Welt als Vorstellung vor dem Subjekt, für welches allein sie da ist: wie soll nun der Uebergang gemacht werden von der Welt als bloßer Vorstellung zu dem was sie noch sonst seyn mag? von der Erscheinung zum Ding an sich? Woher soll der Leitfaden kommen? Alle unsre Erkenntniß ist entweder nur Erfahrung, also aus der Erscheinung; oder sie ist zwar *apriori*, aber doch nur für die Erscheinung gültig!« (VN II, 68 f.)

Offenbar ist das Problem auf dem Weg der bloßen Vorstellung nicht zu lösen. Wenn man von der Vorstellung ausgeht, gelangt man nie über die Vorstellung hinaus. »Soviel ist gleich gewiß, daß dieses Nachgefragte etwas von der Vorstellung völlig und seinem ganzen Wesen nach Grundverschiedenes seyn muß, dem daher auch ihre Formen und ihre Gesetze völlig fremd seyn müssen; daß man daher, von der Vorstellung aus, zu ihm nicht am Leitfaden derjenigen Gesetze gelangen kann, die nur Objekte, Vorstellungen, unter einander verbinden; welches die Gestalten des Satzes vom Grunde sind« (W I, 150). »Von aussen«, betont Schopenhauer, ist »dem Wesen der Dinge nimmermehr beizukommen« (W I, 150). Von außen betrachtet gewinnt man nur Bilder und Namen. »Man gleicht Einem, der um ein Schloß herumgeht, vergeblich einen Eingang suchend und einstweilen die Fassaden skizzirend. Und doch ist dies der Weg, den alle Philosophen vor mir gegangen sind« (W I, 150).

Auch die Naturwissenschaften sind nicht imstande, dieses »Hauptproblem« zu lösen. Sie können nur die subjektbedingte *Welt als Vorstellung* mit ihren unzähligen Relationen am Leitfaden des Satzes vom Grund beschreiben (Morphologie) oder erklären (Ätiologie). Stets bleiben sie auf der durch Raum, Zeit und Kausalität *vergegenständlichten* Ebene der *Erscheinung.* Über das innere, subjektunabhängige, nichtgegenständliche, unbedingte Wesen der

Erscheinung aber, über das *Ding an sich*, geben sie nicht den geringsten Aufschluß. Alle Fortschritte der Naturwissenschaften – Schopenhauer schätzt sie durchaus hoch ein! – vervollständigen nur die Kenntnis der Erscheinung, der Phänomenalität der Welt. »Ja, wenn selbst Einer alle Planeten sämmtlicher Fixsterne durchwanderte; so hätte er damit noch keinen Schritt in der METAPHYSIK gethan. Vielmehr werden die größten Fortschritte der PHYSIK das Bedürfniß einer METAPHYSIK immer fühlbarer machen« (W II, 206).

Schopenhauer polemisiert in diesem Zusammenhang unter anderem gegen die Verabsolutierung einer Physik ohne Metaphysik, gegen antimetaphysische Strömungen des 19. Jahrhunderts, die zu Beginn der deutschen Industrialisierung an Bedeutung gewinnen. Auch wenn »unser heutiger Mode-Materialismus«, die »Barbiergesellen und Apotheker-Lehrlings-Philosophie« (W II, 205 f.), es nicht wahrhaben will: »Wir leben zwischen lauter Räthseln, Masken, verhüllten Gestalten« (VN II, 65). Die Qualitäten der Dinge, die Naturkräfte und nicht zuletzt das Denken selbst bleiben nach allen physikalischen (materialistischen) Erklärungen ein »Mysterium« (W II, 202). Das Unerklärliche durchzieht alle Erscheinungen, »wonach es dann keine noch so gering geschätzte Thonscherbe giebt, die nicht aus lauter unerklärlichen Qualitäten zusammengesetzt wäre« (W II, 201).

Jene »Topfkucker der Natur« (W II, 207) lassen dagegen nur das gelten, was ihre Augen sehen. Von der tiefen Kluft zwischen der Erscheinung und dem darin sich Manifestierenden, dem Ding an sich, haben sie keine Ahnung. »Die Leute aber, welche vermeynen, Tiegel und Retorte seien die wahre und einzige Quelle aller Weisheit, sind in ihrer Art eben so verkehrt, wie es weiland ihre Antipoden, die Scholastiker waren. Wie nämlich diese, ganz und gar in ihre abstrakten Begriffe verstrickt, mit diesen sich herumschlugen, nichts außer ihnen kennend, noch untersuchend; so sind Jene ganz in ihre Empirie verstrickt« (W II, 207). – »Empirische Wissenschaften, rein um ihrer selbst wegen und ohne philosophische Tendenz betrieben, gleichen einem Antlitz ohne Augen« (W II, 150).

Schopenhauers Polemik gegenüber einer sich verabsolutierenden Naturwissenschaft, die die Erscheinung zum Ding an sich
macht, läßt sich bis in sein Alter hinein verfolgen. Am 10. 2. 1856
schreibt er an Frauenstädt: »Es ist unerträglich, wie heut zu Tage
die Schweine in den Tag hinein naturalisiren, ohne alle Ahndung
der Kantischen Transscendentalphilosophie« (B, 382).

Dieser Verrohung, diesem »Bestialismus« (W II, 538; vgl. W II,
203 f. sowie N, 171 ff.), setzt Schopenhauer seine Verteidigung der
Metaphysik entgegen (vgl. insbesondere W II, Kapitel 17, *Ueber
das metaphysische Bedürfniß des Menschen)*: »Die ganze Natur ist eine
große Hieroglyphe, die einer Deutung bedarf« (VN II, 64).

2. Metaphysik aus empirischen Erkenntnisquellen

Schopenhauers Metaphysikbegriff faßt die Natur als eine gegebene, aber irgendwie bedingte Erscheinung auf, in der ein von ihr
selbst verschiedenes Wesen, das Ding an sich, sich darstellt (vgl.
P II, 25). Um metaphysische Erkenntnis dieser Art zu retten, trotz
der von Kant herausgestellten Unerkennbarkeit des Dings an sich –
der »*Kantischen Katastrophe*« (VN II, 58) –, nimmt Schopenhauer
eine gravierende Veränderung am traditionellen Verständnis des
Metaphysikbegriffs vor. Diese Veränderung betrifft die »Quelle«
oder »das Fundament der Metaphysik« und läuft auf eine Ab-
schwächung ihres Geltungsanspruchs hinaus.

Schopenhauer lehnt Kants Identifizierung von Metaphysik und
Erkenntnis *a priori* als eine »*petitio principii*« (W I, 546) ab. Er verweist auf eine Stelle in Kants *Prolegomena*, in der es heißt: »Zuerst,
was die *Quellen* einer metaphysischen Erkenntniß betrifft, so liegt
es schon in ihrem Begriffe, daß sie nicht empirisch sein können.
Die Principien derselben (wozu nicht blos ihre Grundsätze, sondern auch Grundbegriffe gehören) müssen niemals aus der Erfahrung genommen sein: denn sie soll nicht physische, sondern metaphysische, d. i. jenseits der Erfahrung liegende, Erkenntniß sein.
Also wird weder äußere Erfahrung, welche die Quelle der eigentlichen Physik, noch innere, welche die Grundlage der empiri-

schen Psychologie ausmacht, bei ihr zum Grunde liegen. Sie ist
also Erkenntniß *a priori*, oder aus reinem Verstande und reiner Vernunft« (Prol, § 1).

Diese im voraus unterstellte Identifizierung von Metaphysik
und Erkenntnis *a priori* stützt sich nach Schopenhauer lediglich auf
das »etymologische Argument« (W I, 546), Metaphysik sei die
»Wissenschaft von Demjenigen, was jenseits der Möglichkeit aller
Erfahrung liegt« (W I, 545), und dürfe daher nicht aus der »Hauptquelle aller Erkenntniß« (W I, 546), der unmittelbaren anschaulichen Erfahrung, schöpfen, sondern müsse sich auf die mittelbare
Erkenntnis rationaler Schlußfolgerungen aus allgemeinen Sätzen
a priori beschränken, deren metaphysische Inkompetenz Kant allerdings zu Recht nachgewiesen habe. Schopenhauer trennt sich von
dieser traditionellen Identifizierung.

Eine neue, inhaltliche, Wesenswissen mitteilende Metaphysik,
die trotz Kants Vernunftkritik möglich sein soll, kann sich gerade
nicht auf die apriorischen Formen der Erkenntnis beschränken, die
über das *bloß Formelle* der Erfahrung nicht hinausreichen. Denn, so
fragt Schopenhauer, wenn die vorliegende Phänomenalität der Welt
in ihrer »Bedeutung« (VN II, 61) enträtselt werden soll, wie kann
dann von ihren erfahrbaren Inhalten abgesehen werden: »Aber erscheint es nicht vielmehr geradezu verkehrt, daß man, um die Erfahrung, d. h. die uns allein vorliegende Welt, zu enträthseln, ganz
von ihr wegsehn, ihren Inhalt ignoriren und bloß die *a priori* uns bewußten, leeren Formen zu seinem Stoff nehmen und gebrauchen
solle? Ist es nicht vielmehr der Sache angemessen, daß die WISSEN
SCHAFT VON DER ERFAHRUNG ÜBERHAUPT und als solcher, eben auch
aus der Erfahrung schöpfe? Ihr Problem selbst ist ihr ja empirisch gegeben; warum sollte nicht auch die Lösung die Erfahrung zu Hülfe
nehmen? Ist es nicht widersinnig, daß wer von der Natur der Dinge
redet, die Dinge selbst nicht ansehn, sondern nur an gewisse abstrakte Begriffe sich halten sollte?« (W II, 210)

Schopenhauer will keine erfahrungstranszendente Metaphysik
mehr *aus* Begriffen wie zum Beispiel »Wesen, Seyn, Substanz,
Vollkommenheit, Nothwendigkeit, Realität, Endliches, Unendliches, Absolutes, Grund, u. s. w.« (W II, 209) deduzieren, weil

diese »wie alle Begriffe [,] aus Anschauungen abgezogen« (W II, 209), also durchaus nicht ursprünglich oder vom Himmel gefallen sind, sondern er beabsichtigt, den erfahrungsimmanenten Sinn des Daseins »aus dem Verständniß der Welt selbst« (W I, 547) zu entziffern und ihn dann erst *in* abstrakte Begriffe niederzulegen. Denn die Aufgabe der Metaphysik besteht für ihn nicht darin, »die Erfahrung, in der die Welt dasteht, zu überfliegen, sondern sie von Grund aus zu verstehen« (W II, 547).

Metaphysik wird jetzt bestimmt als »Erfahrungswissenschaft« (W II, 213). Aber nicht einzelne Erfahrungen, sondern das »Ganze und Allgemeine aller Erfahrung« (W II, 213) sind ihr Gegenstand und ihre Quelle. Indem Schopenhauer in der Metaphysik auf ein apriorisches Erkenntnisfundament verzichtet, bricht er mit ihrem traditionellen Anspruch, wie Logik und Mathematik strenge Wissenschaft zu sein (vgl. jedoch W II, 211). »Der hier erörterte, redlicherweise nicht abzuleugnende Ursprung der Metaphysik aus empirischen Erkenntnißquellen benimmt ihr freilich die Art apodiktischer Gewißheit, welche allein durch Erkenntniß *a priori* möglich ist: diese bleibt das Eigenthum der Logik und Mathematik [...]. Durch dieses Eingeständniß giebt die Metaphysik nur einen alten Anspruch auf« (W II, 211). »Mithin ist jener vorgefaßte Begriff einer rein *a priori* zu findenden Metaphysik nothwendig eitel« (W II, 210).

Metaphysik, befreit von ihrem apriorischen Prokrustesbett, ist die »Entzifferung der Welt« (HN III, 156), zu vergleichen mit der »Ablesung bis dahin räthselhafter Charaktere einer unbekannten Schrift« (P II, 25). »Das Ganze der Erfahrung gleicht einer Geheimschrift, und die Philosophie der Entzifferung derselben, deren Richtigkeit sich durch den überall hervortretenden Zusammenhang bewährt. Wenn dieses Ganze nur tief genug gefaßt und an die äußere die innere Erfahrung geknüpft wird; so muß es aus sich selbst GEDEUTET, AUSGELEGT werden können« (W II, 212).

Die Entzifferung der Welt muß sich aus sich selbst vollkommen bewähren. Das alleinige Merkmal ihrer Echtheit ist die Übereinstimmung, in die sie die verschiedenartigsten Erscheinungen der Welt zueinander setzt. Jede falsche Entzifferung wird allenfalls zu

einigen Erscheinungen passen, den übrigen aber grell widersprechen. »Demnach ist die Philosophie nichts Anderes, als das richtige, universelle Verständniß der Erfahrung selbst, die wahre Auslegung ihres Sinnes und Gehaltes. Dieser ist das Metaphysische,
d. h. das in die Erscheinung bloß Gekleidete und in ihre Formen
Verhüllte, ist Das, was sich zu ihr verhält, wie der Gedanke zu den
Worten« (W II, 214).

Kants Erkenntniskritik soll dadurch im wesentlichen nicht in
Zweifel gezogen werden. Sie bedarf aber einer entscheidenden
Ergänzung. »Ich lasse ganz und gar KANTS Lehre bestehn, daß die
Welt der Erfahrung bloße Erscheinung sei und daß die Erkenntnisse *a priori* bloß in Bezug auf diese gelten: aber ich füge hinzu,
daß sie gerade als Erscheinung, die Manifestation Desjenigen ist,
was erscheint, und nenne es mit ihm das Ding an sich. Dieses muß
daher sein Wesen und seinen Charakter in der Erfahrungswelt ausdrücken, mithin solcher aus ihm herauszudeuten seyn, und zwar
aus dem Stoff, nicht aus der bloßen Form der Erfahrung« (W II,
213 f.).

In antidogmatischer Intention legt Schopenhauer in dem auch
für die methodische Grundlegung seiner Metaphysik wichtigen
17. Kapitel von W II dar, daß die Deutung des Dings an sich
immer im *Zusammenhang* mit seiner Erscheinung gesehen werden
muß. Das Ding an sich kann in seiner Deutung nie von der Erscheinung ganz losgerissen und als ein »*ens extramundanum*« (W II,
213), als ein *außerweltliches Wesen, für sich* betrachtet werden. Es
wird »immer nur« in seinen Verhältnissen und Beziehungen zur
Erscheinung verstanden, also letztlich immer nur als etwas *Relatives* – als ein »relativ Letztes« (B, 220) – gesehen. Die Frage, was das
Ding an sich *außerhalb* dieses Verhältnisses sei, kann auf keine
Weise beantwortet werden. Es gibt in Schopenhauers Philosophie
strenggenommen keine unbedingte Erkenntnis eines Absolutums.
Die Philosophie »bleibt daher immanent und wird nicht transscendent. Denn sie reißt sich von der Erfahrung nie ganz los, sondern bleibt die bloße Deutung und Auslegung derselben, da sie
vom Dinge an sich nie anders, als in seiner Beziehung zur Erscheinung redet« (W II, 213).

Schopenhauer attackiert Frauenstädt in einem Brief auf das heftigste, weil dieser das Ding an sich als Absolutum behandelt hat (vgl. B, 290 ff.; s. u., 233 f.). Die metaphysische Hermeneutik der Welt als Vorstellung ist die Entzifferung des Dings an sich – *relativ* zu seiner Erscheinung. Wo immer Schopenhauer, bisweilen allzu selbstsicher, von dem Willen als dem Absoluten spricht, gilt es, dieser dezidierten Relativierung eingedenk zu bleiben und die Metaphysik mit ihrem Fundament, der Erkenntnislehre, zu vermitteln. Die »wirkliche, positive Lösung des Räthsels der Welt« ist etwas, »das der menschliche Intellekt zu fassen und zu denken völlig unfähig ist« (W II, 216).

3. Die philosophische Wahrheit schlechthin.
Die enge Pforte zur Wahrheit

Das Wort des Rätsels heißt – im wohlverstandenen Sinn – »Wille«. Es wäre unauffindbar, wenn das Individuum lediglich ein rein erkennendes Subjekt wäre – gleichsam nur ein »geflügelter Engelskopf ohne Leib« (W I, 150) – und die Welt bloß von außen als Phänomen vor-stellen, vor sich hin stellen könnte, ohne sie selbst zu *sein*. Doch die Erkenntnis ist durch einen Leib vermittelt, der sowohl Erscheinung als auch Ding an sich ist.

Der Leib ist auf zwei ganz verschiedene Weisen gegeben: einmal von außen als *Vorstellung*, einmal von innen als *Wille*. Auf der Ebene des durch den Verstand vermittelten *Sehens* ist er ein Ding unter Dingen und den Gesetzen, die in der Welt als Vorstellung herrschen, unterworfen. Auf der Ebene des *Seins* (Schopenhauer selbst verwendet diesen Begriff selten, vgl. W II, 676) ist er »zugleich auf eine ganz andere Weise [gegeben], nämlich als jenes Jedem unmittelbar Bekannte, welches das Wort WILLE bezeichnet« (W I, 151).

Einzig dieses Wort führt mit dem, was es bezeichnet, zur Lösung des metaphysischen Rätsels. »Dieses, und dieses allein, giebt ihm [dem Individuum] den Schlüssel zu seiner eigenen Erscheinung, offenbart ihm die Bedeutung, zeigt ihm das innere Getriebe seines Wesens, seines Thuns, seiner Bewegungen« (W I, 151). –

Kurz gesagt: Schopenhauers Metaphysik ist die Interpretation der Welt als Vorstellung aus ihr selber – ohne außerweltliche Setzung – in Analogie zur doppelten Leiberfahrung.

Großen Wert legt Schopenhauer darauf, das Verhältnis zwischen Willensakt und Leibesakt in seiner Eigenart richtig zu bestimmen. Jeder wahre Willensakt ist sofort und unausweichlich eine Bewegung des Leibes. Der Willensakt kann nicht wirklich gewollt werden, ohne zugleich als Leibesakt zu erscheinen. Aber, auch wenn dies den Augenschein gegen sich hat: Das Wollen bewirkt nicht die Aktion des Leibes und die Aktion des Leibes nicht das Wollen. Willensakt und Leibesaktion stehen nicht im kausalen Verhältnis von Ursache und Wirkung zueinander, sondern sind – auf zwei verschiedene Weisen gegeben – *ein und dasselbe.* »Die Aktion des Leibes ist nichts Anderes, als der objektivirte, d. h. in die Anschauung getretene Akt des Willens« (W I, 151).

Die »Identität des Willens und Leibes« zeigt sich zum Beispiel darin, daß jede heftige Bewegung des Willens, jeder Affekt, jeder Sturm der Leidenschaft ganz unmittelbar das Getriebe des Leibes erschüttert und den Gang seiner vitalen Funktionen stört. »So macht Schreck blaß; Furcht macht alle Glieder zittern; der heftige Zorn wirkt meistens eben so: das Blut tritt nach dem Herzen; Schaam dagegen treibt es ins Gesicht« (VN II, 75). Schopenhauer bringt viele Beispiele für das unmittelbare Ausdrucksgeschehen: das Schnaufen vor Zorn, der tödliche Schrecken, der lebensbedrohende Gram, das Wasser, das im Mund zusammenläuft. – Aber auch umgekehrt gilt: »Jede Einwirkung auf den Leib ist sofort und unmittelbar auch Einwirkung auf den Willen: sie heißt *Schmerz* wenn sie dem Willen zuwider; *Wohlbehagen, Wollust,* wenn sie dem Willen gemäß ist« (VN II, 74).

Schopenhauer ist hier verschiedenen nicht-kausalen, aber hermeneutisch entschlüsselbaren psychosomatischen Zusammenhängen auf der Spur, die später in Freuds spezieller Neurosenlehre, zum Beispiel als hysterische Lähmung, wieder Eingang finden, wenngleich ohne metaphysische Fundierung: »Endlich gehört hierher daß die Macht des auf das allerheftigste bewegten Willens über den Leib, gleichsam das Kausalgesetz aufhebt, Wirkungen

zeigt für die sich gar keine hinlänglichen physischen Ursachen finden: eben weil hier das Nicht-Physische unmittelbar eingreift ins
Physische; eigentlich sogar das Ding an sich in die Gesetze der Erscheinung Eingriffe thut. Hiermit meyne ich z. B. [...] Fälle wo
unheilbare Lähmungen durch die plötzliche äußerste Erregung
des Willens gehoben sind« (VN II, 75 f.).

Schopenhauer geht noch einen Schritt weiter. Nicht nur die
Aktionen des Leibes sind Erscheinungen des Willens, sondern »*der
ganze Leib selbst*« (VN II, 83). Er ist sichtbar gewordener Wille,
»Objektität des Willens«. An dieser wie an vielen anderen Stellen
wird deutlich, daß Schopenhauers Philosophie durch Standortwechsel bestimmt wird, die sich gegenseitig ergänzen sollen. Von
der Vorstellung aus gesehen ist der Leib *Erscheinung* für ein erkennendes Subjekt, vom Willen aus gesehen ist er *Erscheinung* als
Manifestation des metaphysischen Wesens der Welt. Frauenstädt
monierte dies als »Doppelsinn der *Erscheinung* bei Schopenhauer«
(Frauenstädt 1876, 268 ff.). Schopenhauer, so Frauenstädt, gebrauche
den Terminus »Erscheinung« einmal im Sinne Kants, das andere
Mal im Sinne Platons. Frauenstädt hätte statt Platon auch Spinoza
sagen können. Schopenhauer selbst nimmt den Wechsel von der
erkenntnistheoretischen zur metaphysischen Bedeutung bewußt
vor: »Ich werde daher den Leib, welchen ich im vorigen Buche
[W I, 1. Buch] und in der Abhandlung über den Satz vom Grunde,
nach dem dort mit Absicht einseitig genommenen Standpunkt
(dem der Vorstellung), das UNMITTELBARE OBJEKT hieß, hier [W I,
2. Buch], in einer andern Rücksicht, die OBJEKTITÄT DES WILLENS
nennen« (W I, 152). »Der Wille ist das Wesen an sich des Menschen: sein Leib ist die Objektität dieses Willens, ist der Wille
selbst, sofern er Vorstellung für das Gehirn geworden ist, oder ist
der in die Vorstellung getretene Wille« (HN IV 1, 71).

Schopenhauer begreift die Phänomenalität der Welt als Ausdrucksgeschehen des Willens als Ding an sich. Ist die Welt als Vorstellung eine einzige Manifestation des metaphysischen Wesens
der Welt, verschleiert durch die subjektiven Erkenntnisformen
(*principium individuationis*), dann muß das, was da erscheint, aus
allem, worin es erscheint, herauszudeuten sein, auch aus dem

Leib: »Der Leib ist daher das sichtbare Bild des Willens. Daher müssen die Theile des Leibes den Hauptbegehrungen, durch welche der Wille sich manifestirt, vollkommen entsprechen, müssen der sichtbare Ausdruck desselben seyn: Zähne, Schlund, Darmkanal sind der objektivirte Hunger: die Genitalien der ojektivirte Geschlechtstrieb« (VN II, 91). Wie der Wille ist, so ist sein Leib, sein »sichtbarer Ausdruck«. »Sagt nicht das Gebiß des Haifisches, die Kralle des Adlers, der Rachen des Krokodils schon aus, was sie wollen und wozu sie hergekommen?« (VN II, 92)

Die Identität des Willens mit dem Leib aber kann rational nicht bewiesen werden. Es gibt keine noch unmittelbarere Erkenntnis als diese, aus der sie abgeleitet werden könnte. Sie kann einzig durch die eigene – gleichsam private oder existentielle – Erkenntnis *in concreto* nachgewiesen oder erlebt werden. »Andemonstriren kann ich's Ihnen weiter nicht«, sagt Schopenhauer zu seinen Studenten, »Sie müssen es unmittelbar erfassen. […] Ich kann Sie nur darauf hinweisen« (VN II, 126). Die Wille-Leib-Identität ist als die »*unmittelbarste* Erkenntniß« (VN II, 77) eine »Erkenntniß ganz eigener Art, […] denn sie ist nicht […] die Beziehung einer abstrakten Vorstellung auf eine andere Vorstellung, oder auf die nothwendige Form des intuitiven oder des abstrakten Vorstellens; sondern sie ist die Beziehung eines Urtheils auf das Verhältniß, welche eine anschauliche Vorstellung, der Leib, zu dem hat, was gar nicht Vorstellung ist, sondern ein von dieser *toto genere* Verschiedenes: *Wille*. Ich möchte daher diese Wahrheit vor allen andern auszeichnen und sie κατ' εξοχην PHILOSOPHISCHE WAHRHEIT nennen« (W I, 154).

Mit dem Wort »Wille« ist jetzt die Geheimschrift der Welt als Vorstellung entzifferbar. Diese Entzifferung bildet Schopenhauers hermeneutische Metaphysik – mit der erkenntniskritischen Einschränkung, daß die innere Erkenntnis, die wir von unserem eigenen Willen haben, keineswegs eine erschöpfende und adäquate Erkenntnis des Dings an sich liefern kann. Die innere Erkenntnis ist aber im Gegensatz zur äußeren von zwei subjektbedingten Formen frei, von Raum und Kausalität. »Hingegen bleibt noch die Form der ZEIT, wie auch die des Erkanntwerdens und

Erkennens überhaupt [Objekt-Subjekt-Relation]. Demnach hat in dieser innern Erkenntniß das Ding an sich seine Schleier zwar großen Theils abgeworfen, tritt aber doch noch nicht ganz nackt auf« (W II, 228).

An einer Stelle seines handschriftlichen Nachlasses äußert sich Schopenhauer sehr dezidiert zur Erkennbarkeit des Dings an sich. Unter der Form *Raum* wird das Ding an sich äußerlich als Leib angeschaut, unter der alleinigen Form *Zeit* wird es innerlich als Wille wahrgenommen: »Der Wille ist für den Intellekt ein Phänomen, ein Objekt seiner Wahrnehmung, welches jedoch von allen andern sich durch den wichtigen Umstand unterscheidet, daß es nicht den Raum zur Form hat, sondern bloß die *Zeit*. Hier hat also das *Ding an sich* die eine seiner Erscheinungsformen abgestreift und zeigt sich in der andern allein, folglich um so viel unverschleierter und um die Hälfte deutlicher als irgend außerdem: deshalb bezeichnen wir es nach dieser seiner unmittelbarsten Erscheinung, *als Willen*. Der selbe Wille, in der Form des *Raums* angeschaut, ist der *Leib*« (HN IV 1, 134).

Der Doppelaspekt der *eigenen* Leiberfahrung eröffnet das Verständnis für die, bildhaft gesagt, *Rückseite* oder *Innenseite* der Vorstellungswelt. Die eigene Leiberfahrung gewährt einen Blick hinter die Kulissen, wenngleich auch nur annäherungsweise: »In der That ist unser *Wollen* die einzige Gelegenheit, die wir haben, irgend einen sich äußerlich darstellenden Vorgang zugleich aus seinem Innern zu verstehn, mithin das einzige uns UNMITTELBAR Bekannte und nicht wie alles Uebrige, bloß in der Vorstellung Gegebene« (W II, 227).

Würde ein Mensch sich selbst ausschließlich von außen als Ding unter Dingen wahrnehmen und begreifen müssen, erschiene ihm der Gedanke absurd, er habe überdies noch eine Innenseite – genau so, wie der Gedanke abwegig klingt, auch die ganze Natur habe noch eine vorstellungsabgewandte Innenseite. Dieser Mensch könnte einen menschlichen Leib bis in alle Fasern hinein sezieren, er würde wie bei der Zertrümmerung eines Steins nur Äußeres, Objektives, Meßbares finden – aber nichts, was einem Willen ähnlich wäre. Diese Problematik schließt sich an Schopenhauers

Kritik an dem Reduktionismus, an der Verdinglichung der naturwissenschaftlichen Erkenntnis an, die unvermeidbarerweise auf
die Äußerlichkeit der Welt als Vorstellung festgelegt ist und den
Inhaltsreichtum der inneren Subjektivität als gegenstandslos – im
wahrsten Sinne des Wortes – methodisch ausklammern muß.

Das Charakteristikum der Metaphysik der Natur besteht in fol-
gendem. Schopenhauer überträgt »die unmittelbare Erkenntniß
vom innern Wesen der Erscheinung« auf alle nur »mittelbar be-
kannten Wesen« (VN II, 126). Durch einen Analogieschluß unterlegt Schopenhauer die eigene Willenserfahrung der gesamten
Natur als ihre Innenseite. »Diese unmittelbare Erkenntniß, welche
Jeder vom Wesen seiner eigenen, ihm außerdem ebenfalls nur in
der objektiven Anschauung, gleich allen andern, gegebenen Erscheinung hat, muß nachher auf die übrigen, in letzterer Weise
allein gegebenen Erscheinung analogisch übertragen werden und
wird alsdann der Schlüssel zur Erkenntniß des innern Wesens der
Dinge, d. h. der Dinge an sich selbst. Zu dieser also kann man nur
gelangen auf einem, von der rein OBJEKTIVEN Erkenntniß, welche
bloße Vorstellung bleibt, ganz verschiedenen Wege, indem man
nämlich das SELBSTBEWUSSTSEYN des immer nur als animalisches
Individuum auftretenden Subjekts der Erkenntniß zu Hülfe nimmt
und es zum Ausleger des BEWUSSTSEYNS ANDERER DINGE, d. i. des
anschauenden Intellekts macht. Dies ist der Weg, den ich gegangen bin, und es ist der allein rechte, die enge Pforte zur Wahrheit«
(P I, 99). Schopenhauer setzt die äußere Erfahrung mit der inneren in Verbindung und macht dabei die innere Erfahrung »zum
Schlüssel jener« (W II, 211). – »Demzufolge müssen wir die Natur verstehn lernen aus uns selbst, nicht umgekehrt uns selbst aus
der Natur« (W II, 227).

4. Wille und Intellekt

»Der Grundzug meiner Lehre, welcher sie zu allen je dagewesenen in Gegensatz stellt«, so schreibt Schopenhauer zusammenfassend in seiner naturphilosophisch wichtigen Schrift *Ueber den Wil-*

len in der Natur, »ist die gänzliche Sonderung des Willens von der
Erkenntniß, welche beide alle mir vorhergegangenen Philosophen
als unzertrennlich, ja, den Willen als durch die Erkenntniß, die der
Grundstoff unsers geistigen Wesens sei, bedingt und sogar mei-
stens als eine bloße Funktion derselben ansahen. Jene Trennung
aber, jene Zersetzung des so lange untheilbar gewesenen Ichs oder
Seele, in zwei heterogene Bestandtheile, ist für die Philosophie
Das, was die Zersetzung des Wassers für die Chemie gewesen ist;
wenn dies auch erst spät erkannt werden wird. Bei mir ist das
Ewige und Unzerstörbare im Menschen, welches daher auch das
Lebensprincip in ihm ausmacht, nicht die Seele, sondern, mir
einen chemischen Ausdruck zu gestatten, das Radikal der Seele,
und dieses ist DER WILLE. Die sogenannte Seele ist schon zusammengesetzt: sie ist die Verbindung des Willens mit dem $\nu o \nu \varsigma$,
Intellekt. Dieser Intellekt ist das Sekundäre, ist das *posterius* des
Organismus und, als eine bloße Gehirnfunktion, durch diesen bedingt. Der Wille hingegen ist primär, ist das *prius* des Organismus
und dieser durch ihn bedingt« (N, 207 f.). – Erst mit der »Zersetzung« der Seele in Wille und Intellekt hat »die wahre Metaphysik
begonnen« (HN IV 1, 83).

Schopenhauer revolutioniert die traditionelle Rangordnung
von Intellekt und Wille. Eines seiner zentralen Anliegen ist, den
»Grundirrthum aller Philosophen« (W II, 238) – der Intellekt sei
der ursprüngliche Ort des Willens – zu überwinden. Er verwirft
entschieden die herkömmliche Auffassung, wonach das Wollen
ein *rationaler* Vorgang sei, der auf einem zielbewußten Entschluß
beruhe und sich in eine Handlung umsetze. In dem auch als Einführung gut geeigneten, zentralen Kapitel *Vom Primat des Willens
im Selbstbewußtseyn* (W II, Kapitel 19), einem literarischen Glanz-
stück, sucht Schopenhauer in mehreren Argumentationsgängen
die Kernthese zu erweisen: Der Wille als Ding an sich ist die »be-
wußtlose« Substanz des Menschen, der Intellekt das bewußte Ak-
zidenz (vgl. W II, 233).

Jedem tierischen Bewußtsein liegt das Innewerden eines Verlangens zugrunde. Tier und Mensch wollen gleichermaßen Dasein, Wohlsein und Fortpflanzung. Das Gemeinsame vom Poly-

pen bis zum Menschen ist der Wille – der Wille zum Leben –, das
Trennende dagegen besteht in dem unterschiedlich ausgebildeten
Zerebralsystem. Das Gehirn und mit ihm die Beschaffenheit der
Welt als Vorstellung dient dem Willen im Kampf ums Dasein auf
ähnliche Weise wie ein Huf, eine Klaue, eine Hand, ein Geweih
oder ein Gebiß. Der Intellekt ist ein »bloßes Werkzeug« (W II,
237) des Willens.

Die Funktion des Willens ist von größter Einfachheit. Er läßt
sich vom Intellekt vielerlei Motive vorlegen, tritt herein wie der
»Sultan in den Diwan« (W II, 240) und spricht ohne Anstrengung
sein Genehm oder Nichtgenehm. Je nach den Motiven fällt dabei
die Stimmung des Willens aus. Erinnert ihn der Intellekt an eine
frühere Beleidigung, sogleich durchströmen Zorn und Groll die
Brust, legt er das Bild einer längst verlorenen Geliebten vor, sogleich macht der Zorn einer tiefen Sehnsucht Platz. »Der Intellekt spielt auf und der Wille muß dazu tanzen« (W II, 241). Doch
immer dann, wenn es dem Willen ernst wird, zwingt er den Intellekt zum Gehorsam. Dann macht der Wille seine »Oberherr-
schaft in letzter Instanz« deutlich, »indem er ihm gewisse Vorstellungen verbietet, gewisse Gedankenreihen gar nicht aufkommen
läßt, weil er weiß, d. h. von eben dem selben Intellekt erfährt, daß
sie ihn in irgend eine der oben dargestellten Bewegungen versetzen würden: er zügelt jetzt den Intellekt und zwingt ihn sich auf
andere Dinge zu richten« (W II, 241; vgl. Schopenhauers Theorie
über den Wahnsinn als »unbewußtes Lügen«: W II, 464 ff.; VN I,
390 ff.; M, 72 f.).

Der Intellekt weiß nie, was der Wille beschließt. Zwar liefert er
dem Willen die Motive, doch wie sie in der »geheimen Werkstätte«
gewirkt haben, erfährt er erst hinterher. Die wahren Absichten
können bisweilen nur durch »Belauschen und Ueberraschen« erfahren werden: »Oft wissen wir nicht was wir wünschen, oder was
wir fürchten. Wir können Jahre lang einen Wunsch hegen, ohne
ihn uns einzugestehn, oder auch nur zum klaren Bewußtseyn
kommen zu lassen; weil der Intellekt nichts davon erfahren soll;
indem die gute Meinung, welche wir von uns selbst haben, dabei
zu leiden hätte: wird er aber erfüllt, so erfahren wir an unserer

Freude, nicht ohne Beschämung, daß wir Dies gewünscht haben: z. B. den Tod eines nahen Anverwandten, den wir beerben. Und was wir eigentlich fürchten, wissen wir bisweilen nicht; weil uns der Muth fehlt, es uns zum klaren Bewußtseyn zu bringen. – Sogar sind wir oft über das eigentliche Motiv, aus dem wir etwas thun oder unterlassen, ganz im Irrthum, – bis etwan endlich ein Zufall uns das Geheimniß aufdeckt und wir erkennen, daß was wir für das Motiv gehalten, es nicht war, sondern ein anderes, welches wir uns nicht hatten eingestehn wollen, weil es der guten Meinung, die wir von uns selbst hegen, keineswegs entspricht. Z. B. wir unterlassen etwas, aus rein moralischen Gründen, wie wir glauben; erfahren jedoch hinterher, daß bloß die Furcht uns abhielt, indem wir es thun, sobald alle Gefahr beseitigt ist« (W II, 243). – Zwar ist der Intellekt ein Vertrauter des Willens, jedoch ein Vertrauter, der nicht alles erfährt.

Für den Primat des Willens spricht auch, daß bei seiner starken Erregung die Funktion des Intellekts gestört wird. Schreck raubt uns die Besinnung, Zorn läßt uns nicht mehr wissen, was wir tun. »Wirklich gleicht der Intellekt der Spiegelfläche des Wassers, dieses selbst aber dem Willen, dessen Erschütterung daher die Reinheit jenes Spiegels und die Deutlichkeit seiner Bilder sogleich aufhebt« (W II, 250).

Unsere Interessen können unsere Erkentnisse anhaltend verfälschen. Täglich wird unser Intellekt durch die Gaukeleien der Neigungen betört und bestochen. »LIEBE und HASS verfälschen unser Urtheil gänzlich: an unsern Feinden sehn wir nichts, als Fehler, an unsern Lieblingen lauter Vorzüge, und selbst ihre Fehler scheinen uns liebenswürdig. Eine ähnliche geheime Macht übt unser VORTHEIL, welcher Art er auch sei, über unser Urtheil aus: was ihm gemäß ist, erscheint uns alsbald billig, gerecht, vernünftig; was ihm zuwider läuft, stellt sich uns, im vollen Ernst, als ungerecht und abscheulich, oder zweckwidrig und absurd dar. Daher so viele Vorurtheile des Standes, des Gewerbes, der Nation, der Sekte, der Religion. Eine gefaßte Hypothese giebt uns Luchsaugen für alles sie Bestätigende, und macht uns blind für alles ihr Widersprechende. Was unserer Partei, unserm Plane, unserm Wunsche, unserer Hoffnung entgegensteht, können wir oft gar nicht fassen und begreifen, während es allen Andern klar vorliegt: das jenen Günstige hingegen springt uns von ferne in die Augen. Was dem Herzen widerstrebt, läßt der Kopf nicht ein. Manche Irrthümer halten wir unser Leben hindurch fest, und hüten uns, jemals ihren Grund zu prüfen, bloß aus einer uns selber unbewußten Furcht, die Entdeckung machen zu können, daß wir so lange und so oft das Falsche geglaubt und behauptet haben« (W II, 252 f.).

Nicht nur die Rationalisierungen, wie Freud sie später nennt, sondern auch die Fehlleistungen zeigen deutlich, wer Herr und wer Diener ist. »Von jener geheimen und unmittelbaren Gewalt, welche der Wille über den Intellekt ausübt, ist ein kleinliches und lächerliches, aber frappantes Beispiel dieses, daß wir, bei Rechnungen, uns viel öfter zu unserm Vortheil als zu unserm Nachtheil verrechnen, und zwar ohne die mindeste unredliche Absicht, bloß durch den unbewußten Hang, unser *Debet* zu verkleinern und unser *Credit* zu vergrößern« (W II, 253).

Zu glauben, daß die Erkenntnis den Willen bestimme, hieße davon überzeugt sein, daß die Laterne, die einer bei Nacht trägt, der eigentliche Beweggrund seiner Schritte sei. »Der Intellekt, als bloßes Werkzeug des Willens, ist von ihm so verschieden, wie der Hammer vom Schmidt. [...] Versucht man das Verhältniß umzukehren und den Willen als Werkzeug des Intellekts zu betrachten; so ist es, als machte man den Schmidt zum Werkzeug des Hammers« (W II, 262). – »In Wahrheit aber ist das treffendste Gleichniß für das Verhältniß Beider der starke Blinde, der den sehenden Gelähmten auf den Schultern trägt« (W II, 242).

5. Die eigentliche Metaphysik der Natur

Schopenhauer sucht in einem *hermeneutischen Zugang* den Willen als das innere Wesen aller Naturerscheinungen bis hin zur unorganischen Natur – gleichsam miterlebend – zu verstehen. Diese sich in alle Dinge in Analogie zur eigenen Willenserfahrung hineinversetzende Entzifferung der Natur soll von der Welt als Vorstellung zur

Welt als Wille »hinüberführen« (vgl. W I, 163). Nicht die abstrakte philosophische Schlußfolgerung ist in erster Linie gefragt, sondern die »lebendige Anschauung« (VN II, 126). In seiner Vorlesung appelliert Schopenhauer daher an seine Studenten, sich auch in die unorganische Natur einzufühlen, um ihr inneres Wesen aus der eigenen Innerlichkeit zu verstehen: »Um nun dieses unmittelbar, nicht bloß abstrakt, sondern anschaulich zu erfassen, vergegenwärtigen Sie sich, so lebendig Sie können, die Kräfte der unorganischen Natur in der ganzen Stärke und Heftigkeit ihrer Aeußerungen: betrachten Sie den gewaltigen Drang, mit dem die Gewässer, unaufhaltsam, der Tiefe zueilen; – sehn Sie die Beharrlichkeit, mit welcher der Magnet sich immer wieder zum Nordpol wendet; – die Sehnsucht mit welcher das Eisen zu ihm fliegt; – fühlen Sie im elektrischen Schlage die Heftigkeit mit welcher die Pole der Elektricität, zwei Hälften eines Wesens, zur Wiedervereinigung streben; […] so erkennen Sie denn in allen diesen, Ihr eigenes Wesen, selbst aus so großer Entfernung, wieder!« (VN II, 125)

Der Schlüssel zur Metaphysik ist vorzugsweise die »unmittelbare Erkenntniß«, die »lebendige Anschauung« des eigenen Wollens und erst an zweiter Stelle die philosophische Mitteilung durch tote Begriffe. Schopenhauer verwendet bezeichnenderweise gerade in diesem Zusammenhang den von ihm so hochgeschätzten Begriff der »Anschauung«: »Den Uebergang von der Vorstellung zum Ding an sich müssen Sie zuletzt selbst machen: das Eine und Selbe, Ihnen Vertrauteste, wieder erkennen im Vielen und Verschiednen. […] Diese lebendige Anschauung ist allein die wahre Erkenntniß; von ihr ist der Gedanke in Begriffen nur die Mumie, und die Worte sind gar nur der Deckel des Mumiensarges« (VN II, 126).

Dabei stellt Schopenhauer nachdrücklich heraus: »Der Wille, so wie wir ihn in uns finden und wahrnehmen, ist nicht eigentlich das *Ding an sich*« (VN II, 101). Der Wille – an dieser Einschränkung kommt er nicht vorbei – ist lediglich das Ding an sich in seiner *für uns* deutlichsten Erscheinung. Es gilt daher noch, den Willen von allen Schranken unserer Erkenntnis frei zu denken und den Willensbegriff dadurch für die Auslegung der Welt als Vorstellung von sämtlichen Hinzufügungen des erkennenden Subjekts zu reinigen. Schopenhauer sucht, alle allgemeinen Strukturen der menschlichen Erkenntnis, die seine Erkenntnislehre als einzig dem Subjekt angehörig ermittelt hat, vom Willensbegriff *abzuziehen*. Er erschließt auf diese Weise *ex negativo* drei metaphysische Eigenschaften des Willens als Ding an sich: »Einheit, Grundlosigkeit, Erkenntnißlosigkeit« (VN II, 104).

Nur *negativ*, im Sinn von *ist nicht*, läßt sich von dem *unvorstellbaren* innersten Wesen der Welt sagen: Der Wille steht außerhalb von Raum und Zeit als dem *principium individuationis*, also außerhalb von aller Möglichkeit der Vielheit. – Der Wille ist unabhängig vom Satz vom Grund. Zwar hat jede einzelne Willenserscheinung in der Vorstellungswelt eine Ursache, warum sie gerade hier und jetzt da ist, aber »daß« (W I, 181; vgl. W I, 197) ihr inneres Wesen, der Wille, überhaupt da ist, wollend *ist*, dies hat *keinen* Grund. – Der Wille ist schließlich weder Erkennendes noch Erkanntes (vgl. VN II, 106), denn diese existieren nur innerhalb der Vorstellung. Er ist blinder, erkenntnisloser Drang, Streben ohne Rast und Ziel. »Die drei metaphysischen Eigenschaften des Willens sind alle negativ: was positive Prädikate hat ist Vorstellung, also Erscheinung. Seine Einheit ist eigentlich Zahllosigkeit« (VN II, 106). – Schopenhauer schließt auf der Ebene der Metaphysik jeden Entwicklungsgedanken des Dings an sich aus, auch wenn seine Darstellungsweise dem bisweilen zu widersprechen scheint.

Unter der Voraussetzung, daß der Wille als das Ding an sich nunmehr feststeht, wechselt Schopenhauer den Standpunkt. Der *hermeneutische Zugang* führte von der Welt als Vorstellung zur Welt als Wille. Jetzt wendet Schopenhauer den Standpunkt und betrachtet umgekehrt in einem *ontologischen Rückblick* das Verhältnis des Dings an sich zu seiner Erscheinung. Er blickt also aus dem nunmehr metaphysisch fundierten Blickwinkel der Welt als Wille zurück auf die Welt als Vorstellung. In der Schopenhauer-Literatur ist es ein alter Streit, ob Schopenhauer spätestens an dieser Stelle seine idealistische Grundansicht – und damit auch Kants strengen transzendentalen Idealismus – durchbricht.

Schopenhauer stellt seine *metaphysische Wende* so dar: »Als es

vorhin mein Zweck war Ihnen die Erkenntniß beizubringen, daß
das innre Wesen aller Erscheinungen und folglich der ganzen Natur das ist, was sich am deutlichsten Kund giebt in uns als Wille,
weil es dort seine höchste Sichtbarkeit erreicht hat, weshalb wir es
Wille nennen: da gieng ich mit Ihnen die Natur durch von oben
abwärts, damit Sie allmälig Ihr eignes Wesen in allen Erscheinungen wiederfinden sollten. Jetzt, da ich annehme, daß Sie zu dieser
Erkenntniß gelangt sind, steht der Wille als Ding an sich fest: nunmehr wollen wir in umgekehrter Richtung gehn, um zu sehn, wie
dieser Wille, der allein das Ding an sich ist, indem er sich objektivirt, d. h. Vorstellung wird, alle die Erscheinungen darstellt,
welche die Natur, die Welt, ausmachen. Wir werden also jetzt ausgehn von der unorganischen leblosen Natur und enden mit dem
Thiere und dem Menschen. Dadurch wird auch das Bisherige an
Gewißheit und Deutlichkeit gewinnen und Sie werden die eigentliche Metaphysik der Natur fassen« (VN II, 147).

Der eine, grundlose, erkenntnislose Wille objektiviert sich auf
verschiedenen Seinsstufen, die Schopenhauer im Rückgriff auf
Platon »Ideen« nennt. Diese Stufen der Objektivation des Willens
sind »nichts Anderes als PLATONS IDEEN« (W I, 187). Es handelt
sich bei ihnen um keine nachträglichen Abstraktionen der Vernunft, sondern um Musterbilder des Seienden, gleichsam um ein
für allemal fixierte ursprüngliche *Willensakte* des Dings an sich.
»Ich verstehe also unter IDEE jede bestimmte und feste STUFE DER
OBJEKTIVATION DES WILLENS, sofern er Ding an sich und daher der
Vielheit fremd ist, welche Stufen zu den einzelnen Dingen sich
allerdings verhalten, wie ihre ewigen Formen, oder ihre Musterbilder« (W I, 187). Zum besseren Verständnis der Platonischen
Ideen zitiert Schopenhauer Diogenes Laertius: »Platon lehrt, daß
die Ideen in der Natur gleichsam als Musterbilder dastehn, die
übrigen Dinge aber ihnen nur gleichen und als ihre Nachbilder
bestehen« (W I, 187; übers.).

Zwischen dem *einen* Willen als Ding an sich und der flüchtigen
Vielheit der Einzelerscheinungen steht das ewige Zwischenreich
der Ideen, das den Übergang vom Einen zum Vielen vermittelt.
Die Platonischen Ideen – die »eigentliche Welt als Vorstellung«

(W I, 246) – sind die »Formen der Dinge«, die »anschaulich sind und dabei doch allgemein« (HN I, 131). Die Löwen beispielsweise werden geboren und sterben, aber die Idee oder die Gestalt des Löwen, die *leonitas* als *eīdos*, als vorbildhaftes Exemplar, bleibt vom fortwährenden Wechsel ihrer Individuen ganz unberührt. Die Ideen sind als das eigentliche *Was* der *Welt als Vorstellung* raum-, zeit- und grundlos wie der Wille selbst, immer seiend, ungeworden.

Erst wenn die Ideen durch die »Gläser« eines leibvermittelten Vorstellungsapparats angeschaut werden, erscheinen sie *für diesen* in der Weise gesetzmäßig zusammenhängender, unendlich vieler Mosaikaspekte in dem Vorstellungskaleidoskop des Nebeneinanders, Nacheinanders und Bedingtseins. »Die einzelnen Dinge aller Zeiten und Räume sind nichts, als die durch den Satz vom Grund (die Form der Erkenntniß der Individuen als solcher) vervielfältigten und dadurch in ihrer reinen Objektität getrübten Ideen« (W I, 246). – Nur der Blick des Künstlers durchschaut das Kaleidoskop der Welt als Vorstellung, erkennt in der Vielheit die Platonischen Ideen wieder und teilt diese anschaubar mit (s. u., Kapitel V, 5).

Einmal sind die Ideen »Erscheinung« des Willens, zum andern sind sie als Vielheit der Vorstellungswelt »Erscheinung« *für uns*, für einen Vorstellungsapparat. Der wichtige Terminus »Erscheinung« hat, wie schon gesagt (s. o., 118), eine doppelte, äquivoke Bedeutung. Schopenhauer allerdings bestreitet diesen durch den Standortwechsel bedingten Doppelcharakter.

Die Stufenleiter der Objektivation des Willens in aufsteigender Linie, also die »Pyramide« (W I, 216) der Ideen, ist – metaphysisch gesehen – *nicht* entwicklungsgeschichtlich entstanden. Innerhalb der Welt als Vorstellung, der empirischen Realität, stellt sich diese Stufenleiter jedoch zwangsläufig, durch das erkennende Subjekt bedingt, als zeitliche Abfolge dar.

Die niedrigste Stufe machen die allgemeinen Kräfte der unorganischen Natur aus (zum Beispiel Schwere, Undurchdringlichkeit). Schopenhauer nennt diese ursprünglichen, nicht weiter erklärbaren Kräfte *»qualitates occultae«*. Der Wille äußert sich in ihnen als ein »blinder Drang«, als ein »finsteres, dumpfes Treiben«, das nur mechanische Ursachen kennt. Die Pflanzen, die bereits auf Reize reagieren, stellen eine höhere Stufe dar.

Eine prinzipiell neuartige Stufe wird mit dem tierischen Organismus erreicht. Der Wille, der bislang im Dunkeln unfehlbar wirkt, bildet sich auf dieser Stufe nach Maßgabe seiner komplizierten Bedürfnisse ein Gehirn aus und zündet sich durch die dadurch ermöglichte Erkenntnis gewissermaßen ein Licht an. Dieses ist »ganz anderer Natur« (W I, 213) und greift nunmehr in den Zusammenhang der Willenserscheinungen ein, wodurch die »unfehlbare Sicherheit« derselben aufhört.

Die Erkenntnis dient als Medium der Motive, also als etwas, das Veränderungen von außen empfängt und sie mit Veränderungen von innen vermittelt. Sie ist ein Hilfsmittel »zur Erhaltung des Individuums und Fortpflanzung des Geschlechts« (W I, 212). »Auf dieser schmalen Linie nun schwebt die WELT ALS VORSTELLUNG, d. h. diese ganze in Raum und Zeit ausgebreitete Körperwelt, die ALS SOLCHE nirgends als in Gehirnen vorhanden seyn kann« (N, 254).

»Mit einem Schlage« steht durch dieses Hilfsmittel für das animalische Individuum »die WELT ALS VORSTELLUNG da, mit allen ihren Formen, Objekt und Subjekt, Zeit, Raum, Vielheit und Kausalität. Die Welt zeigt jetzt die zweite Seite. Bisher bloß WILLE, ist sie nun zugleich VORSTELLUNG« (W I, 212).

6. Krieg aller gegen alle

Der Wille ist durch die Art und Weise seiner Objektivation in den Erscheinungen mit sich selbst entzweit. Er treibt und bewegt in seiner »Entzweiung mit sich selbst« (W I, 208) die Welt von innen zum Dasein, wo immer möglich zum organischen, zum *Leben*. In allen seinen Erscheinungen herrschen daher Streit und Kampf. »Durch die gesammte Natur läßt sich dieser Streit verfolgen, ja, sie besteht eben wieder nur durch ihn [...]: ist doch dieser Streit selbst nur die Offenbarung der dem Willen wesentlichen Entzweiung

mit sich selbst« (W I, 208). Zur Bekräftigung verweist Schopenhauer auf den griechischen Philosophen Empedokles: »Denn
wenn der Streit nicht den Dingen innewohnte, so würde alles
Eines sein« (W I, 208; übers.).

Die Erscheinungen der Ideen kämpfen auf allen ihren Stufen
gegeneinander und bringen damit die Selbstentzweiung des Willens sichtbar und verstehbar zum Ausdruck. Eine Objektivations-
stufe des Willens macht der andern die Materie, den Raum, die
Zeit, streitig. »Beständig muß die beharrende Materie die Form
wechseln, indem, am Leitfaden der Kausalität, mechanische, physische, chemische, organische Erscheinungen, sich gierig zum Hervortreten drängend, einander die Materie entreißen, da jede ihre
Idee offenbaren will« (W I, 208). – Zu beachten ist immer, daß die
Ideen selbst als außerhalb der Zeit liegend zu denken sind, ihre
empirischen Nachbilder sind es, die zeitlich, geschichtlich in Erscheinung treten.

Im »Kampf aller Willenserscheinungen gegen einander« (W I,
211) wird die Erscheinung einer höheren Idee sichtbar. Sie läßt
das Wesen der überwältigten unvollkommeneren Ideen auf eine
untergeordnete Weise bestehen, nimmt aber zugleich ein »höher
potenzirtes Analogon« (W I, 206) von ihnen in sich auf. Das Fest-
werden der Knochen ist zum Beispiel ein Analogon der Kristalli-
sation. Der Wille objektiviert sich in der empirischen Realität auf
eine neue deutlichere Art. »So müssen wir uns denken daß aus
dem Kampf unorganischer Kräfte das Organische hervorgegangen
ist, es entsteht, ursprünglich durch *generatio aequivoca*, nachher
durch Assimilation an einen Vorhandenen Keim organischer Saft,
Schleim, Pflanze, Thier, Mensch. So also geht aus dem Streit nied-
riger Erscheinungen die höhere hervor, die sie alle verschlingt,
aber zugleich das Streben aller in höherm Grade verwirklicht«
(VN II, 173). Es herrscht demnach schon hier das Gesetz: »Die
Schlange wird nicht zum Drachen, es sei denn, sie habe eine
Schlange verschlungen« (W I, 206; übers.).

Da die höhere Idee nur durch Unterwerfung der niederen hervortreten kann – »kein Sieg ohne Kampf« (W I, 206 f.) –, erleidet
sie den Widerstand der bezwungenen Ideen, ist deren Streben

nach Rückkehr zur unorganischen Natur ausgesetzt. Die dienst-
bar gemachten Ideen drängen in ihren Erscheinungen auch weiterhin nach unabhängiger Äußerung ihres Wesens. Der Magnet,
der ein Eisen hebt, kämpft gegen die Schwere, die als niedrigste
Idee ein ursprüngliches Anrecht auf seine Materie besitzt. Ebenso
unterhält der menschliche Organismus einen »dauernden Kampf«
gegen die vielen physischen und chemischen Kräfte, die als nie-
dere Ideen ihren früheren Anspruch auf ihn zur Geltung bringen
wollen. Auch in der Notwendigkeit des Schlafs und zuletzt des
Todes gehorcht der Organismus bloß den Gesetzen der unorganischen Natur, »indem endlich, durch Umstände begünstigt, jene
unterjochten Naturkräfte dem, selbst durch den steten Sieg er-
müdeten, Organismus die ihnen entrissene Materie wieder abge-
winnen, und zur ungehinderten Darstellung ihres Wesens gelangen« (W I, 207). Jeder Organismus stellt daher die Idee, deren
Abbild er ist, nur unvollkommen dar. Immer muß die Kraft abgezogen werden, die er für die »Ueberwältigung der niedrigeren
Ideen« (W I, 207) benötigt, die ihm die Materie streitig machen. –
Die Kunst übertrifft die Natur, indem sie die Ideen vollkommen
darstellt.

Der unheilbare Zwiespalt des Willens mit sich selbst – des Willens in seinen Objektivationen –, erreicht seine »deutlichste Sichtbarkeit« im allgemeinen Kampf der Tierwelt, »welche die Pflan-
zenwelt zu ihrer Nahrung hat, und in welcher selbst wieder jedes
Thier die Beute und Nahrung eines andern wird […], indem
jedes Thier sein Daseyn nur durch die beständige Aufhebung
eines fremden erhalten kann« (W I, 208). »Jedes ein Jäger und
Jedes gejagt, Gedränge, Mangel, Noth und Angst, Geschrei und
Geheul […] *in secula seculorum*« (W II, 415). – Der »WILLE ZUM
LEBEN« (W II, 410), dieser »universelle Lebensdrang« (W II, 410),
schlägt die Zähne in sein eigenes Fleisch und ist in verschiedenen
Gestalten »seine eigene Nahrung« (W I, 208).

Schopenhauer führt viele Tierbeispiele an (vgl. N, 231 ff.), um
den Kampf aller Erscheinungen des Willens gegeneinander empirisch zu veranschaulichen. Viele Insekten legen beispielsweise ihre
Eier in den Leib der Larven anderer Insekten, »deren langsame

Zerstörung das erste Werk der auskriechenden Brut ist« (W I, 209). – Die Beispiele dienen auch dazu, die Sinnlosigkeit des Willens zum Leben insgesamt, des »Kerns der Realität selbst« (W II, 411), herauszustellen.

Um den sinnlosen Kreislauf des Willens zum Leben darzustellen – »durchgängig und überall ist das ächte Symbol der Natur der Kreis, weil er das Schema der Wiederkehr ist« (W II, 553) –, greift Schopenhauer ausführlich auf einen zeitgenössischen Reisebericht zurück. Ein Reisender beobachtete auf der Insel Java ein »Eichhorn mit weißem Kopfe, welches seine mutwilligen Sprünge mit jener Grazie und Behendigkeit ausführte, welche diese entzückende Art der Nagetiere auszeichnen.« Es lief häufig zu seinem Nest, um die Jungen zu füttern: »Plötzlich war es wie von Schrekken ergriffen, seine Bewegungen wurden ungeregelt, es war, als wenn es immer versuchte, ein Hindernis zwischen sich und eine bestimmte Gegend des Baumes zu bringen: endlich kauerte es nieder und blieb unbeweglich zwischen zwei Ästen sitzen. Der Reisende hatte den Eindruck, als wenn dem unschuldigen Tierchen eine Gefahr drohte, aber er konnte nicht erraten, von welcher Art sie war. Er näherte sich, und eine aufmerksame Prüfung ließ ihn in einer Höhlung des Stammes eine Bandnatter entdecken, welche ihre Augen fest auf das Eichhörnchen heftete. [...] Die Lösung des Knotens war tragisch. Das Eichhörnchen ermangelte nicht, einen klagenden Laut auszustoßen, welcher für alle, die ihn kennen, die Nähe der Schlange anzeigt. Es ging ein wenig vor, suchte zurückzuweichen, ging dann wieder vorwärts, suchte umzukehren, aber es kam dem Reptil immer näher. Die Schlange, zusammengerollt, den Kopf über den Ringelungen und unbeweglich wie ein Stück Holz, wandte keinen Blick von ihm. Das Eichhörnchen kletterte von Ast zu Ast herunter und kam bis an die Stelle des Stammes, wo die Äste aufhörten. Jetzt versuchte das arme Tier gar nicht mehr zu fliehen. Angezogen durch eine unwiderstehliche Gewalt und gleichsam vom Schwindel ergriffen, stürzte es sich in den Rachen der Schlange, der sich plötzlich übermäßig weit öffnete, um es aufzunehmen« (W II h, 405 f.; übers.).

Schopenhauer gibt im Anschluß an diesen Bericht folgenden Kommentar: »An diesem Beispiel ersieht man, welcher Geist die Natur belebt, indem er sich darin offenbart. [...] Diese Geschichte ist [...] wichtig [...] als Argument zum *Pessimismus*: daß ein Thier vom andern überfallen und gefressen wird, ist schlimm, jedoch kann man sich darüber beruhigen: aber daß so ein armes unschuldiges Eichhorn, neben dem Nest mit seinen Jungen sitzend, gezwungen ist, schrittweise, zögernd, mit sich selbst kämpfend und wehklagend dem weit offenen Rachen der Schlange entgegenzugehn und mit Bewußtseyn sich hineinstürzen, – ist so empörend und himmelschreiend, daß man fühlt wie Recht Aristoteles hat zu sagen: Die Natur ist dämonisch, nicht göttlich. – Was für eine entsetzliche Natur ist diese, der wir angehören!« (W II h, 406; Zitat von Aristoteles übers.).

Mit dem Menschen schließlich betritt »ein wildes, entsetzliches Thier« die Arena, das wir meistens »bloß im Zustande der Bändigung und Zähmung, welcher Civilisation heißt« (P II, 192 f.) kennen. An Grausamkeit und Unerbittlichkeit steht der Mensch keinem Tiger und keiner Hyäne nach. Im »unaufhörlichen Vertilgungskrieg« (VN II, 207) macht sich dieses »Raubthier« (P II, 194) durch das bei ihm hinzukommende Werkzeug der Vernunft die Pflanzen- und Tierwelt untertan, indem es »die Natur für ein Fabrikat zu seinem Gebrauch ansieht« (W I, 208).

Am furchtbarsten offenbart sich die Selbstentzweiung des sich objektivierenden Willens dadurch, daß das Menschengeschlecht jenen »endlosen und unversöhnlichen Kampf gegen einander« (W I, 215) in sich selbst weiterkämpft, so daß ein Mensch dem andern zum Wolf wird. *Homo homini lupus*, wie Hobbes sagt. Von den vielen Beispielen genügt schon ein kurzer Blick auf die Sklaverei in Nordamerika, um zu sehen, »wie jene Teufel in Menschengestalt, jene bigotten, kirchengehenden, streng den Sabbath beobachtenden Schurken, namentlich auch die Anglikanischen Pfaffen unter ihnen, ihre unschuldigen schwarzen Brüder behandeln, welche durch Unrecht und Gewalt in ihre Teufelsklauen gerathen sind« (P II, 193). – Im Grunde entspringt der Kampf aller Willenserscheinungen gegeneinander daraus, »daß der Wille an sich selber zehren muß, weil außer ihm nichts daist und er ein hungriger Wille ist. Daher die Jagd, die Angst und das Leiden« (W I, 217).

Dies ist Schopenhauers *metaphysischer* Pessimismus: Das Wesen der Welt ist kein erkennendes, sondern ein blinder, nicht befriedigbarer Drang, ein Streben ohne Ziel und Zweck; es ist der Wille zum Leben. Er objektiviert sich auf unheile Weise nach Maßgabe der ewigen Ideen, sein Ausdruck ist der Schmerz, das Leiden alles Lebendigen. Wir selbst sind es, die diese Objektivation verschulden und bejahen – getäuscht durch die gegenständliche Vielheit der Welt als Vorstellung – von Atemzug zu Atemzug durch *unseren Willen zum Leben*.

V. METAPHYSIK DES SCHÖNEN

Ist die ganze Welt als Vorstellung
nur die Sichtbarkeit des Willens,
so ist die Kunst die Verdeutlichung
dieser Sichtbarkeit, die Camera obscura,
welche die Gegenstände reiner zeigt
und besser übersehn und zusammenfassen läßt,
das Schauspiel im Schauspiel,
die Bühne auf der Bühne im ›Hamlet‹.

1. Reines Subjekt der Erkenntnis

Die »ästhetische Anschauungsweise« ist die »tiefste und wahrste Erkenntniß« vom eigentlichen Wesen der Welt« (VN III, 39). In der Kunst, deren Objekt die Platonischen Ideen sind, wird die Welt mit »ganz andern Augen« (W II, 434) *gesehen*. Die »ästhetische Erkenntniß« (VN III, 40) reißt sich vom Dienst des Willens los und nimmt an den Dingen wahr, »was sie an und für sich selbst sind«, ihr »absolutes Daseyn« (W II, 434).

Im Subjekt solcher Erkenntnis geht eine Veränderung vor: Es ist nun »reines, willenloses Subjekt der Erkenntniß« (W I, 243). Statt wie bisher die Dinge unter dem Blickwinkel des begehrenden Willens zu betrachten, verweilt jetzt das reine Subjekt der Erkenntnis in ruhiger Kontemplation des dargebotenen Objekts. Es hat den Satz vom Grund, das Prinzip aller endlichen Erkenntnis, verlassen und betrachtet nicht mehr das Wo, Wann, Warum, Wozu an den Dingen, vielmehr einzig und allein das *Was*, die *Idee*.

Die »ganze Macht des Geistes« (VN III, 54) ist auf die Anschauung gerichtet, ganz in diese versenkt, ganz von ihr ausgefüllt. Das abstrakte Denken, die Begriffe der Vernunft, haben keine Bedeutung mehr. Das eigene Individuum, das »individuale Ich« (HN I, 278), der eigene Wille, ist vergessen. Das ganze Bewußtsein wird eingenommen durch die Kontemplation des gerade gegenwärtigen Gegenstandes, sei es eine Landschaft, ein Baum, ein Fels. Es ist, als ob der Gegenstand allein da wäre, ohne jemanden, der ihn wahrnimmt. Dieses so aufgefaßte *Bild* des Gegenstands ist seine *Idee*, »der Abdruck, die Objektität des Grades des Willens zum Leben der in diesem Gegenstand erscheint« (HN I, 279).

Die Stimmung wird »rein objektiv« (VN III, 54). Der Anschauende läßt sich von der Anschauung nicht mehr trennen. Beide wer-

den »Eines« (W I, 244) – »*Eins und dasselbe*« (HN I, 279) –, erfüllen und durchdringen sich gegenseitig vollkommen: »Das ganze
Bewußtseyn ist nur noch der klare Spiegel des dargebotenen Objekts, ist das Medium darin dieses in die Welt als Vorstellung tritt:
man weiß von *sich* nur insofern man von dem Objekt weiß: man
bleibt dabei nur noch bestehn als *reines Subjekt des Erkennens*: man
weiß, für den Augenblick, nur noch daß hier angeschaut wird;
aber nicht mehr *wer* der Anschauende ist: das ganze Bewußtseyn
ist durch ein einziges anschauliches Bild gänzlich erfüllt und eingenommen« (VN III, 54 f.). Dieses eben ist die ästhetische Anschauungsweise, der »Zustand des reinen Erkennens« (VN III, 55):
»Wenn also solchermaaßen das Objekt aus aller Relation zu etwas
außer ihm, das Subjekt aus aller Relation zum Willen getreten ist:
dann ist, was also erkannt wird, nicht mehr das einzelne Ding als
solches; sondern es ist die IDEE, die ewige Form, die unmittelbare
Objektität des Willens auf dieser Stufe: und eben dadurch ist zugleich der in dieser Anschauung Begriffene nicht mehr Individuum: denn das Individuum hat sich eben in solche Anschauung
verloren: sondern er ist *reines*, willenloses, schmerzloses, zeitloses
SUBJEKT DER RKENNTNISS« (W I, 244 f.).

In dieser »willenlosen Kontemplation« – bei Abwesenheit aller
Reflexion – wird »mit einem Schlage« (VN III, 55) das einzelne
Ding zur Idee seiner Gattung und das anschauende Individuum
zum reinen Subjekt des Erkennens. Genau diese Erkenntnisweise,
so Schopenhauer, hat Spinoza im Auge gehabt, wenn er in seiner Ethik schreibt: »Der Geist ist ewig, sofern er die Dinge unter
dem Gesichtspunkt der Ewigkeit auffaßt« (W I, 245; übers.).
Schopenhauer empfiehlt in diesem Zusammenhang nachzulesen,
was Spinoza über die »*cognitio tertii generis, sive intuitiva*«, also über
die »Erkenntnis der dritten Art oder die intuitive« sagt (W I,
245; vgl. Spinoza, *Ethik*, II, prop. 40, schol. 2 sowie V, prop.
25–38).

Das reine Erkennen, durch das die Idee erfaßt wird, ist in Hinsicht auf das Subjekt »Freyseyn von Wollen«, in Hinsicht auf das
Objekt »Freyseyn vom Satz des Grundes in allen seinen Gestaltungen« (VN III, 55). In seinen *Philosophischen Vorlesungen* erläu-

tert Schopenhauer an Hand des Satzes vom Grund die Bedingungen für eine ästhetische Kontemplation:

»1) Es ist keine Kontemplation möglich so lange die Objekte
der Vernunft, die Begriffe, das Bewußtseyn beschäftigen, sondern
da ist abstraktes Denken, stets weiter getrieben durch den Satz
vom Erkenntnißgrunde der stets das *Weswegen* erneuert.

2) So lange der Verstand dem Kausalgesetz nachgeht und die
Ursachen des betrachteten Objekts sucht, kontemplirt er nicht;
ihm läßt das *Warum* keine Ruhe.

3) Das Subjekt des Wollens muß, wie schon ausgeführt, gänzlich gebannt seyn, also auch alle *Motivation*.

4) Das kontemplirte Objekt muß herausgerissen seyn aus dem
Strome des Weltlaufs, sein Wo und sein Wann gemäß dem Grunde
des Seyns muß vergessen seyn: der Kontemplirende muß seine
Person vergessen haben, nicht wissen wer der Anschauende ist,
also auch nicht des Zeitpunkts sich bewußt seyn, in welchem sowohl er als das angeschaute Objekt sich gemeinschaftlich befin-
den: nur dadurch wird seine Anschauung befreit von der letzten
und am festesten haftenden Gestaltung des Satzes vom Grunde,
der Zeit« (VN III, 55 f.; vgl. HN I, 128).

Erst wenn ein erkennendes Individuum sich zum reinen Subjekt des Erkennens und eben damit das betrachtete Objekt zur
Idee erhebt, »tritt die WELT ALS VORSTELLUNG gänzlich und rein
hervor«, und es »geschieht die vollkommene Objektivation des
Willens, da allein die Idee seine ADÄQUATE OBJEKTITÄT ist« (W I,
245). In dieser Objektität des Dings an sich halten sich Subjekt
und Objekt das »Gleichgewicht« (W I, 246). Es gibt keine Vorherrschaft des Subjekts über das Objekt oder des Objekts über das
Subjekt mehr.

Für das reine Subjekt des Erkennens ist Wissen nicht länger eine
welterobernde Macht. Als überindividuelle, zeitlose Anschauung
blickt es als »klares Weltauge« (W I, 253; vgl. VN III, 67) aus allen erkennenden Wesen und spiegelt, vom Dienst des Willens befreit, un-
getrübt – unbedingt – das Wesen der Dinge selbst. Es enthüllt sich
»das ganze Ding an sich, nur unter der Form der Vorstellung« (W I,
240). Die »eigentliche Welt als Vorstellung« »ersteht« (W I, 246). –

»Dieses Bewußtseyn eben, indem man sämmtliche Ideen, oder Stufen der Objektität des Willens, der Reihe nach, durch dasselbe durchgehend sich denkt, macht eigentlich die ganze WELT ALS VORSTELLUNG aus« (W I, 246).

2. Das Genie

Im Unterschied zur Wissenschaft, die dem »rast- und bestandlosen Strohm vierfach gestalteter Gründe und Folgen nachgeht«, ohne je an einen Endpunkt zu gelangen, ist die Kunst, der es nicht um technisch-praktisches, verwertbares Wissen geht, »überall am Ziel« (W I, 252). Sie bleibt beim einzelnen Gegenstand stehen, reißt ihn durch die Kontemplation aus dem »Strudel und Tumult des Lebens« (W II, 444) heraus und hält das »Rad der Zeit« (W I, 252) an. Die Betrachtungsart der Wissenschaft »gleicht dem gewaltigen Sturm, der ohne Anfang und Ziel dahinfährt, Alles beugt, bewegt, mit sich fortreißt«, die Betrachtungsart der Kunst dagegen »dem ruhigen Sonnenstrahl, der den Weg dieses Sturmes durchschneidet, von ihm ganz unbewegt« (W I, 252). Die *vernünftige* Sehweise der Wissenschaft, die letztlich immer im Dienst des Willens steht und lebensdienliche Interessen verfolgt, wird durch Aristoteles repräsentiert, für die *künstlerische* steht beispielhaft das Werk des »göttlichen Platon«: »Die erstere gleicht den unzähligen, gewaltsam bewegten Tropfen des Wasserfalls, die stets wechselnd, keinen Augenblick rasten: die zweite dem auf diesem tobenden Gewühl stille ruhenden Regenbogen« (W I, 252).

Der wahre Künstlerblick kommt nur wenigen Individuen zu, den – Genies. Bei ihnen hat der Intellekt eine so beträchtliche Steigerung, ein »Uebergewicht« (W I, 255), erfahren, daß er sich vom Dienst seines Willens für einen Teil seiner Zeit emanzipieren kann. »Es ist als ob, damit der Genius in einem Individuo hervortrete, diesem ein Maaß der Erkenntnißkraft zugefallen seyn müsse, welches das zum Dienste eines individuellen Willens erforderliche weit übersteigt« (W I, 253).

Das Wesen des Genies besteht in der alles andere überwiegen-

den Fähigkeit zur reinen Kontemplation, zum gänzlichen Vergessen der eigenen Person und ihrer Relationen, zum willenlosen Erkennen. Der frei gewordene »Ueberschuß der Erkenntniß« wird
zum »willensreinen Subjekt, zum hellen Spiegel des Wesens der
Welt« (W I, 253). Genialität ist nichts anderes als die »vollkommenste OBJEKTIVITÄT« (W I, 253), als das Vermögen, »sich rein
anschauend zu verhalten« (W I, 253). In diesem Zustand der »Vollkommenheit und Energie der ANSCHAUENDEN Erkenntniß« (W II,
438), dem Zustand der völligen Entäußerung als »klares Weltauge«, verharrt das Genie »so anhaltend und mit so viel Besonnenheit, als nöthig ist, um das Aufgefaßte durch überlegte Kunst
zu wiederholen« (W I, 253).

Die Phantasie des Genies ist ungewöhnlich stark entwickelt.
Durch sie wird in den Dingen nicht das gesehen, was die Natur
wirklich gebildet hat, »sondern was sie zu bilden sich bemühte,
aber, wegen des [...] Kampfes ihrer Formen unter einander, nicht
zu Stande brachte« (W I, 254). Der Geniale sieht im Einzelnen das
Allgemeine. Seine Phantasie vervollständigt, malt das idealische
Wesen der Dinge aus: die in ihnen sich aussprechende Platonische
Idee.

Der gewöhnliche Mensch, »diese Fabrikwaare der Natur, wie
sie solche täglich zu Tausenden hervorbringt« (W I, 255), ist einer
»uninteressirten Betrachtung« nicht anhaltend fähig. Er kann seine
Aufmerksamkeit nur auf die Dinge richten, die irgendeine Beziehung auf seinen Willen haben, die für sein individuelles Leben von
Interesse sind. »So weilt der gewöhnliche Mensch nicht lange bei
der bloßen Anschauung, heftet daher seinen Blick nicht lange auf
einen Gegenstand; sondern sucht bei Allem, was sich ihm darbie-
tet, nur schnell den Begriff, unter den es zu bringen ist, wie der
Träge den Stuhl sucht, und dann interessirt es ihn nicht weiter.
Daher wird er so schnell mit Allem fertig, mit Kunstwerken, schönen Naturgegenständen und dem eigentlich überall bedeutsamen
Anblick des Lebens in allen seinen Scenen. Er aber weilt nicht: nur
seinen Weg im Leben sucht er« (W I, 255).

Für den Genialen ist der eigene Lebensweg Nebensache. Er
geht ihn häufig ungeschickt genug. Sein Werk ist »kein Ding von

Nutzen«. »Unnütz zu seyn, gehört zum Charakter der Werke des Genies: es ist ihr Adelsbrief« (W II, 452). Alle übrigen Menschenwerke dienen der Erhaltung oder Erleichterung der Existenz, einzig seine Werke »sind ihrer selbst wegen da« (W II, 452).

Schopenhauer veranschaulicht den Unterschied zwischen einem gewöhnlichen Menschen und einem Genie mit einer Metapher, deren eigene Anschaulichkeit die ingeniöse Phantasie des Lesers anregen soll. Zugleich macht die Metapher deutlich, daß der geniale Künstlerblick die kausal determinierte empirische Realität, den Kerker der Welt als Vorstellung, überwindet und den Weg in die Freiheit weist: »Der Intellekt des Normalmenschen, streng an den Dienst seines Willens gebunden, mithin eigentlich bloß mit der Aufnahme der Motive beschäftigt, läßt sich ansehn als der Komplex von Drahtfäden, womit jede dieser Puppen auf dem Welttheater in Bewegung gesetzt wird. Hieraus entspringt der trockene, gesetzte Ernst der meisten Leute, der nur noch von dem der Thiere übertroffen wird, als welche niemals lachen. Dagegen könnte man das Genie, mit seinem entfesselten Intellekt, einem unter den großen Drahtpuppen des be-rühmten Mailändischen Puppentheaters mitspielenden, lebendigen Menschen vergleichen, der unter ihnen der Einzige wäre, welcher Alles wahrnähme und daher gern sich von der Bühne auf eine Weile losmachte, um aus den Logen das Schauspiel zu genießen: – das ist die geniale Besonnenheit« (W II, 450).

»Das Regewerden des Genius, die Stunde der Weihe, der Augenblick der Begeisterung« (W II, 443) ist das Freiwerden des Intellekts, seine Emanzipation. Von seinem Ursprung, dem Willen, völlig abgetrennt ist der Intellekt jetzt die »in EINEM Bewußtseyn koncentrirte Welt als Vorstellung selbst« (W II, 443). »Während dem gewöhnlichen Menschen sein Erkenntnißvermögen die Laterne ist, die seinen Weg beleuchtet, ist es dem Genialen die Sonne, welche die Welt offenbar macht« (W I, 255).

3. Das Schöne. In eine andere Welt getreten

Der Zustand des reinen willenlosen Subjekts der Erkenntnis vermittelt eine Erfahrung von etwas *ganz Anderem*, als unsere Welt ist, gibt ein Beispiel von der »*Möglichkeit eines Daseyns, das nicht im Wollen besteht*« (VN III, 96). Die ästhetische Betrachtungsweise ist ein »Unterpfand« dafür, daß nach gänzlicher Aufhebung alles Wollens eine endgültige »Erlösung von der Welt und ihrer Quaal« (VN III, 96) möglich ist. Die Kunst, die »ästhetische Freude« am Schönen (P II, 363), ist eine Vorstufe der Erlösung, gleichsam die Vorwegnahme einer anderen Welt für Augenblicke.

Alles Leben dagegen ist *wesentlich* »LEIDEN« (W I, 405). Das ganze Wesen des Menschen ist Wollen und Streben, einem »unlöschbaren Durst« gänzlich zu vergleichen: »Die Basis alles Wollens aber ist Bedürftigkeit, Mangel, also Schmerz, dem er folglich schon ursprünglich und durch sein Wesen anheimfällt« (W I, 406). Kein ersehntes und erreichtes Objekt des Wollens kann das unersättliche Begehren wirklich stillen. Solange der Mensch Subjekt des Wollens ist, jagt er vergebens nach dauerndem Glück, nach wahrem Wohlsein. »Zwischen Wollen und Erreichen« fließt jedes Menschenleben fort. »So liegt das Subjekt des Wollens beständig auf dem drehenden Rade des Ixion, schöpft immer im Siebe der Danaiden, ist der ewig schmachtende Tantalus« (W I, 266).

Wird aber die Erkenntnis durch die Macht des Schönen dem Sklavendienst des Willens entrissen, so tritt jenes interesselose Schauen ein, für das die Dinge nicht mehr lüstern machende Motive, sondern nur noch ästhetische Vorstellungen sind. Mit einemmal kehrt Ruhe ein. Der schmerzlose Zustand tritt ein, den Epikur als höchstes Gut und als glückselige Vollkommenheit der Götter preist. »Wir sind, für jenen Augenblick, des schnöden Willensdranges entledigt, wir feiern den Sabbath der Zuchthausarbeit des Wollens, das Rad des Ixion steht still« (W I, 266).

Schön – und damit kurzfristig erlösend – ist nach Schopenhauer jeder Gegenstand der ästhetischen Anschauung, insofern zwei Bedingungen zugleich erfüllt werden: wenn auf der objektiven Seite die Platonische Idee erkannt wird und wenn auf der subjektiven Seite der Anblick objektiv, das heißt willensfrei macht. »Wir haben«, so faßt Schopenhauer zusammen, »in der ästhetischen Betrachtungsweise ZWEI UNZERTRENNLICHE BESTANDTHEILE gefunden: die Erkenntniß des Objekts, nicht als einzelnen Dinges, sondern als Platonischer IDEE, d. h. als beharrender Form dieser ganzen Gattung von Dingen; sodann das Selbstbewußtseyn des Erkennenden, nicht als Individuums, sondern als REINEN, WILLENLOSEN SUBJEKTS DER ERKENNTNISS. Die Bedingung, unter welcher beide Bestandtheile immer vereinigt eintreten, war das Verlassen der an den Satz vom Grund gebundenen Erkenntnißweise, welche hingegen zum Dienste des Willens, wie auch zur Wissenschaft, die allein taugliche ist« (W I, 265). – Das reine Subjekt des Erkennens und die Idee treten als notwendige Korrelata immer zugleich ins Bewußtsein.

Was das *Objektive* der Anschauung des Schönen betrifft, also die Platonische Idee, so läßt sich diese als das beschreiben, was wir übrig behielten, wenn die subjektive Erkenntnisbedingung der Zeit »wie das Glas aus dem Kaleidoskop« (P II, 367) weggezogen würde. »Wir sehn z. B. die Entwickelung von Knospe, Blume und Frucht, und erstaunen über die treibende Kraft, welche nie ermüdet, diese Reihe von Neuem durchzuführen. Dieses Erstaunen würde wegfallen, wenn wir erkennen könnten, daß wir, bei allem jenem Wechsel, doch nur die eine und unveränderliche Idee der Pflanze vor uns haben, welche aber als eine Einheit von Knospe, Blume und Frucht anzuschauen wir nicht vermögen, sondern sie mittelst der Form der ZEIT erkennen müssen, wodurch unserm Intellekt die Idee auseinandergelegt wird, in jene successiven Zustände« (P II, 367).

Schön ist alles, worin eine ewige Platonische Idee erkannt wird – ganz gleich in welchem Gegenstand, ganz gleich, ob es sich um das »Naturschöne« (Gegenstände der Natur) oder um das »Kunstschöne« (Kunstwerke) handelt. Dies ist der objektive Anteil des ästhetischen Wohlgefallens, die »objektive Schönheit« (VN III, 116). Schopenhauer gibt ein Beispiel: »Ich finde einen Baum *schön*:

dann habe ich ihn ästhetisch betrachtet, also ihn mit künstlerischem Auge angesehn: sodann aber ist, was ich betrachtet habe, nicht dieser individuelle Baum gewesen, sondern es war die Idee seiner Gattung, die sich mir offenbarte: darum sind der Baum und ich während dieser Anschauung, aus allen Relationen hinausgehoben worden: daher ist es nun ganz einerlei und ohne alle Bedeutung, ob der Baum den ich anschaute, grade dieser, oder ob es sein vor tausend Jahren blühender Vorfahr gewesen: eben so hatte es auf diese ästhetische Auffassung keinen Einfluß und ist ganz einerlei, ob ich, der Betrachter, dieses Individuum war, oder irgend ein andres das irgendwann und irgendwo gelebt hat: – Denn mit dem Satz vom Grund ist das einzelne Ding und das erkennende Individuum aufgehoben und nichts bleibt übrig als die Idee und das reine Subjekt des Erkennens, welche zusammen die adäquate Objektität des Willens auf dieser Stufe ausmachen. Und nicht allein der Zeit sondern auch dem Raum ist die Idee enthoben: denn die Idee ist nicht eigentlich die mir vorschwebende räumliche Gestalt; die kann mancherlei Verschiedenheiten haben und doch dieselbe Idee aus ihr sprechen; sondern der Ausdruck, die reine Bedeutung dieser Gestalt, das ist die Idee derselben; ihr innerstes Wesen, das sich mir aufschließt und mich anspricht, das ist eigentlich die Idee und kann ganz dasselbe seyn, bei großer Verschiedenheit der Verhältnisse der räumlichen Gestalt« (VN III, 117f.).

Schön ist also das, was sich so darstellt, daß es die Idee seiner Gattung deutlich an den Tag legt. »›SCHÖN‹ ist, ohne Zweifel, verwandt mit dem Englischen *to shew* und wäre demnach *shewy*, schaulich, *what shews well*, was sich gut ZEIGT, sich gut ausnimmt, also das deutlich hervortretende Anschauliche, mithin der deutliche Ausdruck bedeutsamer (Platonischer) Ideen« (P II, 371 f.).

In der Schau des Schönen erleben wir die seligsten Augenblicke, die wir kennen. Für kurze Zeit verlieren die empirischen Zusammenhänge ihre Bedeutung. »Es ist dann einerlei, ob man aus dem Kerker, oder aus dem Palast die Sonne untergehn sieht« (W I, 266). Der Sturm der Leidenschaften ist beschwichtigt, Not und Sorge sind vergessen. Wir sind »gleichsam in eine andere Welt

getreten« (W I, 267) und haben uns des »leidigen Selbst entledigt«
(W I, 269). »Wir sind nur noch da als das EINE Weltauge, was aus
allen erkennenden Wesen blickt« (W I, 267). Das Bewußtsein ist
ganz der Erkenntnis, der »Seeligkeit des willenlosen Anschauens«
(W I, 268) hingegeben. »Die Welt als Vorstellung ist dann allein
noch übrig, und die Welt als Wille ist verschwunden« (W I, 269).

4. Das Erhabene

Eine Modifikation des Schönen von seiner subjektiven Seite her
betrachtet ist das *Erhabene.* Das Schöne kommt der ästhetischen
Betrachtung geradezu von selbst entgegen und bietet sich zur
Kontemplation an. Beim Erhabenen dagegen stellt sich das reine
willenlose Erkennen nicht ohne Widerstand ein, denn hier wird
ein Gegenstand betrachtet, der den Willen bedroht oder ängstigt.
Gelingt es dem Betrachter trotzdem, sich durch »freie bewußte
Erhebung über den Willen« (VN III, 116) zu einer objektiven
Kontemplation aufzuschwingen und die persönliche Bedrängnis
im Hintergrund des Bewußtseins zu halten, so entsteht das »Gefühl des Erhabenen«. Der Betrachter ist dann im Zustand der »Erhebung«, weshalb der Gegenstand, der dies veranlaßt, »erhaben«
genannt wird.

Schopenhauer veranschaulicht seine Theorie des «Aesthetisch-
Erhabenen« durch Beispiele (W I, 274 ff.). Ein Beispiel führt den
Kampf der gewaltigen Naturkräfte vor Augen: »Wenn wir am weiten, im Sturm empörten Meere stehen: häuserhohe Wellen steigen und sinken, gewaltsam gegen schroffe Uferklippen geschlagen, spritzen sie den Schaum hoch in die Luft, der Sturm heult,
das Meer brüllt, Blitze aus schwarzen Wolken zucken und Don-
nerschläge übertönen Sturm und Meer. Dann erreicht im uner-
schütterten Zuschauer dieses Auftritts die Duplicität seines Bewußtseyns die höchste Deutlichkeit: er empfindet sich zugleich als
Individuum, als hinfällige Willenserscheinung, die der geringste
Schlag jener Kräfte zertrümmern kann, hülflos gegen die gewal-
tige Natur, abhängig, dem Zufall Preis gegeben, ein verschwin-

dendes Nichts, ungeheuren Mächten gegenüber; und dabei nun zugleich als ewiges ruhiges Subjekt des Erkennens, welches, als Bedingung alles Objekts, der Träger eben dieser ganzen Welt ist und der furchtbare Kampf der Natur nur seine Vorstellung, es selbst in ruhiger Auffassung der Ideen, frei und fremd allem Wollen und allen Nöthen. Es ist der volle Eindruck des Erhabenen. Hier veranlaßt ihn der Anblick einer dem Individuo Vernichtung drohenden, ihm ohne allen Vergleich überlegenen Macht« (W I, 276 f.).

Der überwältigende Eindruck des Erhabenen geht entweder, wie in diesem Beispiel, aus der Vorstellung einer immensen *Gewalt* von Naturkräften hervor oder aus der Vergegenwärtigung einer riesigen *Größe* in Raum und Zeit. Schopenhauer, der hier in Anlehnung an Kant zwischen dem »Dynamisch-Erhabenen« (Gewalt) und dem »Mathematisch-Erhabenen« (Größe) unterscheidet, illustriert die letztere Art durch den nächtlichen Himmel oder durch die zeitliche Dauer der ägyptischen Pyramiden oder durch das Gewölbe der Peterskirche in Rom. »Das Gefühl des Erhabenen entsteht hier durch das Innewerden des verschwindenden Nichts unsers eigenen Leibes vor einer Größe, die andererseits selbst wieder nur in unserer Vorstellung liegt und deren Träger wir als erkennendes Subjekt sind« (W I, 278).

Der Zustand der Erhebung wird also hervorgerufen durch den »Kontrast der Unbedeutsamkeit und Abhängigkeit unseres Selbst als Individuums, als Willenserscheinung, gegen das Bewußtseyn unserer als reinen Subjekts des Erkennens« (W I, 278). In diesen erhebenden Betrachtungen fühlen wir uns als Individuum wie ein »Tropfen im Ocean, dahin schwinden, ins Nichts zerfließen« (W I, 277). Gleichzeitig aber tritt diesem Gespenst der eigenen Nichtigkeit, dieser »lügenden Unmöglichkeit« unser »unmittelbares Bewußtseyn« (W I, 277) entgegen, daß alle diese Welten in ihren Gewalten und Größen ja nur in unserer Vorstellung da sind. Diese Welten sind nur »Modifikationen des ewigen Subjekts des reinen Erkennens« (VN III, 109), das der notwendige bedingende Träger aller Welten und Zeiten ist – und als dieses ewige Erkenntnissubjekt finden wir uns selbst, sobald die Individualität vergessen ist:

»Die Größe der Welt, die uns vorher beunruhigte, ruht jetzt in uns: unsere Abhängigkeit von ihr wird aufgehoben durch ihre Abhängigkeit von uns. – Dieses Alles kommt jedoch nicht sofort in die Reflexion, sondern zeigt sich als ein nur gefühltes Bewußtseyn, daß man, in irgend einem Sinne (den allein die Philosophie deutlich macht), mit der Welt Eines ist und daher durch ihre Unermeßlichkeit nicht niedergedrückt, sondern gehoben wird« (W I, 277f.).

Schon die *Upanischaden* der Veden haben dieses gefühlte Bewußtsein in mannigfaltigen Wendungen ausgesprochen: »Alle diese Geschöpfe insgesamt bin ich, und außer mir ist kein anderes Wesen da« (W I, 278; übers.).

5. Bildende Kunst

Kunst ist – mit Ausnahme der Musik – Erkenntnis der Platonischen Idee und Mitteilung dieser Erkenntnis. Jede der bildenden Künste hat als Grundthema eine bestimmte Idee oder eine Gruppe verwandter Ideen. Da in den Ideen stufenweise der metaphysische Wille erscheint, bilden auch die Künste eine Rangordnung entsprechend der Ordnung ihrer Ideen. Die Hierarchie der bildenden Künste hat also ein metaphysisches Fundament.

Die *Baukunst* bringt die Ideen zu deutlicher Anschauung, die zu den niedrigsten Stufen der Objektität des Willens gehören. Sie macht in der Materie die zerrissenen Willensstrebungen, ihre »Selbstentzweiung« (vgl. W I, 338), sichtbar. Hierbei versetzt sie die »Grundbaßtöne der Natur« (W I, 287), die Ideen von Schwere und Starrheit, in Aktivität und läßt ihren Kampf durch das Verhältnis von Last und Stütze deutlich hervortreten. »Selbst auf dieser tiefen Stufe derObjektität des Willens sehn wir schon sein Wesen sich in Zwietracht offenbaren: denn eigentlich ist der Kampf zwischen Schwere und Starrheit der alleinige ästhetische Stoff der schönen Architektur« (W I, 287). Die ästhetische Hauptregel der Baukunst lautet: »*Nirgends eine Stütze ohne gehörige Last, und keine Last ohne offenbar zureichende Stütze*« (VN III, 126). Vorbild ist der griechische Tempel, die gothische Kathedrale dagegen ist barbarisch. – Der »zweite Zweck« der Architektur besteht darin, das Licht, das der »größte Demant in der Krone der Schönheit« (W I, 274) ist, seinem Wesen nach zu offenbaren.

Die *Wasserleitungskunst* läßt beispielsweise durch schäumend und brausend über Felsen stürzende Wasserfälle oder durch klarspiegelnde Seen die Ideen der flüssigen Materie offen zutage treten (zum Beispiel die Fontana di Trevi in Rom). Die schöne *Gartenkunst*, vor allem die englische, stellt bereits Ideen des organischen Lebens dar.

Der Zweck der *Malerei* ist, uns die Erkenntnis der Ideen zu erleichtern. Unsere Freude an der *Landschaftsmalerei*, aber auch am *Stilleben* oder an *gemalter Architektur* »liegt nicht hauptsächlich in der Auffassung der dargestellten Ideen unmittelbar, sondern mehr im subjektiven Korrelat dieser Auffassung, in dem reinen willenlosen Erkennen; da, indem der Maler uns die Dinge durch seine Augen sehn läßt, wir hier zugleich eine Mitempfindung und das Nachgefühl der tiefen Geistesruhe und des gänzlichen Schweigens des Willens erhalten, welche nöthig waren, um die Erkenntniß so ganz in jene leblosen Gegenstände zu versenken und sie mit solcher Liebe, d. h. hier mit solchem Grade der Objektivität, aufzufassen« (W I, 293).

In der *Tiermalerei* und *Tierbildhauerei* überwiegt die objektive Seite. Das Charakteristische ist völlig eins mit dem Schönen, da die Tiere nur Gattungs-, keinen Individualcharakter haben. Der am meisten charakteristische Löwe ist allemal der schönste.

Die große Aufgabe der *Historienmalerei* und der *Skulptur* ist es, die Idee des Menschen, in der der Wille den höchsten Grad seiner Objektivation erreicht, unmittelbar anschaulich darzustellen. Beim Menschen sondert sich der Gattungscharakter vom Charakter des Individuums. »Jener heißt nun Schönheit (gänzlich im objektiven Sinn), dieser aber behält den Namen Charakter oder Ausdruck bei« (W I, 295). Beide Seiten müssen sich in der künstlerischen Darstellung das Gleichgewicht halten, um die Idee der Menschheit als Ganzes zu offenbaren. Es gilt, »beide zugleich im nämlichen Individuo vollkommen darzustellen« (W I, 295). – Der

Idee der Menschheit ist es wesentlich, daß sie sich in Individuen von eigentümlicher Bedeutsamkeit darstellt, so daß »jeder Mensch gewissermaaßen eine ganz eigenthümliche Idee darstellt« (W I, 300).

Die menschliche Schönheit ist die bedeutendste von allen. »MENSCHLICHE SCHÖNHEIT ist ein objektiver Ausdruck, welcher die vollkommenste Objektivation des Willens auf der höchsten Stufe seiner Erkennbarkeit bezeichnet, die Idee des Menschen überhaupt, vollständig ausgedrückt in der angeschauten Form« (W I, 295; vgl. HN I, 313). Kein anderes Objekt reißt uns so schnell zum rein ästhetischen Anschauen hin wie der Anblick einer schönen Menschengestalt. Schopenhauer zitiert Goethe: »Wer die menschliche Schönheit erblickt, den kann nichts Uebles anwehen: er fühlt sich mit sich selbst und mit der Welt in Uebereinstimmung« (W I, 296).

Goethe zählte den Paragraphen 45 der *Welt als Wille und Vorstellung* (W I), der unter anderem die Schönheit und die Grazie des Menschen behandelt, zu den bedeutendsten Stellen des Werks (vgl. M, 97 f.). Zur *Grazie*, die den Willen nicht nur in seiner räumlichen, sondern auch in seiner zeitlichen, bewegten Erscheinung darstellt, bemerkt Schopenhauer: Sie besteht darin, »daß jede Bewegung und Stellung auf die leichteste, angemessenste und bequemste Art ausgeführt werde und sonach der rein entsprechende Ausdruck ihrer Absicht, oder des Willensaktes sei, ohne Ueberflüssiges, was als zweckwidriges, bedeutungsloses Handtieren oder verdrehte Stellung, ohne Ermangelndes, was als hölzerne Steifheit sich darstellt« (W I, 300). – *Schönheit* und *Grazie* bilden das Hauptthema der Skulptur, das *Charakteristische* dagegen, wie es in der Leidenschaft, im Wechselspiel des Erkennens und Wollens, hervortritt und sich allein durch den Ausdruck des Gesichts und der Gebärde darstellen läßt, bleibt der Malerei vorbehalten.

Die Kunst ahmt das Werk der Natur nicht nach, sondern vollendet es. Der Künstler teilt die menschliche Schönheit anschaulich mit, so wie er sie *a priori* als Ideal antizipiert. Empirisch kann er die vollkommenste Objektivation des Willens nie und nirgends gesehen haben. Die Auffassung, daß die Kunst bloß durch treue Nachahmung der

Natur das Schöne darstellen könne, ist unmöglich und absurd: »Woran soll aber der Künstler ihr [der Natur] gelungenes und nach-zuahmendes Werk erkennen und es unter den mißlungenen her-ausfinden; wenn er nicht VOR DER ERFAHRUNG das Schöne anticipirt? Hat überdies auch jemals die Natur einen in allen Theilen vollkom-men schönen Menschen hervorgebracht? – Da hat man gemeint, der Künstler müsse die an viele Menschen einzeln vertheilten schö-nen Theile zusammensuchen und aus ihnen ein schönes Ganzes zu-sammensetzen: eine verkehrte und besinnungslose Meinung. Denn es frägt sich abermals, woran soll er erkennen, daß gerade diese For-men die schönen sind und jene nicht? [...] Rein *a posteriori* und aus bloßer Erfahrung ist gar keine Erkenntniß des Schönen möglich: sie ist immer, wenigstens zum Theil, *a priori*, wiewohl von ganz ande-rer Art, als die uns *a priori* bewußten Gestaltungen des Satzes vom Grunde« (W I, 296 f.).

Die künstlerische Antizipation ist wie der Satz vom Grund eine »Erkenntnißart *a priori*« (W I, 297). Aber im Gegensatz zu diesem schreibt die »ästhetische Anticipation *apriori*« (VN III, 152) der Er-scheinung nicht vor, wie ihre Form schlechterdings ausfallen muß, sondern sie weiß nur, was, welcher ideale Inhalt, eigentlich er-scheinen sollte. Zwar weiß sie dies nicht so bestimmt, daß sie den idealen Inhalt vor aller Erfahrung darstellen könnte, aber doch so, daß sie urteilen kann, ob das wirklich Erscheinende ihm gemäß ist, mit dem antizipierten »Gesetz« (VN III, 152) übereinstimmt. Nur durch diese »Anticipation des Schönen *apriori*« (VN III, 153) konnte der geniale Grieche den Urtypus der menschlichen Ge-stalt finden und ihn als Kanon für die Schule der Skulptur zur Gel-tung bringen.

Dem metaphysischen Willen, der wir selbst sind, schwebt auf der höchsten Stufe seiner Objektivation das Phantasiebild seiner vollkommensten Erscheinung – sein »IDEAL« (W I, 298) – vor: »Daß wir Alle die menschliche Schönheit erkennen, wenn wir sie sehn, im ächten Künstler aber dies mit solcher Klarheit geschieht, daß er sie zeigt, wie er sie nie gesehn hat, und die Natur in seiner Darstellung übertrifft; dies ist nur dadurch möglich, daß der Wille, dessen adäquate Objektivation, auf ihrer höchsten Stufe, hier beurtheilt und gefunden werden soll, ja WIR SELBST sind. Dadurch allein haben wir in der That eine Anticipation Dessen, was die Natur (die ja eben der Wille ist, der unser eigenes Wesen ausmacht) darzustellen sich bemüht; welche Anticipation im ächten Genius von dem Grade der Besonnenheit begleitet ist, daß er, indem er im einzelnen Dinge dessen IDEE erkennt, gleichsam die NATUR AUF HALBEM WORTE VERSTEHT und nun rein ausspricht, was sie nur stammelt, daß er die Schönheit der Form, welche ihr in tausend Versuchen mißlingt, dem harten Marmor aufdrückt, sie der Natur gegenüberstellt, ihr gleichsam zurufend: ›Das war es, was du sagen wolltest!‹ und ›Ja, Das war es!‹ hallt es aus dem Kenner wider« (W I, 297).

6. Poesie

Die *Poesie* ist die Kunst, durch Begriffe die Phantasie des Lesers zur Anschauung der Platonischen Ideen hinzuleiten. Der Dichter setzt die Phantasie in Bewegung, um in ihr bildhaft die Ideen zu offenbaren, vor allem die Idee des Menschen im allgemeinen. Er zeigt an Beispielen, was das Leben, was die Welt ist. Scheinbar hat er es mit einzelnen Begebenheiten zu tun, in Wahrheit aber mit dem, was überall und zu allen Zeiten ist. »Der Dichter aber faßt die Idee auf, das Wesen der Menschheit, außer aller Relation, außer aller Zeit, die adäquate Objektität des Dinges an sich auf ihrer höchsten Stufe« (W I, 325).

Die Erkenntnis des Dichters ist wie die des bildenden Künstlers »halb *a priori*« (W I, 326). Das Wesen seines eigenen Selbst objektiviert sich in seiner Darstellung, die dadurch zum Spiegel der Menschheit wird. »Sein Musterbild steht vor seinem Geiste, fest, deutlich, hell beleuchtet, kann ihn nicht verlassen: daher zeigt er uns im Spiegel seines Geistes die Idee rein und deutlich, und seine Schilderung ist, bis auf das Einzelne herab, wahr wie das Leben selbst« (W I, 326).

In der *lyrischen Poesie*, »im eigentlichen Liede« (W I, 329), ist der Dargestellte zugleich der Darstellende. Der Dichter schaut seinen eigenen Zustand lebhaft an und beschreibt im Lied die Erregung, die Leidenschaft des Augenblicks. Es ist das eigene Wollen, das das Bewußtsein des Singenden erfüllt, sei es als Freude (befriedigtes Wollen), sei es als Trauer (gehemmtes und unbefriedigtes Wollen). Zugleich aber wird der Singende durch den Anblick der ihn umgebenden Natur sich seiner bewußt als Subjekt des reinen, willenlosen Erkennens. Seine unerschütterliche, selige Ruhe tritt jetzt in Kontrast mit dem Drang des immer beschränkten, immer bedürftigen Wollens: »Die Empfindung dieses Kontrastes, dieses Wechselspieles ist eigentlich was sich im Ganzen des Liedes ausspricht und was überhaupt den lyrischen Zustand ausmacht. In diesem tritt gleichsam das reine Erkennen zu uns heran, um uns vom Wollen und seinem Drange zu erlösen: wir folgen; doch nur auf Augenblicke: immer von Neuem entreißt das Wollen, die Erinnerung an unsere persönliche Zwecke, uns der ruhigen Beschauung« (W I, 331). – Im Lied und in der lyrischen Stimmung gehen das persönliche Wollen und das reine Anschauen der sich darbietenden Umgebung »wundersam gemischt durch einander« (W I, 332). Als Beleg nennt Schopenhauer die Volkslieder des *Wunderhorns* und Goethes Lieder: *Schäfers Klagelied, Willkommen und Abschied, An den Mond.*

Roman, Epos und *Drama* gehören zu den mehr objektiven Dichtungsarten. Sie erreichen ihren Zweck, die Offenbarung der Idee der Menschheit, durch die Darstellung bedeutender Charaktere und die Erfindung bedeutsamer Situationen, in denen sie alle ihre Eigentümlichkeiten entfalten und damit die »Tiefe des menschlichen Gemüths« (W I, 334) aufschließen.

Der »Gipfel der Dichtkunst« (W I, 335) ist das *Trauerspiel*. Der Zweck dieser höchsten poetischen Leistung ist die Darstellung der schrecklichen Seite des Lebens, »der namenlose Schmerz, der Jammer der Menschheit« (W I, 335). Das Trauerspiel zeigt durch den Triumph der Bosheit, durch die höhnende Herrschaft des Zufalls, durch den rettungslosen Fall der Gerechten und Unschuldigen, durch die sich kreuzenden Willensbestrebungen der Individuen den Widerstreit des Willens mit sich selbst, wie er auf der höchsten Stufe seiner Objektivation, am vollständigsten entfaltet, furchtbar hervortritt: »Ein und der selbe Wille ist es, der in ihnen allen lebt und erscheint, dessen Erscheinungen aber sich selbst bekämpfen und sich selbst zerfleischen. In diesem Individuo tritt er gewaltig, in jenem schwächer hervor, hier mehr, dort minder zur Besinnung gebracht und gemildert durch das Licht der Erkenntniß, bis endlich, im Einzelnen, diese Erkenntniß, geläutert und gesteigert durch das Leiden selbst, den Punkt erreicht, wo die Erscheinung, der Schleier der Maja, sie nicht mehr täuscht, die Form der Erscheinung, das *principium individuationis*, von ihr durchschaut wird, der auf diesem beruhende Egoismus eben damit erstirbt, wodurch nunmehr die vorhin so gewaltigen MOTIVE ihre Macht verlieren, und statt ihrer die vollkommene Erkenntniß des Wesens der Welt, als QUIETIV des Willens wirkend, die Resignation herbeiführt, das Aufgeben, nicht bloß des Lebens, sondern des ganzen Willens zum Leben selbst. So sehen wir im Trauerspiel zuletzt die Edelsten, nach langem Kampf und Leiden, den Zwecken, die sie bis dahin so heftig verfolgten, und allen den Genüssen des Lebens auf immer entsagen, oder es selbst willig und freudig aufgeben« (W I, 335 f.). – Beispiele für die »plötzliche Veränderung der ganzen Erkenntnißweise« (VN III, 209) sind das Gretchen im *Faust*, der Hamlet, die Jungfrau von Orleans. Der Wille zu leben ist in ihnen erstorben.

Während das Lustspiel zur »Bejahung des Willens zum Leben« aufmuntert, ist die letzte Absicht des Trauerspiels, auf die »Verneinung des Willens zum Leben« (VN III, 212) hinzudeuten. Die tragische Darstellung ist für den Zuschauer ein »Aufruf zur Resignation« (VN III, 210), eine Aufforderung, vom schrecklichen Wollen einer Welt abzulassen, in der Zufall, Irrtum und Bosheit herrschen. Es wird augenscheinlich, daß der Held keine besonderen Verfehlungen abbüßt, sondern die Schuld des Daseins überhaupt. »Der wahre Sinn des Trauerspiels ist die tiefere Einsicht, daß was der Held abbüßt nicht seine Partikularsünden sind, sondern die Erbsünde, d. h. die Schuld des Daseyns selbst« (W I, 336).

Calderon spricht es in seinem Drama *Das Leben ein Traum* unumwunden aus: »Da die größte Schuld des Menschen/Ist, daß er geboren ward« (W I, 336). – »Im Augenblick der tragischen Katastrophe wird uns, deutlicher als jemals, die Ueberzeugung, daß das

Leben ein schwerer Traum sei, aus dem wir zu erwachen haben«
(W II, 504).

Aber wie könnte denn die schreckliche Seite des Lebens, wie sie
das Trauerspiel uns im grellsten Licht vor Augen bringt, wohltätig
und befreiend auf uns wirken, wenn nicht hierin schon eine »andere
Welt« (W II, 504) verbürgt wäre, ein »Hinwenden nach einem an-
derartigen, wiewohl uns völlig unfaßbaren Daseyn« (W II, 506).

7. Musik

Unter allen Künsten nimmt die *Musik* den höchsten Rang ein. Sie
ist kein mittelbares Abbild einer Idee, durch die der Wille sich
objektiviert, sie ist Abbild des Willens selbst. Die Musik wendet
sich nicht der gegenständlichen Welt zu wie die anderen Künste,
ihr Objekt ist nicht die »Vorstellung« (VN III, 224), sie hat es vielmehr unmittelbar mit dem einen außerzeitlichen Willen zu tun.
Sie redet daher nicht von den Dingen, sondern »von lauter Wohl
und Wehe, als welche die alleinigen Realitäten für den WILLEN
sind« (P II, 377). Das tiefste Innere unseres Wesens – wie das der
gesamten Natur – wird in der Musik in nicht zu überbietender
Deutlichkeit zum Ausdruck gebracht.

Die Musik, die zu aller Erscheinung das Ding an sich darstellt (vgl.
W I, 347), verkörpert eine eigene Art von Welt: »So ist die Musik,
da sie die Ideen übergeht, auch von der erscheinenden Welt ganz
unabhängig, ignorirt sie schlechthin, könnte gewissermaaßen, auch
wenn die Welt gar nicht wäre, doch bestehn: was von den andern
Künsten sich nicht sagen läßt. Die Musik ist nämlich eine so UN-
MITTELBARE Objektivation und Abbild des ganzen WILLENS, wie die
Welt selbst es ist, ja wie die Ideen es sind, deren vervielfältigte Erscheinung die Welt der einzelnen Dinge ausmacht. Die Musik ist
also keineswegs, gleich den andern Künsten, das Abbild der Ideen;
sondern ABBILD DES WILLENS SELBST, dessen Objektität auch die
Ideen sind: deshalb eben ist die Wirkung der Musik so sehr viel
mächtiger und eindringlicher, als die der andern Künste: denn diese
reden nur vom Schatten, sie aber vom Wesen« (W I, 341).

Überall bringt die Musik die »Quintessenz des Lebens« (W I, 346) zum Ausdruck, bildet die reinen Affekte und Gefühle ab, kündet von den geheimen Leidenschaften der ewig sich erneuernden Entzweiung und Versöhnung des Willens. »Sie drückt daher nicht diese oder jene einzelne und bestimmte Freude, diese oder jene Betrübniß, oder Schmerz, oder Entsetzen, oder Jubel, oder Lustigkeit, oder Gemüthsruhe aus; sondern DIE Freude, DIE Betrübniß, DEN Schmerz, DAS Entsetzen, DEN Jubel, DIE Lustigkeit, DIE Gemüthsruhe SELBST, gewissermaaßen *in abstracto*, das Wesentliche derselben, ohne alles Beiwerk, also ohne die Motive dazu« (W I, 345 f.).

Diese Allgemeinheit gibt der Musik die große Bedeutung, die sie als »Panakeion« (W I, 346), als Allheilmittel, für alle unsere Leiden hat. Der Hörer vernimmt interesse- und begierdelos die allgemeine, über den konkreten Dingen stehende Sprache der Musik und erfährt von der »heilsamen Kunst« (VN III, 228) eine zeitweilige Entlastung von diesen Mühen des Lebens, einen tiefen Trost, ein reinigendes »Bad des Geistes« (VN III, 227). Die Musik zieht als vertrautes und doch so unerklärliches Paradies an uns vorüber, gibt alle unsere innersten Regungen wieder, aber »ganz ohne die Wirklichkeit und fern von ihrer Quaal« (W I, 349).

Schopenhauer erläutert seine Musiktheorie an der Instrumentalmusik Beethovens: »Eine Beethoven'sche Symphonie [zeigt uns] die größte Verwirrung, welcher doch die vollkommenste Ordnung zum Grunde liegt, den heftigsten Kampf, der sich im nächsten Augenblick zur schönsten Eintracht gestaltet: es ist *rerum concordia discors*, ein treues und vollkommenes Abbild des Wesens der Welt, welche dahin rollt, im unübersehbaren Gewirre zahlloser Gestalten und durch stete Zerstörung sich selbst erhält. Zugleich nun aber sprechen aus dieser Symphonie alle menschlichen Leidenschaften und Affekte: die Freude, die Trauer, die Liebe, der Haß, der Schrecken, die Hoffnung u. s. w. in zahllosen Nüancen, jedoch alle gleichsam nur *in abstracto* und ohne alle Besonderung: es ist ihre bloße Form, ohne den Stoff, wie eine bloße Geisterwelt, ohne Materie« (W II, 513 f.).

Erscheinende Welt und Musik sind nur verschiedene Ausdrücke desselben metaphysischen Wesens. Die Musik ist eine »zweite Art« Welt (HN I, 322), und die Welt ist verkörperte Musik. Gelänge eine vollkommen richtige Erklärung der Musik – eine Übersetzung der Töne in Begriffe –, so wäre dies die Erklärung der Welt, die »wahre Philosophie« (VN III, 225). Die Musik ist gewissermaßen eine unbewußte Übung in der Metaphysik, bei der der Geist nicht weiß, daß er philosophiert (vgl. W I, 350). – »Man könnte demnach die Welt ebenso wohl verkörperte Musik, als verkörperten Willen nennen« (W I, 347).

VI. METAPHYSIK DER SITTEN

*Die Güte des Herzens besteht
in einem tief gefühlten,
universellen Mitleid
mit Allem was Leben hat.*

1. Sünde der Welt

»Daß die Welt bloß eine physische, keine moralische, Bedeutung habe, ist der größte, der verderblichste, der fundamentale Irrthum, die eigentliche PERVERSITÄT der Gesinnung, und ist wohl im Grunde auch Das, was der Glaube als den Antichrist personificirt hat« (P II, 182). Schopenhauer sucht eine »MORALISCHE Weltordnung als Grundlage der PHYSISCHEN« (W II, 685) nachzuweisen. Seine Ethik gründet in der Überzeugung, daß die Welt – metaphysisch gesehen – eine moralische Bedeutung hat. Das »nothwendige *Credo* aller Gerechten und Guten« heißt daher, nach Zurückweisung einer sich verabsolutierenden Physik, einer reduktionistischen Versachlichung der Welt: »Ich glaube an eine Metaphysik« (W II, 204). In diesem Zusammenhang steht Schopenhauers, schon oben zitierte (s. o., 112), empörte Äußerung in einem Brief aus dem Jahr 1856, die an Kants Unterscheidung zwischen Erscheinung und Ding an sich mahnt und aus der auch die ethische Bedeutung seiner umfangreichen Erkenntnislehre ersichtlich wird: »Es ist unerträglich, wie heut zu Tage die Schweine in den Tag hinein naturalisiren, ohne alle Ahndung der Kantischen Transscendentalphilosophie« (B, 382).

Zeugt das Leben eines beliebigen Menschen mit seiner Mühe, seiner Not und seinem Leiden – dabei den unausweichlichen Tod vor Augen – nicht davon, »daß unser Daseyn eine Verschuldung enthält?« (W II, 661). Ist nicht das Dasein selbst »eine Art Fehltritt, oder Irrweg« (W II, 662), »eine Art Verirrung«? (P II, 261). Schopenhauer bejaht diese Fragen: »Es müßte ganz und gar keine Leiden geben und auch der Tod nicht seyn, oder nichts Schreckliches für uns haben. Nur so würde das Leben für sich selbst bezahlen. Weil nun aber unser Zustand vielmehr etwas ist, das besser nicht wäre; so trägt Alles, was uns umgiebt, die Spur hievon – gleich wie in der Hölle Alles nach Schwefel riecht« (W II, 671).

Welt und Leben als Schauplatz des Leidens sind *Ausdruck* einer metaphysischen Schuld, die außerhalb der Zeit steht. Im Wesen der Welt gibt es, bildhaft gesagt, einen Riß, einen tragischen Bruch, etwas Unheiles. Der Wille, der immer der Wille zum Leben ist, begeht in seiner Selbstbejahung einen ewigen Fehltritt. Das Dasein selbst enthält etwas in sich, das nicht sein soll. Der blinde, allmächtige Wille als Ding an sich hat sich für eine Ausrichtung entschieden, die allem empirischen Dasein von vornherein ein moralisches Gepräge verleiht. Die moralische Bedeutung der Welt ist metaphysisch vorentschieden. Wie der Wille ist, so ist die Welt: »In jedem Dinge erscheint der Wille gerade so, wie er sich selbst an sich und außer der Zeit bestimmt. Die Welt ist nur der Spiegel dieses Wollens: und alle Endlichkeit, alle Leiden, alle Quaalen, welche sie enthält, gehören zum Ausdruck dessen, was er will, sind so, weil er so will« (W I, 455). – Festzuhalten ist bei Schopenhauer immer, daß die Welt als Wille und die Welt als Vorstellung nicht zwei verschiedene Welten sind, zwischen denen ein Kausalverhältnis herrscht, sondern die »Welt als Wille und Vorstellung« ist *die einzige* Welt, in der das Erscheinende (Wille) und die Erscheinung (Vorstellung) eine Einheit bilden. Die Schuld liegt *in* der Welt, wo sie auch abgebüßt wird.

Natürlich liegt der Einwand nahe, daß diese pessimistische Sicht übertrieben sei, daß es zum Beispiel auch Menschen gibt, die gern leben, die sich sogar glücklich fühlen. Schopenhauer kennt diesen Einwand gegen das »Melancholische und Trostlose meiner Philosophie« (W II, 675) nur zu gut. Er weist ihn pointiert zurück: »Daß Tausende in Glück und Wonne gelebt hätten, höbe ja nie die Angst und Todesmarter eines Einzigen auf« (W II, 670). Wie kann ein Mensch sich überhaupt glücklich fühlen, solange auch nur ein *einziges* Lebewesen leidet?

Schopenhauer sieht in der »RUCHLOSEN Denkungsart« des Optimismus einen bitteren »Hohn über die namenlosen Leiden der Menschheit« (W I, 424). Die religiösen, philosophischen oder auch politischen Spielarten des Optimismus, die vielen Leugnungen,

Verharmlosungen oder Rechtfertigungen des Leids lehnt er rigoros ab: »Und dieser Welt, diesem Tummelplatz gequälter und geängstigter Wesen, welche nur dadurch bestehen, daß eines das andere verzehrt, wo daher jedes reißende Thier das lebendige Grab tausend anderer und seine Selbsterhaltung eine Kette von Martertoden ist, wo sodann mit der Erkenntniß die Fähigkeit Schmerz zu empfinden wächst, welche daher im Menschen ihren höchsten Grad erreicht und einen um so höheren, je intelligenter er ist, – dieser Welt hat man das System des OPTIMISMUS anpassen und sie uns als die beste unter den möglichen andemonstriren wollen. Die Absurdität ist schreiend. – Inzwischen heißt ein Optimist mich die Augen öffnen und hineinsehen in die Welt, wie sie so schön sei, im Sonnenschein, mit ihren Bergen, Thälern, Ströhmen, Pflanzen, Thieren u. s. f. – Aber ist denn die Welt ein Guckkasten? Zu SEHEN sind diese Dinge freilich schön; aber sie zu SEYN ist ganz etwas Anderes« (W II, 675 f.). An einer anderen Stelle heißt es: »Wer die Behauptung, daß, in der Welt, der Genuß den Schmerz überwiegt, oder wenigstens sie einander die Waage halten, in der Kürze prüfen will, vergleiche die Empfindung des Thieres, welches ein anderes frißt, mit der dieses andern« (P II, 265). – Wer die trübselige Beschaffenheit, das »Höllenartige« (W II, 675) dieser Welt und die Unhaltbarkeit jedes Optimismus erkannt hat, »wird, wer nicht heuchelt, schwerlich disponirt seyn, Hallelujahs anzustimmen« (W II, 676).

Nur ein blinder, kein sehender Wille konnte sich selbst in die Lage versetzen, in der wir uns erblicken. »Das menschliche Daseyn, weit entfernt den Charakter eines GESCHENKS zu tragen, hat ganz und gar den einer kontrahirten SCHULD. Die Einforderung derselben erscheint in Gestalt der, durch jenes Daseyn gesetzten, dringenden Bedürfnisse, quälenden Wünsche und endlosen Noth. Auf Abzahlung dieser Schuld wird, in der Regel, die ganze Lebenszeit verwendet: doch sind damit erst die Zinsen getilgt. Die Kapitalabzahlung geschieht durch den Tod. – Und wann wurde diese Schuld kontrahirt? – Bei der Zeugung« (W II, 674).

Wer den Menschen ansieht als ein Wesen, »dessen Daseyn eine Strafe und Buße ist«, der erblickt ihn schon in einem »richtigeren

Lichte« (W II, 674). »Welch ein Abstand ist doch zwischen unserm Anfang und unserm Ende! jener in dem Wahn der Begier und dem Entzücken der Wollust; dieses in der Zerstörung aller Organe und dem Moderdufte der Leichen. Auch geht der Weg zwischen Beiden, in Hinsicht auf Wohlseyn und Lebensgenuß, stetig bergab: die seelig träumende Kindheit, die fröhliche Jugend, das mühsälige Mannesalter, das gebrechliche, oft jämmerliche Greisenthum, die Marter der letzten Krankheit und endlich der Todeskampf: – sieht es nicht geradezu aus, als wäre das Daseyn ein Fehltritt, dessen Folgen allmälig und immer mehr offenbar würden?« (P II, 263) »Will man den Grad von Schuld, mit dem unser Daseyn selbst behaftet ist, ermessen; so blicke man auf das Leiden, welches mit demselben verknüpft ist. Jeder große Schmerz, sei er leiblich oder geistig, sagt aus, was wir verdienen: denn er könnte nicht an uns kommen, wenn wir ihn nicht verdienten« (W II, 675).

Vom Blickwinkel der Schuld aus betrachtet wird der Mensch schon in einem »richtigeren« Lichte gesehen: Schopenhauer weiß, daß sich die moralische Bedeutung der Welt wenn überhaupt, dann nur auf eine durch die Erkenntnisformen des Intellekts bedingte Weise verstehen läßt. So gesteht er auch dem Mythos vom Sündenfall – das Dasein ist eine Verirrung, von der man zurückkommen muß – eine »allegorische Wahrheit« (W II, 674) zu. Diese einzige metaphysische Wahrheit, die Schopenhauer – wenn auch nur im übertragenen Sinn – im Alten Testament finden kann, leitet zu der Einsicht hin, »daß wir, wie die Kinder liederlicher Väter, schon verschuldet auf die Welt gekommen sind und daß nur, weil wir fortwährend diese Schuld abzuverdienen haben, unser Daseyn so elend ausfällt und den Tod zum Finale hat« (P II, 272). Schopenhauer ergänzt in einem handschriftlichen Zusatz: »Nichts ist gewisser, als daß, allgemein ausgesprochen, die schwere *Sünde der Welt* es ist, welche das viele und große *Leiden der Welt* herbeiführt; wobei hier nicht der physisch empirische, sondern der metaphysische Zusammenhang gemeint ist« (P II h, 320).

Viel deutlicher und unumwundener noch als im Alten Testament sieht Schopenhauer im Brahmanismus und im Buddhismus das Dasein des Menschengeschlechts als schwere Verschuldung –

ebenfalls allegorisch – zum Ausdruck gebracht: »BRAHMA bringt durch eine Art Sündenfall, oder Verirrung, die Welt hervor, bleibt aber dafür selbst darin, es abzubüßen, bis er sich daraus erlöst hat. – Sehr gut! – Im BUDDHAISMUS entsteht sie in Folge einer, nach langer Ruhe eintretenden, unerklärlichen Trübung in der Himmelsklarheit des, durch Buße erlangten, seeligen Zustandes NIRWANA, also durch eine Art Fatalität, die aber doch im Grunde moralisch zu verstehn ist […] – Vortrefflich!« (P II, 271)

Als sicherer Kompaß zur Orientierung im Leben »ist nichts tauglicher, als daß man sich angewöhne, diese Welt zu betrachten als einen Ort der Buße, also gleichsam als eine Strafanstalt, *a penal colony*« (P II, 273), oder als ein Arbeitslager, wie schon griechische Philosophen sie nannten. Diese Ansicht findet ihre Rechtfertigung in der Weisheit aller Zeiten, zum Beispiel auch in folgender »*Buddhaistischer* Erinnerung«: »*Dies ist Sansara:* die Welt des Gelüstes und Verlangens, und daher die Welt der Geburt, der Krankheit, des Alterns und Sterbens: es ist die Welt, welche nicht seyn sollte. Und Dies ist hier die Bevölkerung der *Sansara*. Was also könnt Ihr Besseres erwarten?« Schopenhauer fügt hinzu: »Ich möchte vorschreiben, daß Jeder sich Dies täglich vier Mal mit Bewußtseyn der Sache wiederholte« (P II h, 321).

Generell gilt: »Der rechte Maaßstab zur *Beurtheilung eines jeden Menschen* ist, daß er eigentlich ein Wesen sei, welches gar nicht existiren sollte, sondern sein Daseyn abbüßt durch vielgestaltetes Leiden und Tod: – was kann man von einem solchen erwarten? Sind wir denn nicht Alle zum Tode verurtheilte Sünder? Wir büßen unsere Geburt erstlich durch das Leben und zweitens durch das Sterben ab« (P II h, 322).

Schopenhauer sieht im Menschen kein vernunftgeleitetes, moralisch offenes, virtuell autonomes Wesen, sondern eine durch Sünde festgelegte, zu Recht leidende, erlösungsbedürftige Kreatur, die nicht weiß, daß sie in metaphysischer Hinsicht das Werk ihrer eigenen Schuld ist. Für die Beschaffenheit der Welt trägt kein Gott die Verantwortung, auch nicht die Natur oder der Zufall, noch auch böse Menschen (die *anderen*) oder gesellschaftliche Verhältnisse, sondern – *Ich*. Angeklagt ist das je eigene Wesen, der je

eigene Wille. »Wenn wir die Welt auffassen als das Werk unserer
eigenen Schuld, mithin als etwas, das besser nicht wäre«, so ist
diese Ansicht geeignet, uns zu »demüthigen« (P II, 272), statt unsere Schuld abzuwälzen. Angeklagt ist letztlich, DASS Leben ist
und nicht vielmehr nicht ist.

Wird bei der Beurteilung eines Menschen der Gesichtspunkt
festgehalten, daß er im Grunde etwas »Verkehrtes« ist, dann kann
diese Geisteshaltung an das »Nöthigste« erinnern: »an die Tole-
ranz, Geduld, Schonung und Nächstenliebe, deren Jeder bedarf
und die daher auch Jeder schuldig ist« (P II, 274). »In der That ist
die Ueberzeugung, daß die Welt, also auch der Mensch, etwas ist,
das eigentlich nicht seyn sollte, geeignet, uns mit Nachsicht gegen
einander zu erfüllen« (P II, 273).

Kants Begriff der *Würde* dagegen verfehlt das Wesen des Menschen. Dieser Begriff ist für Schopenhauer auf den Menschen, ein
»am Willen so sündliches, am Geiste so beschränktes, am Körper
so verletzbares und hinfälliges Wesen«, nur mit Ironie anzuwen-
den: »Daher möchte ich, im Gegensatz zu besagter Form des Kantischen Moralprincips, folgende Regel aufstellen: bei jedem Menschen, mit dem man in Berührung kommt, unternehme man
nicht eine objektive Abschätzung desselben nach Werth und
Würde, ziehe also nicht die Schlechtigkeit seines Willens, noch
die Beschränktheit seines Verstandes und die Verkehrtheit seiner
Begriffe in Betrachtung; da Ersteres leicht Haß, Letzteres Verachtung gegen ihn erwecken könnte: sondern man fasse allein seine
Leiden, seine Noth, seine Angst, seine Schmerzen ins Auge: – da
wird man sich stets mit ihm verwandt fühlen, mit ihm sympathi-
siren und, statt Haß oder Verachtung, jenes Mitleid mit ihm emp-
finden, welches allein die $\alpha\gamma\alpha\pi\eta$ [*Agape, caritas*, Liebe] ist, zu der
das Evangelium aufruft. Um keinen Haß, keine Verachtung gegen
ihn aufkommen zu lassen, ist wahrlich nicht die Aufsuchung seiner angeblichen ›Würde‹, sondern, umgekehrt, der Standpunkt
des Mitleids der allein geeignete« (P II, 183).

2. Operari sequitur esse

Schopenhauer diskutiert das ethische Grundproblem der *Freiheit des Willens* vor dem Hintergrund, daß der Mensch in moralischer Hinsicht keine »*tabula rasa*« (E, 413), kein unbeschriebenes Blatt, ist. Jedem Menschen liegt ein ursprünglicher, außerzeitlicher, unteilbarer »Objektivationsakt des Willens« (W I, 222) zugrunde, für den er *selber* – metaphysisch gesehen – die Verantwortung trägt, da er selbst dieser Wille als Ding an sich ist. Dieser aller Empirie vorgängige Willensakt macht »gewissermaaßen« die »Idee« des einzelnen Menschen aus, seinen »individuellen Willen« (W I, 382) oder, wie Schopenhauer mit Kants Terminus bevorzugt sagt, seinen »intelligiblen Charakter«. »Der intelligible Charakter fällt also mit der Idee, oder noch eigentlicher mit dem ursprünglichen Willensakt, der sich in ihr offenbart, zusammen« (W I, 219). – »Intelligibel« nennt Kant »dasjenige an einem Gegenstande der Sinne, was selbst nicht Erscheinung ist« (KrV, B 566).

Der Charakter ist als »unveränderliche Beschaffenheit eines individuellen Willens« (E, 451) ein für allemal festgelegt. »DER MENSCH ÄNDERT SICH NIE« (E, 409). *Essentia et Existentia*, Wesen und Dasein des Menschen fallen so aus, wie sein Wille als Ding an sich – jedoch vor aller Erkenntnis und daher blind – es schon immer gewollt hat. »Der Mensch [...] ist sein eigenes Werk vor aller Erkenntniß, und diese kommt bloß hinzu, es zu beleuchten« (W I, 384). – Entscheidend ist: Der Charakter liegt in seiner unveränderlichen, selbstgewollten Beschaffenheit moralisch ausschlaggebend allen Handlungen zugrunde.

Es ist eine Täuschung des Selbstbewußtseins, wenn das Handeln so wahrgenommen wird, als sei es moralisch zunächst unbestimmt und in seiner Wahlmöglichkeit grundsätzlich frei. In der Philosophie wurde dieser alte Irrtum, diese »ganz monstrose Fiktion« (P I, 126) einer *empirischen* Freiheit des Willens – statt der transzendentalen, die ihm allein zukommt – dadurch befestigt, »daß man das Wesen des Menschen in eine SEELE setzte, die ursprünglich ein ER-

KENNENDES, ja eigentlich ein abstrakt DENKENDES Wesen wäre und erst in Folge hievon auch ein WOLLENDES, daß man also den Willen sekundärer Natur machte, statt daß, in Wahrheit, die Erkenntniß dies ist« (W I, 383). Descartes und Spinoza haben den Willen sogar als einen Denkakt betrachtet und ihn mit dem Urteil identifiziert. »Danach nun wäre jeder Mensch Das, was er ist, erst in Folge seiner ERKENNTNISS geworden: er käme als moralische Null auf die Welt, erkennte die Dinge in dieser, und beschlösse darauf, Der oder Der zu seyn, so oder so zu handeln, könnte auch, in Folge neuer Erkenntniß, eine neue Handlungsweise ergreifen, also wieder ein Anderer werden« (W I, 383).

Diese Auffassung kehrt die wahren Verhältnisse um: »Der Wille ist das Erste und Ursprüngliche, die Erkenntniß bloß hinzugekommen, zur Erscheinung des Willens, als ein Werkzeug derselben, gehörig« (W I, 383 f.). »Der Wille selbst, allein und für sich, beharrt: denn er allein ist unveränderlich, unzerstörbar, nicht alternd, nicht physisch, sondern metaphysisch, nicht zur Erscheinung gehörig, sondern das Erscheinende selbst« (W II, 279). Auf ihm, nicht auf dem Subjekt des Erkennens, dem erkennenden Ich, beruht die »Identität der Person« (W II, 279, vgl. W II, 161 f.).

Um das Wesen der Freiheit faßlicher zu machen – Freiheit heißt immer »Unabhängigkeit vom Satze des Grundes« (W I, 378) –, greift Schopenhauer auf einen Ausdruck der Scholastiker zurück: »*Operari sequitur esse*« (E, 533), das heißt: Was man tut, folgt aus dem, was man ist. Jedes Ding in der Welt wirkt nach seiner Beschaffenheit. In ihr sind alle seine Äußerungen schon in der Möglichkeit *(potentia)* enthalten, treten aber in Wirklichkeit *(actu)* erst ein, wenn äußere Ursachen sie hervorrufen. Dies trifft auch auf den Menschen zu, der hierin gegenüber der übrigen Natur keine Ausnahme bildet. »Auch er hat seinen unveränderlichen Charakter, der jedoch ganz individuell und bei Jedem ein anderer ist. Dieser ist eben EMPIRISCH für unsere Auffassung, aber eben deshalb nur ERSCHEINUNG: was er hingegen seinem Wesen an sich selbst nach seyn mag, heißt der INTELLIGIBLE CHARAKTER. Seine sämmtlichen Handlungen, ihrer äußern Beschaffenheit nach durch die Motive bestimmt, können nie anders als diesem unveränderlichen individuellen Charakter gemäß ausfallen: wie Einer ist, so muß er handeln. Daher ist dem gegebenen Individuo, in jedem gegebenen einzelnen Fall, schlechterdings nur EINE Handlung möglich: *operari sequitur esse«* (E, 533 f.).

Schopenhauer geht davon aus, »daß jede *Existentia* [Dasein] eine *Essentia* [Wesen] voraussetzt« (E, 416). Jedes Seiende muß ein bestimmtes Wesen haben. Es kann nicht bloß »DASEYN« und dabei doch »NICHTS seyn«. »Folglich zu erwarten, daß ein Mensch, bei gleichem Anlaß, ein Mal so, ein ander Mal aber ganz anders handeln werde, wäre wie wenn man erwarten wollte, daß der selbe Baum, der diesen Sommer Kirschen trug, im nächsten Birnen tragen werde« (E, 416).

Zur Veranschaulichung der unabänderlichen Bedingtheit alles Handelns greift Schopenhauer auf den Mythos der Seelenwanderung bei Platon zurück. Er sieht in ihm allerdings nur einen – im übertragenen Sinne – wahren Ausdruck des Sachverhalts, zumal Platon die Idealität der Zeit noch nicht gekannt hat. Die geahnte Wahrheit, die im Mythos von der Seelenwanderung steckt, kommt ohne die Form des zeitlichen Nacheinanders noch nicht aus. Schopenhauer zitiert eine Darstellung von Stobaios aus dem 5. Jahrhundert: »Denn alles, was Platon sagen will, scheint folgendes zu sein: Ehe sie in die Leiber und verschiedenen Lebensformen eingehen, haben die Seelen die Freiheit, die eine oder die andere Lebensform zu wählen, welche sie sodann durch das entsprechende Leben und den der Seele angemessenen Leib zur Ausführung bringen (denn er sagt, daß es bei ihr stehe, das Leben eines Löwen oder das eines Menschen zu erwählen). Jene Willensfreiheit aber ist aufgehoben, sobald die Seele irgendeine derartige Lebensform erlangt hat. Denn nachdem die Seelen in die Körper gelangt und aus freien Seelen zu Lebewesen geworden sind, haben sie nur diejenige Freiheit, die der Beschaffenheit des betreffenden Lebewesens eigen ist, sodaß sie manchmal sehr verständig und vielfach erregbar sind, wie in einem Menschen, manchmal hingegen wenig erregbar und einfältig, wie beinahe bei allen anderen Lebewesen. Die Art der Freiheit aber hängt von der jedesmaligen Beschaffenheit ab, indem sie zwar aus sich selbst heraus sich betätigt, aber geleitet wird gemäß der aus der jedesmaligen Beschaffenheit entspringenden Gesinnung« (E, 536; übers.).

Im *Esse* (Sein) liegt die Freiheit, nicht im *Operari* (Handeln). Beim Handeln geben nicht tote Begriffe den Ausschlag, abstrakte Schlußfolgerungen oder gar eine philosophisch begründete Ethik, sondern das innerste Wesen des Menschen selbst, die Beschaffenheit seines Charakters: »der Dämon, der ihn leitet und der nicht ihn, sondern den er selbst gewählt hat, – wie Plato spricht, – sein intelligibler Charakter, – wie Kant sich ausdrückt« (W I, 357). »Demnach sind unsere einzelnen Thaten keineswegs frei; hingegen ist der individuelle Charakter eines Jeden anzusehn als seine freie That. Er selbst ist ein Solcher, weil er, ein für alle Mal, ein Solcher seyn will. Denn der Wille selbst und an sich ist, auch sofern er in einem Individuo erscheint, also das Ur- und Grundwollen desselben ausmacht, von aller Erkenntniß unabhängig, weil ihr vorhergängig« (P II, 205).

Die moralische Verantwortung des Menschen betrifft das *Esse*, nicht das *Operari*. »Er hätte ein anderer SEYN können: und in dem, was er IST, liegt Schuld und Verdienst« (E, 534). Nur so ist es zu erklären, daß die Notwendigkeit alles Handelns das Schuldgefühl des Menschen nicht aufhebt. »Daß aber er, wie es sich aus der Handlung ergiebt, ein Solcher und kein Anderer ist –, das ist es, wofür er sich verantwortlich fühlt: hier, im *Esse* liegt die Stelle, welche der Stachel des Gewissens trifft« (E, 534).

Der Wille als Ding an sich, als Erscheinendes, ist frei, ja, allmächtig, ihm allein kommt »Aseität« (N, 317) zu, seine Erscheinung dagegen – die Welt als Vorstellung und mit ihr das erfahrbare menschliche Wollen und Handeln – ist durchgängig kausal determiniert, das heißt dem Satz vom Grund unterworfen. »Das *liberum arbitrium indifferentiae* [die freie unbeeinflußte Willensentscheidung] ist eine längst explodirte Erfindung aus der Kindheit der Philosophie« (E, 609). – »Weder unser *Thun*, noch unser *Lebenslauf ist unser Werk*; wohl aber Das, was Keiner dafür hält: *unser Wesen und Daseyn*. Denn auf Grundlage dieses und der in strenger Kausalverknüpfung eintretenden Umstände und äußern Begebenheiten geht unser Thun und Lebenslauf mit vollkommner Noth-

wendigkeit vor sich. Demnach ist schon bei der Geburt des Menschen sein ganzer Lebenslauf, bis ins Einzelne, unwiderruflich bestimmt [...]. Wir sollten diese große und sichere Wahrheit im
Auge behalten, bei Betrachtung und Beurtheilung unsers Lebenslaufs, unserer Thaten und Leiden« (HN IV 2, 3).

3. Transzendentale Freiheit

Schopenhauer unterscheidet zwischen dem intelligiblen und dem
empirischen Charakter. Letzterer ist ganz und gar durch den intelligiblen bestimmt. Er ist »individuell«, »konstant«, »angeboren«
(E, 406 ff.) und läßt sich nur allmählich aus den Erfahrungen des
eigenen Lebenslaufs erkennen, weshalb er »empirisch« heißt. Der
empirische Charakter ist die zeitliche Entfaltung des außerzeitlichen intelligiblen Charakters, des einen unteilbaren Aktes des
Willens als Ding an sich, wodurch der moralische Gehalt des gesamten Lebenswandels festgelegt ist. »Der empirische Charakter
eines gegebenen Menschen [ist] bloß die in der Form der Zeit aus-
einandergezogene Erscheinung seines intelligibeln Charakters [...]:
dieser letztere, als Ding an sich, hat nicht die Form der Zeit an sich
und liegt daher außerhalb der Möglichkeit aller Veränderung, hat
demnach die Einheit eines einzigen Willensakts« (B, 214). – Mit
anderen Worten: Die Einheit unseres wahren Selbst – die »metaphysische freie That« (P I, 205) – tritt im Licht unseres Erkenntnisvermögens, das an Raum, Zeit und Kausalität gebunden ist, als
empirischer Charakter in Erscheinung, stellt sich auseinandergelegt in eine Vielheit und Verschiedenheit von Handlungen dar.

Die Unterscheidung von intelligiblem und empirischem Charakter
übernimmt Schopenhauer von Kant und deutet sie gemäß seiner
Willensmetaphysik aus. Durch diese Unterscheidung wird es für
Kant wie für Schopenhauer möglich, die Handlung eines Menschen einerseits als frei und andererseits zugleich als determiniert
aufzufassen. Beiden Philosophen geht es hierbei im wesentlichen
um die Rettung der menschlichen Freiheit angesichts ihrer Überzeugung von der durchgängigen Notwendigkeit aller Natur-Er-

scheinungen, zu denen auch der Mensch gehört. Kants, von Schopenhauer übernommene, Lösung besagt: Im Bereich des Dings an sich (intelligibler Charakter) herrscht Freiheit, in der Erscheinungswelt (empirischer Charakter) Notwendigkeit. Dieser Lösung liegt die Intention zugrunde, der totalen Naturalisierung oder Versachlichung der Welt, die auch das erkennende und handelnde Subjekt auf seine empirische, dinghafte Gegebenheit reduzieren würde, entschieden entgegenzutreten. Pointiert gesagt: Der Mensch ist weit mehr und anderes als Naturwissenschaften über ihn empirisch ermitteln *können.* Daher gilt es, die Differenz zwischen empirischer Erscheinung und metaphysischem Ding an sich zu verteidigen. »Denn«, so Kant, »sind Erscheinungen Dinge an sich selbst, so ist Freiheit nicht zu retten« (KrV, B 564; vgl. KpV, 94 ff.). Genau hier setzt Schopenhauers oben schon erwähntes »Credo« (W II, 204) ein.

Kant schreibt in seiner *Kritik der reinen Vernunft* in dem kleinen Unterkapitel *Möglichkeit der Causalität durch Freiheit in Vereinigung mit dem allgemeinen Gesetze der Naturnothwendigkeit,* auf das Schopenhauer verweist: »Und da würden wir an einem Subjecte der Sinnenwelt erstlich einen *empirischen Charakter* haben, wodurch seine Handlungen als Erscheinungen durch und durch mit anderen Erscheinungen nach beständigen Naturgesetzen im Zusammenhange ständen und von ihnen als ihren Bedingungen abgeleitet werden könnten und also mit diesen in Verbindung Glieder einer einzigen Reihe der Naturordnung ausmachten. Zweitens würde man ihm noch einen *intelligibelen Charakter* einräumen müssen, dadurch es zwar die Ursache jener Handlungen als Erscheinungen ist, der aber selbst unter keinen Bedingungen der Sinnlichkeit steht und selbst nicht Erscheinung ist. Man könnte auch den ersteren den Charakter eines solchen Dinges in der Erscheinung, den zweiten den Charakter des Dinges an sich selbst nennen« (KrV, B 567). Der intelligible Charakter ist kein faßbarer Gegenstand, so Kant, »aber er würde doch dem empirischen Charakter gemäß *gedacht* werden müssen, so wie wir überhaupt einen transscendentalen Gegenstand den Erscheinungen in Gedanken zum Grunde legen müssen, ob wir zwar von ihm, was er an sich selbst sei, nichts wissen« (KrV, B 566 ff.).

Kants Darstellung des Verhältnisses zwischen empirischem und intelligiblem Charakter und dadurch der Vereinbarkeit von Freiheit und Notwendigkeit rechnet Schopenhauer »zum Schönsten und Tiefgedachtesten« (E, 451), zum »Vortrefflichsten« (W I, 641), was Menschen jemals hervorgebracht haben, und stellt heraus, daß *hier* »die Wurzel meiner Philosophie« (P I, 134) liegt. Schopenhauer gibt folgenden Überblick: »Jenes von KANT dargelegte Verhältniß des empirischen zum intelligibeln Charakter beruht ganz und gar auf dem, was den Grundzug seiner gesammten Philosophie ausmacht, nämlich auf der Unterscheidung zwischen Erscheinung und Ding an sich: und wie bei ihm die vollkommene EMPIRISCHE REALITÄT der Erfahrungswelt zusammenbesteht mit ihrer TRANSSCENDENTALEN IDEALITÄT; eben so die strenge EMPIRISCHE NOTHWENDIGKEIT des Handelns mit dessen TRANSSCENDENTALER FREIHEIT« (E, 452). Kant selbst hatte am Schluß seiner Schrift *Welches sind die wirklichen Fortschritte, die die Metaphysik seit Leibnizens und Wolffs Zeiten in Deutschland gemacht hat?* »zwei Angeln« hervorgehoben, um die sich die Metaphysik dreht, insofern die Vernunftkritik auf alle ihre Schritte sorgfältig acht hat: »*Erstlich*, die Lehre von der Idealität des Raumes und der Zeit [...]; *Zweitens*, die Lehre von der Realität des Freiheitsbegriffes«.

Schopenhauer fährt bei seinem Überblick fort: »Der empirische Charakter nämlich ist, wie der ganze Mensch, als Gegenstand der Erfahrung eine bloße Erscheinung, daher an die Formen aller Erscheinung, Zeit, Raum und Kausalität gebunden und deren Gesetzen unterworfen: hingegen ist die als Ding an sich von diesen Formen unabhängige und deshalb keinem Zeitunterschied unterworfene, mithin beharrende und unveränderliche Bedingung und Grundlage dieser ganzen Erscheinung ein INTELLIGIBLER CHARAKTER, d. h. sein Wille als Ding an sich, welchem, in solcher Eigenschaft, allerdings auch absolute Freiheit, d. h. Unabhängigkeit vom Gesetze der Kausalität (als einer bloßen Form der Erscheinungen) zukommt. Diese Freiheit aber ist eine TRANSSCENDENTALE, d. h. nicht in der Erscheinung hervortretende, sondern nur insofern vorhandene, als wir von der Erscheinung und allen ihren Formen abstrahiren, um zu dem zu gelangen, was, außer aller Zeit, als das innere Wesen des Menschen an sich selbst zu denken ist« (E, 452).

Der Mensch handelt zwar immer nur so, wie er will, aber er tut dies mit Notwendigkeit, weil er in seinem »ganzen Seyn und Wesen *(existentia et essentia)*« – durch seinen intelligiblen Charakter – schon »*ist*« (E, 453), was er will. Über dieses IST, über diesen ursprünglichen metaphysischen Willensakt oder, anders gesagt, über »jenes alle unsere Handlungen begleitende[n] ›Ich will‹« (E, 383) hat das Handeln keine Verfügung. Schopenhauer, der hierdurch Kants tranzendentaler Einheit der Apperzeption (vgl. Kant, KrV, B § 16) ein voluntaristisches Fundament unterlegt, formuliert daher auch zugespitzt die Frage nach der Freiheit des Willens folgendermaßen: »Kannst du auch WOLLEN, was du willst?« (E, 364) – Schopenhauer kommt zu dem Schluß: Da die Freiheit im *Operari*, im Handeln, nicht anzutreffen ist, muß sie als im *Esse* liegend *gedacht* werden: »Die *Freiheit* ist also durch meine Darstellung nicht aufgehoben, sondern bloß hinausgerückt, nämlich aus dem Gebiete der einzelnen Handlungen, wo sie erweislich nicht anzutreffen ist, hinauf in eine höhere, aber unserer Erkenntniß nicht so leicht zugängliche Region: d. h. sie ist transscendental« (E, 454).

In einem seiner wichtigsten Briefwechsel diskutiert Schopenhauer von 1847–1860 mit Johann August Becker, einem Juristen, über seine Philosophie. Beckers Problematisierung des außerzeitlichen Willensaktes am 10. 8. 1844 (vgl. BW I, 581 f.) veranlaßt Schopenhauer zu einer erkenntniskritischen Einschränkung seiner Auffassung. Sie ist auch geeignet, exemplarisch daran zu erinnern, daß seine Metaphysik mit der vorausgesetzten Erkenntnislehre als organischer Zusammenhang, als »Organismus« (W I, 7) des *einen einzigen Gedankens* – »daß diese Welt, in der wir leben und sind, ihrem ganzen Wesen nach, durch und durch WILLE und zugleich durch und durch VORSTELLUNG ist« (W I, 226 f.) – gelesen und verstanden werden möchte. Schopenhauer weiß, daß auch er die Welt als Vorstellung, die Phänomenalität der Welt, nicht durchbrechen kann: »Daß der intelligible Charakter eines Menschen ein außerzeitlicher Willensakt sei, habe ich nicht als objektive Wahrheit, oder als adäquaten Begriff des Verhältnisses zwischen Ding an sich und Erscheinung dargestellt; vielmehr bloß als Bild und Gleichniß, als figürlichen Ausdruck der Sache, indem ich sagte, man könne, um sich die Sache faßlich zu machen, sie so denken. Wir bedürfen nämlich, für alle unsre Erkenntnisse, so abstrakt sie auch seyn mögen, der Grundlage eines anschaulichen Schema's: ein solches aber hat stets Raum und Zeit zur Form. Hingegen wirkliche Vorgänge im Ding an sich zu beschreiben, wäre transscendent: ich aber bleibe überall immanent. [...] Ich habe nie die Geschichte des Dinges an sich, wie es außer der Zeit seyn mag, geschrieben; sondern nur die des in der Zeit sich objektivirenden Dinges an sich, wo es als Wille zum Leben auftritt« (B, 217 f.).

4. Erkenntnis als Medium der Motive

Der intelligible Charakter und seine Erscheinung, der empirische Charakter, stellen die eine Komponente des Problems der Willensfreiheit bei Schopenhauer dar. Die andere, in diesem Zusammenhang bislang noch nicht angesprochene (vgl. jedoch o., Kapitel III, 7), betrifft die *Motive.* Bei den erkennenden Wesen, beim Tier und beim Menschen, tritt die auslösende Ursache einer Bewegung beziehungsweise einer Handlung als Motiv auf, das heißt die Ursache geht erst durch die Erkenntnis hindurch und wirkt als *anschauliche* oder (beim Menschen auch) als *abstrakte Vorstellung.* Das Motiv ist eine Ursache, die durch das »Medium der Erkenntniß« (W I, 385) wirkt. Das durch den Intellekt vermittelte Motiv ist eine »Gelegenheitsursache« (W I, 197), der »Anlaß, bei dem sich mein Wille zeigt« (W I, 159), das, was die »geheime Springfeder« (E, 391) auslöst und was die »Erscheinung [!] des Charakters, oder das Handeln« (W I, 385) bestimmt. – Zwei Faktoren legen demnach mit Notwendigkeit das menschliche Handeln fest: der gegebene Charakter und das gegebene Motiv. »Wie jede Wirkung in der unbelebten Natur ein nothwendiges Produkt zweier Faktoren ist, nämlich der hier sich äußernden NATURKRAFT und der diese Aeußerung hier hervorrufenden einzelnen Ursache; gerade so ist jede That eines Menschen das nothwendige Produkt seines Charakters und des eingetretenen Motivs. Sind diese Beiden gegeben, so erfolgt sie unausbleiblich« (E, 415).

Der Mensch kann durch seine Vernunft abwechselnd und wiederholt die Motive in beliebiger Ordnung sich vergegenwärtigen und seinem Willen vorhalten. Gegenüber dem Tier, das auf die enge Gegenwart seiner Anschauungen beschränkt ist, hat er einen »unendlich weiteren Gesichtskreis«, der sich von der Vergangenheit bis in die Zukunft erstreckt. Durch seine abstrakten Vorstellungen hat er eine »vollkommene Wahlentscheidung« (W I, 389), eine »eigentliche *Wahlbestimmung*« (VN IV, 92) und verfügt dadurch über eine »relative Freiheit« (E, 393). Der Mensch »bestimmt sich unabhängig von den gegenwärtigen Objekten, nach Gedanken, welche seine Motive sind« (E, 393).

Durch diese relative Freiheit, die in der Regel als Willensfreiheit mißverstanden wird, hat sich jedoch im Vergleich zum Tier lediglich *die Art* der Motivation geändert, nicht aber die Notwendigkeit der Wirkung der Motive. Das abstrakte, gedankliche Motiv ist eine Ursache wie jede andere auch. Es unterscheidet sich bloß in der »Länge des Leitungsdrahtes« (E, 394), durch die es »durch die größte Entfernung, durch die längste Zeit und durch eine Vermittelung von Begriffen und Gedanken in langer Verkettung hindurch wirken kann« (E, 394). So sieht man beim Menschen, »wie gleichsam feine, unsichtbare Fäden (die aus bloßen Gedanken bestehenden Motive) seine Bewegungen lenken, während die der Thiere von den groben, sichtbaren Stricken des anschaulich Gegenwärtigen gezogen werden« (E, 393).

Die Wahlentscheidung des Menschen ist nichts anderes als die »Möglichkeit eines ganz durchgekämpften Konflikts zwischen mehreren Motiven« (W I, 389), bis das stärkste Motiv den Willen mit Notwendigkeit »bestimmt« – aber »nur die Art und Weise in der der Wille sich offenbart, d. h. Objekt wird« (HN I, 262), also in Erscheinung tritt, *nicht* ihn selbst, nicht den Charakter. Nur die *Erscheinung* des Willens ist dem Gesetz der Motivation, der vierten Gestaltung des Satzes vom Grund, unterworfen (vgl. G, § 43).

Schopenhauer illustriert mit mehreren Beispielen die entscheidende Rolle, die die Motive bei jeder Handlung – unter der Voraussetzung eines gegebenen Charakters – spielen: »Zu erwarten, daß Einer etwas thue, wozu ihn durchaus kein Interesse auffordert, ist wie erwarten, daß ein Stück Holz sich zu mir bewege, ohne einen Strick, der es zöge. Wer etwan dergleichen behauptend, in einer Gesellschaft hartnäckigen Widerspruch erführe, würde am kürzesten aus der Sache kommen, wenn er, durch einen Dritten, plötzlich mit lauter und ernster Stimme rufen ließe: ›Das Gebälk stürzt ein!‹ wodurch die Widersprecher zu der Einsicht gelangen würden, daß ein Motiv eben so mächtig ist, die Leute zum Hause hinaus zu werfen, wie die handfesteste mechanische Ursache« (E, 403).

Ein weiteres Beispiel: »Es ist 6 Uhr Abends, die Tagesarbeit ist beendigt. Ich kann jetzt einen Spaziergang machen; oder ich kann in den Klub gehn; ich kann auch auf den Thurm steigen, die Sonne untergehn zu sehn; ich kann auch ins Theater gehn; ich kann auch diesen, oder aber jenen Freund besuchen; ja, ich kann auch zum Thor hinauslaufen, in die weite Welt, und nie wiederkommen. Das Alles steht allein bei mir, ich habe völlige Freiheit dazu; thue jedoch davon jetzt nichts, sondern gehe eben so freiwillig nach Hause, zu meiner Frau.« Denken wir uns, so führt Schopenhauer weiter aus, der um 6 Uhr deliberierende Mensch »bemerke jetzt, daß ich hinter ihm stehe, über ihn philosophire und seine Freiheit zu allen jenen ihm möglichen Handlungen abstreite; so könnte es leicht geschehn, daß er, um mich zu widerlegen, eine davon ausführte: dann wäre aber gerade mein Leugnen und dessen Wirkung auf seinen Widerspruchsgeist das ihn dazu nöthigende Motiv gewesen. Jedoch würde dasselbe ihn nur zu einer oder der andern von den LEICHTEREN unter den oben angeführten Handlungen bewegen können, z. B. ins Theater zu gehn; aber keineswegs zur zuletzt genannten, nämlich in die weite Welt zu laufen: dazu wäre dies Motiv viel zu schwach« (E, 400 f.).

Ein letztes, für Schopenhauers Ethik bezeichnendes Beispiel: »Ich kann thun was ich will: ich kann, WENN ICH WILL, Alles was

ich habe den Armen geben und dadurch selbst einer werden, –
wenn ich WILL! – Aber ich vermag nicht, es zu WOLLEN; weil die
entgegenstehenden Motive viel zu viel Gewalt über mich haben,
als daß ich es könnte. Hingegen wenn ich einen andern Charakter hätte, und zwar in dem Maaße, daß ich ein Heiliger wäre, dann
würde ich es wollen können; dann aber würde ich auch nicht
umhin können, es zu wollen, würde es also thun müssen« (E, 402).

5. Erworbener Charakter. Gelassen den Nacken dem Joch bieten

»Weit entfernt also«, resümiert Schopenhauer, »daß der Charakter
das Werk vernünftiger Wahl und Ueberlegung wäre, hat der Intellekt beim Handeln nichts weiter zu thun, als dem Willen die
Motive vorzuhalten: dann aber muß er, als bloßer Zuschauer und
Zeuge, zusehn, wie aus ihrer Wirkung auf den gegebenen Charakter der Lebenslauf sich gestaltet, dessen sämmtliche Vorgänge,
genau genommen, mit derselben Nothwendigkeit eintreten, wie
die Bewegungen eines Uhrwerks« (P II, 212).

Der individuelle Wille ist die bewegende Kraft, die bei Gelegenheit durch das jeweils stärkere Motiv mit Notwendigkeit ausgelöst
wird, ohne daß sich dabei die charakterlich ausgerichtete Wil-
lensrichtung auch nur im geringsten verändern würde. Was der
Mensch »eigentlich und überhaupt will«, kann durch äußere Einwirkung auf ihn, zum Beispiel durch Belehrung, »nimmermehr«
geändert werden. »*Velle non discitur*« (W I, 385), Wollen läßt sich
nicht lernen, sagt Schopenhauer mit Seneca.

Einzig die Erkenntnis, »das Medium der Motive« (E, 410 f.), ist
korrigierbar und auf mannigfache Weise erweiterbar. Daher liegt
»allein in der ERKENNTNISS die Sphäre und der Bereich aller
Besserung und Veredelung« (E, 410). Hierauf – und nicht auf die
Besserung des Charakters – arbeitet alle Erziehung hin, deren
Hauptpunkt die »BEKANNTSCHAFT MIT DER WELT« (P II, 537) ist.
Tugend wird nicht »angepredigt«, ein moralischer, »steter Fort-
schritt zum Guten« (E, 608) ist ausgeschlossen. Die Charakterfeh-
ler eines Menschen durch Reden und Moralisieren umschaffen zu

wollen, entspräche dem Versuch, »eine Eiche durch sorgfältige Pflege dahin zu bringen, daß sie Aprikosen trüge« (E, 411).

Die »Ausbildung der Vernunft« (E, 411) ist dabei durchaus auch *moralisch* wichtig, da sie dem Menschen Zugang zu Motiven verschafft, die ihm sonst verschlossen blieben. Solange Motive nicht erkannt werden, sind sie für den Willen nicht vorhanden. Daher kann ein Mensch unter den gleichen äußeren Umständen doch beim zweiten Mal anders handeln, wenn er in der Zwischenzeit die Umstände richtig und vollständig begriffen hat, wenn also nunmehr Motive auf ihn wirken, denen er früher nicht aufgeschlossen war.

Die Berichtigung der Erkenntnis betrifft in einem wohlverstandenen Sinn auch den eigenen Charakter. »Am erfolgenden Entschluß werden wir sehn, welcher Art wir sind« (W I, 395). Die Taten halten uns den Spiegel unseres Willens vor, sind »Abdruck des Charakters« (W I, 395). Nur durch die Erfahrung lernen wir uns sukzessive kennen. »Der Intellekt nämlich erfährt die Beschlüsse des Willens erst *a posteriori*« (W I, 381; vgl. W II, Kapitel 19). Schopenhauer unterscheidet in diesem Zusammenhang noch den *»erworbenen Charakter«* (W I, 396 ff.). Er besteht in der möglichst vollkommenen Kenntnis der eigenen Individualität aufgrund gemachter Erfahrungen. Dieses ist »das abstrakte, folglich deutliche Wissen von den unabänderlichen Eigenschaften seines eigenen empirischen Charakters und von dem Maaß und der Richtung seiner geistigen und körperlichen Kräfte, also von den gesammten Stärken« und Schwächen der eigenen Individualität« (W I, 398). Diese aposteriorische »Selbsterkenntniß« setzt uns in den Stand, die unveränderliche Rolle, die wir zuvor »regellos naturalisirten«, jetzt »besonnen und methodisch« (W I, 398) durchzuführen, mit »Festigkeit und Anstand« (E, 408). Solange der Mensch diese Selbsterkenntnis nicht erworben hat, wird er – auch wenn er weiterhin »von seinem Dämon gezogen« werden wird – »im Zickzack« laufen, hin und her »irrlichterliren« (W I, 397). Er wird »keine schnurgerechte, sondern eine zitternde, ungleiche Linie beschreiben, schwanken, abweichen, umkehren, sich Reue und Schmerz bereiten« (W I, 397). – Besitzt der Mensch dagegen einen »erworbenen« Charakter, das, was man auch in der Welt Charakter nennt, so wird er stets »mit voller Besonnenheit ganz er selbst seyn« (W I, 399) und sich hüten, das zu versuchen, was ihm doch nicht gelingt.

Mit stoischem Einschlag betrachtet Schopenhauer, der hier noch wie bei seinen *Aphorismen zur Lebensweisheit* (P I, 311 ff.) den Standpunkt der Bejahung des Willens zum Leben thematisiert, das Geschehen aus dem Gesichtspunkt der Notwendigkeit, deren Kenntnis und Anerkennung der sicherste Weg ist, um zur »möglichsten Zufriedenheit mit sich selbst« zu gelangen. »Denn es gilt von den inneren Umständen, was von den äußeren, daß es nämlich für uns keinen wirksamern Trost giebt, als die volle Gewißheit der unabänderlichen Nothwendigkeit. Uns quält ein Uebel, das uns betroffen, nicht so sehr, als der Gedanke an die Umstände, durch die es hätte abgewendet werden können« (W I, 300).

Nichts versöhnt mit der äußeren wie mit der inneren Notwendigkeit so sehr als eine deutliche Kenntnis derselben. Kinder und Erwachsene finden sich bald mit dem ab, von dem sie einsehen, daß es durchaus nicht anders *ist:* »Wir gleichen den eingefangenen Elephanten, die viele Tage entsetzlich toben und ringen, bis sie sehn, daß es fruchtlos ist, und dann plötzlich gelassen ihren Nacken dem Joch bieten, auf immer gebändigt« (W I, 300).

6. Apriorische Moral.
Wirkung der Klystierspritze bei einer Feuersbrunst

Die Frage nach dem *Fundament der Moral* ist das zweite ethische Grundproblem. Das erste betrifft die Freiheit des Willens (s. o., Kapitel VI, 2–5). Beiden »Hauptgegenständen« der Ethik widmet Schopenhauer Einzeluntersuchungen *(Preisschrift über die Freiheit des Willens,* 1839, und *Preisschrift über die Grundlage der Moral,* 1840), die er 1841 unter dem Titel *Die beiden Grundprobleme der Ethik* als Ergänzung zu seinem Hauptwerk veröffentlicht.

Schopenhauer unterscheidet zwischen dem Prinzip, dem obersten Grundsatz, einerseits und dem Fundament der Ethik anderer-

seits. Das Prinzip bringt die Handlungen, die moralischen Wert
haben, auf eine zusammenfassende Formel. Es sagt, was Moral ist
und in aller Welt als solche gilt. Das Fundament dagegen nennt
den – letztlich in *metaphysischer* Hinsicht entzifferten – Grund,
weshalb jenen Handlungen moralischer Wert zugeschrieben wird.
Die Unterscheidung soll dazu dienen, das Prinzip der Ethik, das
eine bloße abstrakte Formulierung ist, nicht schon als ihr Fundament, als ihre wahre Grundlage, auszugeben.

In der Formulierung des ethischen Prinzips sieht Schopenhauer
keine besonderen Schwierigkeiten, da fast alle Moralsysteme auf
denselben Begriff vom moralischen Wert hinauslaufen. Er greift
diesen Begriff »vorläufig als ein Gegebenes« auf, »als das erste Symptom der Existenz des Stoffes der Moral« (B, 219), und schlägt als
»aller einfachste und reinste« Formulierung des Prinzips der Ethik
vor, gleichsam das Vorhandene zusammenfassend: »*Neminem laede;
imo omnes, quantum potes, juva*« (E, 493). In deutscher Übersetzung:
Verletze niemanden; vielmehr hilf allen, soweit du kannst. – Was
ist das Fundament dieses Prinzips? Wie ist dieses Fundament –
dieser seit Jahrtausenden gesuchte »Stein der Weisen« (E, 493) –
metaphysisch auszulegen, zu deuten?

Schopenhauer beginnt mit einer scharfen Kritik an Kants Ethik.
Er lehnt jede Fundierung der Ethik in der Vernunft ab. Der angeblich apriorische kategorische Imperativ der praktischen Vernunft
ist erdichtet und gibt keinen Aufschluß über das tatsächliche Handeln des Menschen. Schopenhauer kann nicht akzeptieren, daß
»REINE BEGRIFFE A PRIORI, d. h. Begriffe, die noch gar keinen Inhalt, aus der äußern oder innern Erfahrung, haben, also pure
Schaale ohne Kern sind, […] die Grundlage der Moral seyn« sollen (E, 486).

Das, was den menschlichen Willen wirklich in Bewegung setzt –
Schopenhauer spricht von »moralischer Triebfeder« (E, 499 f.) –,
ist kein Gedankenprozeß, sondern etwas Reales, etwas durchaus
Empirisches, etwas, das ohne Reflexion sich ungerufen ankün-
digt, an uns kommt, von selbst auf uns eindringt und möglicherweise die entgegenstehenden riesenstarken egoistischen Motive
überwinden kann. Diese »REALE«, »EMPIRISCHE« (E, 499) morali-

sche Triebfeder gilt es zu ermitteln. »Denn die Moral hat es mit dem WIRKLICHEN Handeln des Menschen und nicht mit apriori-schem Kartenhäuserbau zu thun, an dessen Ergebnisse sich im Ernste und Drange des Lebens kein Mensch kehren würde, deren Wirkung daher, dem Sturm der Leidenschaften gegenüber, so viel seyn würde, wie die einer Klystierspritze bei einer Feuersbrunst. Ich habe schon oben erwähnt, daß KANT es als ein großes Ver-dienst seines Moralgesetzes betrachtet, daß es bloß auf abstrakte, reine Begriffe *a priori*, folglich auf REINE VERNUNFT gegründet ist, als wodurch es nicht bloß für Menschen, sondern für alle ver-nünftige Wesen als solche gültig sei. Wir müssen um so mehr be-dauern, daß reine, abstrakte Begriffe *a priori*, ohne realen Gehalt und ohne alle irgendwie empirische Grundlage, wenigstens MEN-SCHEN nie in Bewegung setzen können« (E, 499).

Kants Ethik schwebt für Schopenhauer in der Luft. Sie entbehrt jedes sicheren Fundaments und ist zudem gekennzeichnet durch einen »gänzlichen Mangel an Realität«. Schopenhauer sieht Kants ersten falschen Schritt darin, daß dieser behauptet: »In einer prak-tischen Philosophie [ist] es uns nicht darum zu thun […] Gründe anzunehmen von dem, was *geschieht*, sondern Gesetze von dem, was *geschehen soll*, ob es gleich niemals geschieht« (Kant, GMS, 427). – Dies ist für Schopenhauer eine Erschleichung des Beweis-grundes: »Wer sagt euch, daß es Gesetze giebt, denen unser Han-deln sich unterwerfen soll? Wer sagt euch, daß GESCHEHN SOLL, WAS NIE GESCHIEHT? – Was berechtigt euch, dies vorweg anzuneh-men und demnächst eine Ethik in legislatorisch-imperativer Form als die allein mögliche, uns sofort aufzudringen?« (E, 476)

Im Gegensatz zu jeder imperativen, gesetzgeberisch-befehlend formulierten Ethik, in der Schopenhauer versteckt die theologi-sche Moral vermutet – schon der sprachliche Ausdruck »du sollst« erinnert ihn an die Formulierungen der Zehn Gebote –, betritt er mit seiner eigenen Ethik zu Beginn des vorigen Jahrhunderts einen neuen Weg: »Ich sage, im Gegensatz zu Kant, daß der Ethi-ker, wie der Philosoph überhaupt, sich begnügen muß mit der Er-klärung und Deutung des Gegebenen, also des wirklich Seienden oder Geschehenden, um zu einem VERSTÄNDNISS desselben zu gelangen, und daß er hieran vollauf zu thun hat, viel mehr, als bis heute, nach abgelaufenen Jahrtausenden, gethan ist« (E, 476).

Die über ihre Unmöglichkeit aufgeklärte Ethik begnügt sich mit der Analyse der in moralischer Hinsicht höchst verschiedenen Handlungsweisen der Menschen. Sie beschränkt sich darauf, zu erklären, was *ist*, und verzichtet darauf, vergeblich und anmaßend zu fordern, was sein *soll*: »Hingegen praktisch zu werden, das Handeln zu leiten, den Charakter umzuschaffen, sind alte Ansprüche, die sie, bei gereifter Einsicht, endlich aufgeben sollte. Denn hier, wo es den Werth oder Unwerth eines Daseyns, wo es Heil oder Verdammniß gilt, geben nicht ihre todten Begriffe den Ausschlag, sondern das innerste Wesen des Menschen selbst, der Dämon, der ihn leitet und der nicht ihn, sondern den er selbst gewählt hat, – wie Plato spricht, – sein intelligibler Charakter, – wie Kant sich ausdrückt. Die Tugend wird nicht gelehrt, so wenig wie der Genius: ja, für sie ist der Begriff so unfruchtbar und nur als Werkzeug zu gebrauchen, wie er es für die Kunst ist. Wir würden daher eben so thöricht seyn, zu erwarten, daß unsere Moralsysteme und Ethiken Tugendhafte, Edle und Heilige, als daß unsere Aesthetiken Dichter, Bildner und Musiker erweckten« (W I, 357).

Die Philosophie kann in der Ethik nicht mehr tun, als das im Leben vorfindbare empirische Handeln der Menschen zu deuten und zu erklären. Das vierte Buch des Hauptwerks, die »Metaphysik der Sitten« (Titel von VN IV), will keine Vorschriften, keine Pflichtenlehre geben, noch weniger will es ein allgemeines Moralprinzip als vermeintliches »Universal-Recept« zum Hervorbringen aller Tugenden aufstellen. »Wir werden überhaupt ganz und gar nicht von Sollen reden: denn so redet man zu Kindern und zu Völkern in ihrer Kindheit, nicht aber zu Denen, welche die ganze Bildung einer mündig gewordenen Zeit sich angeeignet haben. Es ist doch wohl handgreiflicher Widerspruch, den Willen frei zu nennen und doch ihm Gesetze vorzuschreiben, nach denen er wollen soll: – ›wollen soll! – hölzernes Eisen!« (W I, 358) – Schopenhauer beabsichtigt, im Rahmen seiner Metaphysik eine beschreibende (deskriptive), nicht eine vorschreibende (präskriptive) Ethik aufzustellen. Pointiert gesagt: eine Seinsethik

statt eine Sollensethik. Den Vorwurf, seine eigene Ethik, schon
sein Begriff »Handlungen von moralischem Wert«, sei selbst nor-
mativ, läßt er nicht gelten (vgl. BW I, 587–598).

Um das Fundament dieser Ethik des wirklich Seienden zu ermitteln, muß zunächst der Nachweis erbracht werden, ob es im
Alltag überhaupt Handlungen von echtem moralischen Wert –
Handlungen freiwilliger Gerechtigkeit und reiner Menschenliebe –
gibt. Die Einsicht in die eigentliche Triebfeder solcher Handlungen wird das Fundament der Ethik offenlegen: »Dies ist der be-
scheidene Weg, auf welchen ich die Ethik hinweise. Wem er, als
keine Konstruktion *a priori*, keine absolute Gesetzgebung für alle
vernünftige Wesen *in abstracto* enthaltend, nicht vornehm, kathe-
dralisch und akademisch genug dünkt, der mag zurückkehren zu
den kategorischen Imperativen, zum Schiboleth der ›Würde des
Menschen‹; zu den hohlen Redensarten, den Hirngespinsten und
Seifenblasen der Schulen, zu Principien, denen die Erfahrung bei
jedem Schritte Hohn spricht und von welchen außerhalb der
Hörsäle kein Mensch etwas weiß, noch jemals empfunden hat.
Dem auf meinem Wege sich ergebenden Fundament der Moral
hingegen steht die Erfahrung zur Seite und legt täglich und stünd-
lich ihr stilles Zeugniß für dasselbe ab« (E, 552).

7. Mitleid, die eigentliche moralische Triebfeder

»Mancher Mensch wäre im Stande, einen andern todtzuschlagen,
bloß um mit dessen Fette sich die Stiefel zu schmieren« (E, 555).
Schopenhauer hat Zweifel, ob es sich hierbei nur um eine Über-
treibung handelt. Der *Egoismus*, das heißt der »Drang zum Daseyn
und Wohlseyn« (E, 552) macht die »Haupt- und Grundtriebfeder«
im Menschen wie auch im Tier aus und ist »eigentlich identisch«
mit dem innersten Kern und Wesen aller Lebewesen. Er vermehrt
das Leiden unabsehbar (vgl. VN IV, 145).

Der Egoismus, dem die Welt als absolutes Nicht-Ich *gegenüber*-
steht, ist grenzenlos. »Der Mensch will unbedingt sein Daseyn erhalten, will es von Schmerzen, zu denen auch aller Mangel und

Entbehrung gehört, unbedingt frei, will die größtmögliche Summe von Wohlseyn, und will jeden Genuß, zu dem er fähig ist, ja, sucht wo möglich noch neue Fähigkeiten zum Genusse in sich zu entwickeln. Alles, was sich dem Streben seines Egoismus entgegenstellt, erregt seinen Unwillen, Zorn, Haß: er wird es als seinen Feind zu vernichten suchen. Er will wo möglich Alles genießen, Alles haben; da aber dies unmöglich ist, wenigstens Alles beherrschen: ›Alles für mich, und nichts für die Andern‹, ist sein Wahlspruch. Der Egoismus ist kolossal: er überragt die Welt. Denn, wenn jedem Einzelnen die Wahl gegeben würde zwischen seiner eigenen und der übrigen Welt Vernichtung; so brauche ich nicht zu sagen, wohin sie, bei den Allermeisten, ausschlagen würde. Demgemäß macht Jeder sich zum Mittelpunkte der Welt, bezieht Alles auf sich und wird was nur vorgeht, z. B. die größten Veränderungen im Schicksale der Völker, zunächst auf SEIN Interesse dabei beziehn und, sei dieses auch noch so klein und mittelbar, vor Allem daran denken« (E, 552 f.).

Der Egoismus, der die allgemeine Erscheinungsform der Bejahung des Willens zum Leben ist, macht die erste und hauptsächliche »antimoralische Potenz« des Menschen aus. Die Maxime des extremen Egoismus lautet: »Hilf niemandem, vielmehr verletze alle, wenn es dir gerade nützt« (E, 557; übers.). Eine noch »höhere Potenz moralischer Schlechtigkeit« stellen die Bosheit und − als letzte Steigerung − die Grausamkeit dar. Ihre Maxime heißt: »Verletze alle, so sehr du kannst« (E, 557; übers.). Der Egoismus will das eigene Wohl, Bosheit und Grausamkeit wollen das fremde Wehe. Der Boshafte wie auch der Grausame suchen ihre innere Qual, deren Abwendung gescheitert ist, durch den Anblick fremden Leidens zu lindern. In ihm erblicken sie eine Äußerung ihrer Macht, die sie in ihrer tatsächlichen Ohnmacht als Ersatz genießen. − Die Höflichkeit im Alltag ändert hieran nichts. Sie ist die eigennützige Verleugnung des Egoismus, eine konventionell »anerkannte Heuchelei« (E, 554).

Die Abwesenheit aller egoistischen Beweggründe ist das negative Kriterium einer moralischen Handlung. Gibt es solche Handlungen überhaupt? Gibt es eine moralische Triebfeder, die den

Menschen trotz der tief in seiner Natur wurzelnden eigennützigen Neigungen zu Handlungen von moralischem Wert bewegen kann? Wie kann bei einer Handlung das fremde Wohl und Wehe uneigennützig *mein* Motiv sein? – »Offenbar nur dadurch, daß jener Andere DER LETZTE ZWECK meines Willens wird, ganz so wie sonst ich selbst es bin: also dadurch, daß ich ganz unmittelbar SEIN Wohl will und SEIN Wehe nicht will, so unmittelbar, wie sonst nur DAS MEINIGE. Dies aber setzt nothwendig voraus, daß ich bei SEINEM Wehe als solchem geradezu mitleide, SEIN Wehe fühle, wie sonst nur meines, und deshalb sein Wohl unmittelbar will, wie sonst nur meines. Dies erfordert aber, daß ich auf irgend eine Weise MIT IHM IDENTIFICIRT sei, d. h.: daß jener gänzliche UNTERSCHIED zwischen mir und jedem Andern, auf welchem gerade mein Egoismus beruht, wenigstens in einem gewissen Grade aufgehoben sei. […] Der hier analysirte Vorgang aber ist kein erträumter, oder aus der Luft gegriffener, sondern ein ganz wirklicher, ja, keineswegs seltener: es ist das alltägliche Phänomen des MITLEIDS, d. h. der ganz unmittelbaren, von allen anderweitigen Rücksichten unabhängigen THEILNAHME zunächst am LEIDEN eines Andern und dadurch an der Verhinderung oder Aufhebung dieses Leidens, als worin zuletzt alle Befriedigung und alles Wohlseyn und Glück besteht« (E, 564 f.).

Die Macht des Egoismus ist nur dadurch zu brechen, daß ich mich mit dem anderen identifiziere, mit ihm mitempfinde, sein Leid als mein eigenes fühle. Im Mit-Leiden liegt mir das Wohl und Wehe des andern unmittelbar am Herzen, wird zum Beweggrund meines Handelns. Das Mitleid hält mich ab, ihn zu verletzen oder treibt mich gar an, ihm zu helfen; und dies nicht, weil ich mitleidend sein *soll*, sondern weil ich es BIN. Das Mitleid ist das »ethische Urphänomen« (E, 617), das »*Fundament*« (E, 588) aller Moralität – und ist damit die wahre Grundlage von Schopenhauers Seinsethik: »Nur sofern eine Handlung aus ihm entsprungen ist, hat sie moralischen Werth: und jede aus irgend welchen andern Motiven hervorgehende hat keinen« (E, 565).

Dem Mitleid entspringen die Kardinaltugenden freiwillige »Gerechtigkeit« und echte »Menschenliebe«. Mit ihrer Ableitung ist für Schopenhauer der »Grundstein der Ethik« (E, 587) gelegt. Alle übrigen Tugenden lassen sich auf die Gerechtigkeit beziehungsweise Menschenliebe zurückführen (vgl. E, §§ 17, 18).

Kein kategorischer Imperativ kann jetzt und hier Mitleid erwecken. Dies vermag nur der betroffen machende Anblick von Leid. Schopenhauer verdeutlicht diese Tatsache, indem er dem Leser Beispiele von Grausamkeit vor Augen führt: »Nichts empört so im tiefsten Grunde unser moralisches Gefühl, wie Grausamkeit. Jedes andere Verbrechen können wir verzeihen, nur Grausamkeit nicht. Der Grund hievon ist, daß Grausamkeit das gerade Gegentheil des Mitleids ist. Wenn wir von einer sehr grausamen That Kunde erhalten, wie z. B. die ist, welche eben jetzt die Zeitungen berichten, von einer Mutter, die ihren fünfjährigen Knaben dadurch gemordet hat, daß sie ihm siedendes Oel in den Schlund goß, und ihr jüngstes Kind dadurch, daß sie es lebendig begrub; – oder die, welche eben aus Algier gemeldet wird, daß nach einem zufälligen Streit und Kampf zwischen einem Spanier und einem Algierer, dieser, als der stärkere, jenem die ganze untere Kinnlade rein ausriß und als Trophäe davon trug, jenen lebend zurücklassend; – dann werden wir von Entsetzen ergriffen und rufen aus: ›Wie ist es möglich, so etwas zu thun?‹ – Was ist der Sinn dieser Frage? Ist er vielleicht: wie ist es möglich, die Strafen des künftigen Lebens so wenig zu fürchten? – Schwerlich. – Oder: Wie ist es möglich, nach einer Maxime zu handeln, die so gar nicht geeignet ist, ein allgemeines Gesetz für alle vernünftigen Wesen zu werden? – Gewiß nicht. – Oder: Wie ist es möglich, seine eigene und die fremde Vollkommenheit so sehr zu vernachlässigen? – Eben so wenig. – Der Sinn jener Frage ist ganz gewiß bloß dieser: Wie ist es möglich, so ganz ohne Mitleid zu seyn? – Also ist es der größte Mangel an Mitleid, der einer That den Stämpel der tiefsten moralischen Verworfenheit und Abscheulichkeit aufdrückt. Folglich ist Mitleid die eigentliche moralische Triebfeder« (E, 589 f.).

Das Mitleid ist das wirklich *daseiende* – und nicht bloß begrifflich phantasierte – Fundament des ethischen Prinzips: Verletze niemanden; vielmehr hilf allen, soweit du kannst (vgl. E, 493). Es bewährt sich auch darin als die echte moralische Triebfeder, daß es »die Thiere als unsere Brüder« (E, 602) in seinen Schutz nimmt. Nur eine Ethik des Mitleids bricht mit der »Barbarei des Occidents« (E, 596), mit dem Wahn, unser Handeln gegenüber den Tieren sei ohne moralische Bedeutung.

8. Eine Schönheit höherer Art

Das Mitleid ist das »große Mysterium der Ethik« (E, 565). Es ist mit einer eigentümlichen Art von anschauender Erkenntnis verbunden, in der die Schranken, die zwischen Ich und Nicht-Ich bestehen, fallen. Diese ursprüngliche ethische Erkenntnis verläßt wie schon zuvor die ästhetische den Geltungsbereich des Satzes vom Grund und ist wie diese begrifflich-rational nicht mitteilbar. Wer von Mitleid erfüllt ist, durchschaut in einer unmittelbaren, intuitiven Erkenntnis, »die nicht wegzuräsonniren und nicht anzuräsonniren ist« (W I, 477), die Täuschung des *principium individuationis*, die Täuschung also, die auf Raum und Zeit beruhende Vielheit der Individuen sei etwas Absolutes. Wie sich schon die Schönheit als »Sache der Erkenntniß« herausgestellt hat, so stammen auch »Tugend und Heiligkeit [...] aus der innern Tiefe des Willens und deren Verhältniß zum Erkennen« (W I, 100). Das Fundament der Moral wurzelt im innersten – *einen* – Wesen der Welt, das sich im mysteriösen Mitleiden ausdrückt, im Innewerden der metaphysischen Einheit aller Dinge, der Entäußerung der beschränkten und beschränkenden Individualität.

Dem Mitleidenden, »der die Werke der Liebe übt« (W I, 481) gegenüber »Allem was Leben hat« (E, 610), ist der Schleier der Maja durchsichtig geworden. »Sich, sein Selbst, seinen Willen erkennt er in jedem Wesen, folglich auch in dem Leidenden. Die Verkehrtheit ist von ihm gewichen, mit welcher der Wille zum Leben, sich selbst verkennend, hier in Einem Individuo flüchtige, gauklerische Wollüste genießt, und dafür dort in einem ANDERN leidet und darbt, und so Quaal verhängt und Quaal duldet, nicht erkennend, daß er, wie Thyestes, sein eigenes Fleisch gierig verzehrt, und dann hier jammert über unverschuldetes Leid und dort frevelt ohne Scheu vor der Nemesis, immer und immer nur weil er sich selbst verkennt in der fremden Erscheinung, und daher die ewige Gerechtigkeit nicht wahrnimmt, befangen im *principio indi-viduationis*, also überhaupt in jener Erkenntnißart, welche der Satz vom Grunde beherrscht. Von diesem Wahn und Blendwerk der Maja geheilt seyn, und Werke der Liebe üben, ist Eins. Letzteres ist aber unausbleibliches Symptom jener Erkenntniß« (W I, 481).

Nur in der durch das Medium des Intellekts bedingten Welt als Vorstellung scheint es so, als seien die Individuen *absolut* voneinander getrennt. In Wahrheit aber manifestiert sich in ihnen ein und dasselbe Wesen, der Wille zum Leben. Daher ist die Auffassung, die den Unterschied zwischen Ich und Du aufhebt, die allein richtige und stellt die »metaphysische Basis der Ethik« (E, 627) dar.

Jede »lautere Wohlthat«, jede wahrhaft uneigennützige Hilfe, die ausschließlich die Not des anderen zum Motiv hat, ist eigentlich, wenn bis auf den letzten Grund geforscht wird, eine »mysteriöse Handlung, eine praktische Mystik« (E, 629). Schopenhauer ist sich darüber im klaren, daß seine metaphysische Auslegung des ethischen Urphänomens den »occidentalisch Gebildeten«, die an andere Begründungen der Ethik gewöhnt sind, »paradox« (vgl. E, 630) vorkommen muß. Er sucht den Blick des Abendländers auch dadurch zu erweitern, daß er ihn auf die alte indische Weisheit lenkt, die den Geist seiner Metaphysik der Ethik bereits vor Jahrtausenden zu ihren Grundwahrheiten zählte. Schopenhauer zitiert aus der Bhagawadgita:

»Den einen höchsten Gott in allen Wesen stehend,
Und lebend, wenn sie sterben, wer diesen sieht, ist sehend.
Denn welcher allerorts den höchsten Gott gefunden,
Der Mann wird durch sich selbst sich selber nicht verwunden:
Er wird von dort aus seinen Weg zum Höchsten nehmen«
(E, 631; übers.).

Schopenhauer stellt bei seiner metaphysischen Deutung des Mitleids die beiden Erkenntnisweisen, aus denen entweder egoisti-

sches oder moralisches Handeln erfolgt, noch einmal mit aller
Deutlichkeit einander gegenüber. Die »Erkenntniß«, die allem
Egoismus zugrunde liegt, lautet: »Die Individuation ist real, das
principium individuationis und die auf demselben beruhende Ver-
schiedenheit der Individuen ist die Ordnung der Dinge an sich.
Jedes Individuum ist ein von allen andern von Grund aus ver-
schiedenes Wesen. Im eigenen Selbst allein habe ich mein wahres
Seyn, alles Andere hingegen ist Nicht-Ich und mir fremd« (E, 627).

Ganz anders dagegen die »Erkenntniß«, »die als MITLEID hervorbricht«. Sie gibt uns die Gewißheit, daß jenseits aller Vielheit
und Verschiedenheit der Individuen eine uns zugängliche Einheit
derselben liegt. Für diese Erkenntnis steht im Sanskrit die Formel
»*tattwam asi*«, d. h. ›dies bist du‹« (E, 628). Sie besagt: »Die Individuation ist bloße Erscheinung, entstehend mittelst Raum und
Zeit, welche nichts weiter als die durch mein cerebrales Erkenntnißvermögen bedingten Formen aller seiner Objekte sind; daher
auch die Vielheit und Verschiedenheit der Individuen bloße Erscheinung, d. h. nur in meiner VORSTELLUNG vorhanden ist. Mein
wahres, inneres Wesen existirt in jedem Lebenden so unmittelbar,
wie es in meinem Selbstbewußtseyn sich nur mir selber kund
giebt« (E, 627 f.). – »Denn so gut wie im Traum in allen uns erscheinenden Personen wir selbst stecken, so gut ist es im Wachen
der Fall« (E, 628). Schopenhauer spricht auch vom »wahren Ich«,
das in allem lebt (VN IV, 185).

So wie der Mensch seinem Wesen, seinem Charakter nach ist,
so wird er erkennen und handeln. Aus der »*essentia et existentia*«,
dem Wesen und Dasein, geht notwendig das »*operari*«, das Handeln, hervor (s. o., Kapitel VI, 2). Entscheidend ist »DAS ANGEBO-
RENE« (E, 612). Das Gut-*sein*, der gute Wille, läßt sich nicht lernen. Den Egoismus wird man keinem ausreden können, »so
wenig, wie der Katze ihre Neigung zum Mausen« (E, 612). »Dem
Boshaften ist seine Bosheit so angeboren, wie der Schlange ihre
Giftzähne und Giftblase; und so wenig wie sie kann er es ändern.
Velle non discitur« (E, 606). – In der Seinsethik Schopenhauers
kommt es auf das an, was *ist*. Er zitiert aus dem *Faust*; Mephisto-
pheles spricht:

»Du bist am Ende – WAS DU BIST.
Setz' dir Perrücken auf von Millionen Locken,
Setz' deinen Fuß auf ellenhohe Socken:
DU BLEIBST DOCH IMMER WAS DU BIST« (E, 613).

Schopenhauer stellt eine mögliche Identität des Menschen als gut
heraus, die nicht wie üblicherweise auf dem Grenzen ziehenden,
die ganze Welt versachlichenden Intellekt beruht, sondern auf
dem – unmittelbar intuitiv sich eins *wissenden und seienden* – Willen. Für diese grenzüberschreitende Identität, die die Phantasma-
gorie des Egoismus der *Welt als Vorstellung* durchbricht, hält er den
Ausdruck »Güte des Herzens« bereit und läßt ihr gegenüber sämtliche anderen, auch die höchsten Wertschätzungen verblassen:
»Denn wie Fackeln und Feuerwerk vor der Sonne blaß und un-
scheinbar werden, so wird Geist, ja Genie, und ebenfalls die
Schönheit, überstrahlt und verdunkelt von der Güte des Herzens.
Wo diese in hohem Grade hervortritt, kann sie den Mangel jener
Eigenschaften so sehr ersetzen, daß man solche vermißt zu haben
sich schämt. Sogar der beschränkteste Verstand, wie auch die gro-
teske Häßlichkeit, werden, sobald die ungemeine Güte des Herzens sich in Begleitung kund gethan, gleichsam verklärt, umstrahlt
von einer Schönheit höherer Art, indem jetzt aus ihnen eine Weisheit spricht, vor der jede andere verstummen muß. Denn die Güte
des Herzens ist eine transscendente Eigenschaft, gehört einer über
dieses Leben hinausreichenden Ordnung der Dinge an und ist mit
jeder andern Vollkommenheit inkommensurabel. Wo sie in hohem Grade vorhanden ist, macht sie das Herz so groß, daß es die
Welt umfaßt, so daß jetzt Alles in ihm, nichts mehr außerhalb
liegt; da sie ja alle Wesen mit dem eigenen identifizirt. Alsdann
verleiht sie auch gegen Andere jene gränzenlose Nachsicht, die
sonst Jeder nur sich selber widerfahren läßt. Ein solcher Mensch
ist nicht fähig, sich zu erzürnen: sogar wenn etwan seine eigenen,
intellektuellen oder körperlichen Fehler den boshaften Spott und
Hohn Anderer hervorgerufen haben, wirft er, in seinem Herzen,
nur sich selber vor, zu solchen Aeußerungen der Anlaß gewesen
zu seyn, und fährt daher, ohne sich Zwang anzuthun, fort, Jene
auf das liebreichste zu behandeln, zuversichtlich hoffend, daß sie

von ihrem Irrthum hinsichtlich seiner zurückkommen und auch in ihm sich selber wiedererkennen wer-den. – Was ist dagegen Witz [entspr. hier lat. *ingenium*] und Genie? was Bako von Verulam [Francis Bacon]?« (W II, 270 f.)

9. Das Andere

Der gute Mensch ist durch seine Erkenntnisweise, durch seinen überindividuellen Blick auf die Allgemeinheit des Leidens »in ethischer Hinsicht genial« (W I, 508) geworden. In seiner intuitiven, nichtrationalen »Erkenntniß« eignet er sich »den Schmerz der ganzen Welt« zu. Kein Leiden ist ihm mehr fremd. Aus diesem erkennenden Hellsichtig*sein* kann sich eine erlösende Wandlung vom Wollen zum *Nicht-mehr-Wollen* vollziehen. Diese »Erkenntniß« der Erlösungsbedürftigkeit von der Welt gibt dann kein Motiv mehr ab, das Leben zu bejahen, sondern wird zum »QUIETIV« (W I, 488), zur Beschwichtigung allen und jeden Wollens. »Der Wille wendet sich nunmehr vom Leben ab: ihm schaudert jetzt vor dessen Genüssen, in denen er die Bejahung desselben erkennt« (W I, 488). – Schopenhauer prägt den Terminus »Quietiv« von lat. *quies*, Ruhe, als Gegenbegriff zum »MOTIV«.

Aus dieser deutlichen Durchschauung des *principium individuationis*, anders gesagt, aus dieser unmittelbaren Erkenntnis der Identität des Willens in allen seinen Erscheinungen, geht schließlich virtuell die »Resignation«, die »Selbstaufhebung« des Willens (W I, 215) hervor. Diese »Verneinung des Willens zum Leben« (W I, 487) ist das letzte Ziel und das innerste Wesen aller Tugend und Heiligkeit. Durch sie gelangt der Mensch zur »wahren Gelassenheit und gänzlichen Willenslosigkeit« (W I, 489). Sie ist die »Erlösung von der Welt« (W I, 215). – »Vergleichen wir das Leben einer Kreisbahn aus glühenden Kohlen, mit einigen kühlen Stellen, welche Bahn wir unablässig zu durchlaufen hätten; so tröstet den im Wahn Befangenen die kühle Stelle, auf der er jetzt eben steht, oder die er nahe vor sich sieht, und er fährt fort die Bahn zu durchlaufen. Jener aber, der, das *principium individuationis* durchschauend, das Wesen der Dinge an sich und dadurch das Ganze erkennt, ist solchen Trostes nicht mehr empfänglich: er sieht sich an allen Stellen zugleich, und tritt heraus« (W I, 489).

Der Wille bejaht nicht mehr sein eigenes, sich »in der Erscheinung spiegelndes Wesen«, sondern *verneint* es. Dies ist der »Uebergang von der Tugend zur ASKESIS« (W I, 489). Im Asketen, im Entsagenden, entsteht »ein Abscheu vor dem Wesen, dessen Ausdruck seine eigene Erscheinung ist, dem Willen zum Leben, dem Kern und Wesen jener als jammervoll erkannten Welt« (W I, 489). Er verleugnet das in ihm, in seinem Leib erscheinende Wesen. Sein Tun straft seine Erscheinung jetzt Lügen, tritt in offenen Widerspruch zu ihr. Seine Genitalien zum Beispiel, der »eigentliche BRENNPUNKT des Willens« zum Leben (W I, 429), sprechen den Geschlechtstrieb aus, der Entsagende aber will unter keiner Bedingung mehr Geschlechtsbefriedigung. Er hört darüber hinaus auf, irgend etwas zu wollen, wählt freiwillig die Armut, hütet sich, an irgend etwas sein Herz zu hängen. Auf diese Weise sucht er die »größte Gleichgültigkeit gegen alle Dinge in sich zu befestigen« (W I, 490). – Das Leiden hat eine »heiligende Kraft« (W I, 509).

Die bedeutsamste Erscheinung in der Welt ist nicht der Welteroberer, sondern der »Weltüberwinder«: der »Heilige«. Neben dem Genie macht der Heilige den Gipfel des menschlichen Daseins aus. Zahlreiche Gestalten aus der indischen und christlichen Literatur, zum Beispiel Buddha oder Franz von Assisi, verbürgen für Schopenhauer das Auftreten des Heiligen als geschichtliche Tatsache, die es, gereinigt von Aberglauben, philosophisch zu deuten und zu verstehen gilt.

Die ästhetisch-geniale Erkenntnis macht die Welt nur für Augenblicke – die »säligsten«, die wir kennen – vergessen, die ethischgeniale Erkenntnis kann von der Welt erlösen. »Hieraus können wir abnehmen, wie sälig das Leben eines Menschen seyn muß, dessen Wille nicht auf Augenblicke, wie beim Genuß des Schönen, sondern auf immer beschwichtigt ist, ja gänzlich erloschen, bis auf jenen letzten glimmenden Funken, der den Leib erhält und mit diesem erlöschen wird. Ein solcher Mensch, der, nach vielen bitteren Kämpfen gegen seine eigene Natur, endlich ganz über-

wunden hat, ist nur noch als rein erkennendes Wesen, als unge-
trübter Spiegel der Welt übrig. Ihn kann nichts mehr ängstigen,
nichts mehr bewegen: denn alle die tausend Fäden des Wollens,
welche uns an die Welt gebunden halten, und als Begierde, Furcht,
Neid, Zorn, uns hin- und herreißen, unter beständigem Schmerz,
hat er abgeschnitten. Er blickt nun ruhig und lächelnd zurück auf
die Gaukelbilder dieser Welt, die einst auch sein Gemüth zu bewegen und zu peinigen vermochten, die aber jetzt so gleichgültig
vor ihm stehn, wie die Schachfiguren nach geendigtem Spiel, oder
wie am Morgen die abgeworfenen Maskenkleider, deren Gestalten uns in der Faschingsnacht neckten und beunruhigten. Das
Leben und seine Gestalten schweben nur noch vor ihm, wie eine
flüchtige Erscheinung, wie dem Halberwachten ein leichter Morgentraum, durch den schon die Wirklichkeit durchschimmert
und der nicht mehr täuschen kann: und eben auch wie dieser
verschwinden sie zuletzt, ohne gewaltsamen Uebergang« (W I,
502 f.). – Richten wir den Blick auf diejenigen, die die Welt über-
wanden, so zeigt sich uns »jener Friede, der höher ist als alle Vernunft, jene gänzliche Meeresstille des Gemüths, jene tiefe Ruhe,
unerschütterliche Zuversicht und Heiterkeit, deren bloßer Abglanz im Antlitz, wie ihn Rafael und Correggio dargestellt haben,
ein ganzes und sicheres Evangelium ist« (W I, 527 f.).

Diese gänzliche Willenslosigkeit »voll innerer Freudigkeit und
wahrer Himmelsruhe« (W I, 450) nennt Schopenhauer mit einem
gewissen Vorbehalt »das absolute Gut, das *summum bonum*« (W I,
468). Die »SELBSTAUFHEBUNG DES WILLENS« (W I, 520) ist durch
keinen Vorsatz zu erzwingen oder mit Gewalt herbeizuführen –
wie zum Beispiel durch den nur die Erscheinung, nicht das Ding
an sich treffenden Selbstmord –, sondern kommt »plötzlich und
wie von Außen angeflogen« (W I, 520). Schopenhauer spricht in
diesem Zusammenhang auch von »GNADENWIRKUNG« und »WIE-
DERGEBURT«, um auf wesentliche Übereinstimmungen seiner
Lehre mit dem pessimistischen, asketischen Geist des Christen-
tums, vor allem mit christlichen Mystikern hinzuweisen. Da jedoch
der Mensch, sein intelligibler Charakter, nicht das Werk eines
außerweltlichen Gottes, sondern das seines eigenen metaphysi-

schen Willens ist, gilt: »die Gnadenwirkung aber ist unsere eigene« (W I, 522). Der »Wille zum Leben [...] kann durch nichts aufgehoben werden, als durch ERKENNTNISS. Daher ist der einzige Weg des Heils dieser, daß der Wille ungehindert erscheine, um in dieser Erscheinung sein eigenes Wesen ERKENNEN zu können« (W I, 515). Erst wenn der Wille »zur Erkenntniß seines Wesens an sich« (W I, 519) – zur »Selbsterkenntniß« (HN I, 462; vgl. dagegen P II, 51) – gelangt, kann sich das »Thor der Freiheit« (W I, 504) öffnen: der Freiheit, überhaupt nicht mehr zu wollen. Durch diesen möglichen »Freiheitsakt« des Willens, die einzige unmittelbare Äußerung der Freiheit des Willens in der durchgängig determinierten Erscheinungswelt, wird das ganze Wesen des Menschen, sein Charakter, von Grund aus geändert und *umgekehrt*. Es tritt gleichsam ein »neuer Mensch« (W I, 520) mit »fundamentaler Sinnesänderung« (W II, 702; vgl. W I, 667) an die Stelle des alten sündigen, natürlichen Menschen. – »Hinter unserm Daseyn nämlich steckt etwas Anderes, welches uns erst dadurch zugänglich wird, daß wir die Welt abschütteln« (W I, 520).

10. Nichts

»In der Stunde des Todes entscheidet sich, ob der Mensch in den Schooß der Natur zurückfällt, oder aber dieser nicht mehr angehört, sondern – – –« (W II, 707). Schopenhauer kann diesen Gegensatz nur mit einer Leerstelle im Text, mit drei Gedankenstrichen andeuten. Ihm fehlen Bild und Begriff, die stets der Objektivation des Willens, also der Welt als Vorstellung, entnommen sind und sich nur innerhalb dieses Rahmens verwenden lassen. Was der Wille nach seiner Verneinung ist, »durch welche der individuelle Wille sich vom Stamm der Gattung losreißt und jenes Daseyn in derselben aufgiebt« (W II, 651), bleibt offen und unaussprechbar. Für »Das, was er sodann ist«, fehlt es uns an allen *Datis*. »Wir können es nur bezeichnen als Dasjenige, welches die Freiheit hat, Wille zum Leben zu seyn, oder nicht« (W II, 651 f.).

Hier gilt es, ein mögliches Mißverständnis zu vermeiden. Die

Verneinung des Willens ist nicht gleichbedeutend mit der Vernichtung einer Substanz. Schopenhauer hat Frauenstädts kritische Opposition im Auge (vgl. LF, 430 f.), wenn er 1851 klarstellt: »Gegen gewisse alberne Einwürfe bemerke ich, daß die *Verneinung des Willens zum Leben* keineswegs die Vernichtung einer Substanz besage, sondern den bloßen Aktus des Nichtwollens: das Selbe, was bisher *gewollt* hat, *will* nicht mehr. Da wir dies Wesen, den *Willen*, als Ding an sich bloß in und durch den Aktus des *Wollens* kennen, so sind wir unvermögend zu sagen oder zu fassen, was es, nachdem es diesen Aktus aufgegeben hat, noch ferner sei oder treibe: daher ist die Verneinung *für uns*, die wir die Erscheinung des Wollens sind, ein Uebergang in's Nichts« (P II h, 331).

Von Frauenstädt kommt auch der folgende gewichtige Einwand, auf den Schopenhauer keine befriedigende Antwort mehr weiß. Frauenstädt notierte sich das Gespräch mit Schopenhauer: »Müsste nicht, sagte ich, da nach Ihrer Lehre der Wille in jeder Erscheinung, in jedem Individuum *ganz* und *ungetheilt* ist, die Aufhebung desselben in *einem* Individuum, *einem* Heiligen, die Aufhebung desselben in der ganzen Welt zur Folge haben? Müsste also nicht *ein* Heiliger im Stande sein, die ganze Welt zu erlösen? – Diesen Einwurf, erwiderte Schopenhauer, machen Sie mir nicht zuerst, sondern man hat ihn mir schon 1819, gleich nach dem Erscheinen der ›Welt als Wille und Vorstellung‹ gemacht. Ich kann aber darauf nur erwidern: In der einen Erscheinung verneint sich der Wille, in der andern nicht. Wie das zugeht, weiss ich nicht; denn ich habe es nicht auf mich genommen, alle Räthsel der Welt zu lösen. Ich habe schon in der ›Epiphilosophie‹ (im Schlusskapitel des zweiten Bandes der Welt als Wille und Vorstellung) gesagt, dass wir nicht wissen können, ›wie tief im Wesen an sich der Welt die Wurzeln der Individualität gehn?‹« (LF, 153).

Schopenhauer erreicht den »Gränzstein« seiner Philosophie und begnügt sich mit negativen Kennzeichnungen: »Verneinung, Aufhebung, Wendung des Willens ist auch Aufhebung und Verschwinden der Welt, seines Spiegels. Erblicken wir ihn in diesem Spiegel nicht mehr, so fragen wir vergeblich, wohin er sich gewendet, und klagen dann, da er kein Wo und Wann mehr hat, er sei ins Nichts verloren gegangen« (W I, 526). Dieses Nichts ist kein absolutes, kein leeres Nichts.

Mit der Verneinung des Willens ist die ganze Welt der Erscheinung aufgehoben, ihre Mannigfaltigkeit, ihre Formen Raum und Zeit, auch ihre »letzte Grundform«: Subjekt und Objekt. »Kein Wille: keine Vorstellung, keine Welt« (W I, 527). »Nur die Erkenntniß ist geblieben; der Wille ist verschwunden« (VN IV, 270). Dies ist das »relative Nichts« (W I, 525) oder, wie die Buddhisten es nennen: das »Nirwana« (W II, 591; vgl. W I, 528; VN IV, 267).

Schopenhauer beendet sein philosophisches System (W I, Schluß), nach einem Gedankenstrich, wohlkomponiert mit einem rätselhaften Wort, mit einer Negation, einer Chiffre, die einen rational nicht identifizierbaren Sinn zu bewahren scheint, den er *bejahen* kann, weil in dieser Bejahung Schuld und Leid radikal verneint werden: »Wir bekennen es vielmehr frei: was nach gänzlicher Aufhebung des Willens übrig bleibt, ist für alle Die, welche noch des Willens voll sind, allerdings Nichts. Aber auch umgekehrt ist Denen, in welchen der Wille sich gewendet und verneint hat, diese unsere so sehr reale Welt mit allen ihren Sonnen und Milchstraßen – Nichts.«

VII. LEBENSWEISHEIT

Um nicht sehr unglücklich zu werden,
ist das sicherste Mittel, daß man nicht verlange,
sehr glücklich zu seyn.

1. Unser Denken fragmentarisch einrichten

»Ich habe wohl gelehrt, was ein Heiliger ist, bin aber selbst kein Heiliger« (Ge, 134). Schopenhauer hat sich nie selbst als ein Welt-überwinder verstanden, dem es vorbildhaft gelungen wäre, den Willen zum Leben zu verneinen. – Welche Alternative aber bleibt für den, der den Schleier der Maja durchschaut hat, aber weiter-hin auf dem Boden der Bejahung des Willens zum Leben steht? Was bleibt für den zu tun, der die Welt als eine Art Hölle erkennt, aber von ihr nicht loskommt? Wie kann dieser sein Leben auf die angenehmste und glücklichste Art einrichten, ohne doch zugleich den Halluzinationen des Glücks zu erliegen? – Schopenhauer gibt in seinen berühmten *Aphorismen zur Lebensweisheit* konkrete Ant-worten auf diese Fragen und setzt in ihnen an die Stelle der fak-tisch unerreichbaren Figur des weltentsagenden Heiligen die des *weltklugen Weisen.*

Der Ton wird bei allem Ernst heiterer, der Blick auf das Leben gelassener: »Was [...] uns am unmittelbarsten beglückt, ist die Heiterkeit des Sinnes: denn diese gute Eigenschaft belohnt sich augenblicklich selbst. Wer eben fröhlich ist, hat allemal Ursache es zu seyn: nämlich eben diese, daß er es ist. Nichts kann so sehr, wie diese Eigenschaft, jedes andere Gut vollkommen ersetzen; während sie selbst durch nichts zu ersetzen ist. Einer sei jung, schön, reich und geehrt; so frägt sich, wenn man sein Glück be-urtheilen will, ob er dabei heiter sei: ist er hingegen heiter; so ist es einerlei, ob er jung oder alt, gerade oder pucklich, arm oder reich sei; er ist glücklich. [...] Dieserwegen also sollen wir der Heiterkeit, wann immer sie sich einstellt, Thür und Thor öffnen: denn sie kommt nie zur unrechten Zeit; statt daß wir oft Beden-ken tragen, ihr Eingang zu gestatten, indem wir erst wissen wol-

len, ob wir denn auch wohl in jeder Hinsicht Ursach haben, zufrieden zu seyn« (P I, 323).

Schopenhauers Heiterkeit hat stets einen ernsten Hintergrund.
Leben heißt Leiden. »Es gibt nur EINEN angeborenen Irrthum, und
es ist der, daß wir dasind, um glücklich zu seyn« (W II, 737). In
seinen *Aphorismen* gibt es Passagen, wie die über die Heiterkeit,
die sich von selbst verstehen. Nicht im Sinn apriorischer Ge-
wißheiten, sondern eher durch unmittelbare Zustimmung. Er
hätte vermutlich keine Hemmung, schlicht zu sagen: Zustimmung des Herzens. Schopenhauer fragt nicht, wieviel Lachen die
Philosophie ohne Begründung verträgt.

Die Stellung, die die *Aphorismen* in Schopenhauers Werk ein-
nehmen, läßt sich an meiner Metapher vom *Unendlichfüßler* veranschaulichen, auf die ich hier kurz zurückkomme (s. o., 67 ff.).
Der Unendlichfüßler steht für den Willen als Ding an sich. Schopenhauer nimmt in seiner *Welt als Wille und Vorstellung* verschiedene, sich wechselseitig relativierende und ergänzende Standpunkte ein, um den Unendlichfüßler – soweit dies überhaupt
möglich ist – ganz in den Blick zu bekommen. In seinen *Aphorismen* klammert er jedoch die für das Hauptwerk konstitutiven
Standpunkte der Transzendentalphilosophie und Metaphysik aus.
Er verzichtet damit auf die metaphysisch-ethisch ausgerichtete
Erkenntnis der Totalität des Unendlichfüßlers, des Dings an sich.
Mit anderen Worten: Schopenhauer nimmt in seinen *Aphorismen*
keinen alles überblickenden Standpunkt ein, von dem aus es möglich wäre, die Bedingtheit der einzelnen Menschen aus der Totalität des Wesens der Welt darzulegen. Statt dessen begnügt er sich
mit dem empirischen Standpunkt, der den Schein akzeptiert, der
einzelne Mensch – in meinem Bild: der einzelne Fuß des Ungeheuers – sei weitgehend ein autonomes, freies Wesen, das für sich
selbst besteht. Die *Aphorismen* beruhen daher »gewissermaßen auf
einer Ackommodation«, wie Schopenhauer in seiner Einleitung
zu ihnen herausstellt, und halten explizit an dem »Irrthum« fest,
der dem empirischen Standpunkt in seiner Einseitigkeit anhaftet
(vgl. P I, 313 f.).

Geht es Schopenhauer in seiner Metaphysik letztlich um Erlösung *vom* Leid – metaphorisch gesagt: um Erlösung vom Unendlichfüßler –, so geht es ihm in den *Aphorismen* um nonkonformistische Selbstgenügsamkeit *im* Leid, im Unendlichfüßler. Schopenhauers Heiterkeit des Sinnes ist dabei alles andere als zynisch. Viel eher bringt sie die unerschrockene Haltung eines unbeugsamen wie gelassenen *Trotzdem* zum Ausdruck: »Je mehr ein Mensch des ganzen Ernstes fähig ist, desto herzlicher kann er lachen« (W II, 117).

Die *Aphorismen* erscheinen im Jahr 1851 in den *Parerga und Paralipomena.* Schopenhauer ist 63 Jahre alt. Sicherlich gehören die *Aphorismen* zu den literarischen Glanzstücken des älteren Schopenhauer, aber sie können nur bedingt als ein reines Spätwerk bezeichnet werden. Es gibt in Schopenhauers handschriftlichem Nachlaß einige deutliche Hinweise darauf, daß er sich bereits 1814 im Alter von 26 Jahren Gedanken über eine praktikable, alltagsbezogene Lebensweisheit macht. Im selben Jahr – 1814 – beginnt er auch mit den Vorarbeiten zur *Welt als Wille und Vorstellung.* Hauptwerk und *Aphorismen* entwickeln sich von Anfang an, gewiß mit unterschiedlicher Gewichtung, neben- und ineinander.

In den Manuskripten seines Nachlasses aus dem Jahr 1814 findet sich zum Beispiel folgender Leitgedanke: »Des *Aristoteles Grundsatz* in allen Dingen die Mittelstraße zu halten, paßt schlecht zum Moralprincip, wofür er ihn gab: aber er möchte leicht die beste allgemeine Klugheitsregel seyn, die beste Anweisung zum glücklichen Leben« (HN I, 81 f.).

Der Grundgedanke von Schopenhauers Hauptwerk findet genau im selben Jahr seinen vorläufigen Ausdruck: Im Wollen ist der Mensch ein elendes, leidendes Wesen; im reinen Erkennen dagegen ist er selig, allgenügsam. Die Lebensweisheit, die ihren Namen auch verdient, soll konkrete Wege zeigen, wie das Wollen auf ein äußerstes Minimum herabgesetzt werden kann, um dem Zustand des glücklichen Erkennens den größtmöglichen Raum zu gewähren. Folgendes Zitat aus dem Jahr 1814, ebenfalls aus dem Nachlaß, macht Schopenhauers Anliegen deutlich: »Da nun allein das Anschauen beseeligt, und im Wollen alle Quaal liegt; jedoch aber, so lange der Leib lebt ein gänzliches Nichtwollen unmög-

lich ist, [...] so ist die wahre *Lebensweisheit* daß man überlege wieviel man unumgänglich Wollen müsse, wenn man nicht zur höchsten Asketik, die der Hungertod ist, greifen mag: je enger man die
Gränze steckt, desto wahrer und freier ist man: daß man ferner dies
beschränkte Wollen befriedige, darüber hinaus aber keinen
Wunsch sich erlaube und nun frei die größte Zeit des Lebens als
rein erkennendes Subjekt zubringe« (HN I, 127).

Nicht weniger wichtig für die Entstehungsgeschichte der *Apho-*
rismen ist Schopenhauers Planskizze einer »Lebensweisheit als
Doktrin« aus dem Nachlaß der Jahre 1826 und 1828. Es ist die
Zeit, in der Schopenhauer in seiner Frankfurter Einsamkeit als
Autodidakt Spanisch lernt (ab 1825) und die 300 Aphorismen von
Balthasar Graciáns *Handorakel und Kunst der Weltklugheit* ins Deut-
sche übersetzt.

Schon in der eben erwähnten Planskizze stellt sich Schopenhauer ausdrücklich auf den empirischen Standpunkt. Die Konsequenz hiervon ist, daß er unbefangen die unübersehbare Vielfalt
konkreter Lebenssituationen anschauen kann, ohne sie in ein vor-
gegebenes Prokrustesbett abstrakter Begriffe pressen zu müssen.
Schopenhauer sucht sich methodisch dem Fragmentarischen des
wirklichen Lebens anzupassen, um auf dem Boden der Realität zu
bleiben: »Weil die Angelegenheiten des Lebens, die uns betreffen,
ganz abgerissen, fragmentarisch, ohne Beziehung auf einander,
im grellsten Kontraste stehend, ohne irgend ein Gemeinsames, als
daß sie unsre Angelegenheiten sind, auftreten und durcheinander
laufen; so müssen wir unser Denken und Sorgen um sie, damit
es ihnen entspreche, eben so fragmentarisch einrichten« (HN III,
273).

Schopenhauer arbeitet zunächst mit der provisorischen Methode der Assoziation. Er sammelt Lebensregeln, wie sie ihm
spontan einfallen, und stellt deren hierarchische Systematik vor-
erst zurück: Bei der »Aufstellung von Lebensregeln [...] müßten
[diese] aber nicht pêle mêle [als Wirrwarr] folgen, sondern unter
Rubriken gebracht seyn, die jede wieder Unterabtheilungen
hätte. Das ist schwer und ich kenne keine Vorarbeiten dazu. Daher ist das Beste Regeln dieser Art zu erst wie sie kommen nie-

derzuschreiben und sie nachher zu rubriciren und einander un-
terzuordnen« (HN III, 270).

Zwei Jahre später, im Jahr 1828, nennt Schopenhauer in Anlehnung an Aristoteles drei Gesichtspunkte der Rubrizierung, die
für die ersten vier Kapitel seiner Endfassung der *Aphorismen* maß-
gebend werden: »1) Was Einer *ist* [...] 2) Was Einer *hat* [...] 3) Was
Einer *vorstellt*« (HN III, 383). Diese Einteilung ordnet und gliedert
auf den ersten Blick einen großen Teil seines Materials.

2. Von dem, was einer ist, was einer hat, was einer vorstellt

In den folgenden Beispielen, die sich an der Dreiteilung – was
einer ist, was einer hat, was einer vorstellt – orientieren, wird auch
das reiche Spektrum von Schopenhauers umfassendem Erfah-
rungsbegriff erkennbar, der sich in den *Aphorismen* weder im Des-
kriptiven erschöpft noch im apriorisch Konstruktiven verengt.
Schopenhauers präzise phänomenologischen Beobachtungen ver-
dichten sich unter anderem zu psychologischen, psychopatholo-
gischen, anthropologischen, historisch-soziologischen Analysen,
die auf Anteil nehmende Weise das Flüchtige, Singulare, Individuelle einzubeziehen wissen. Schopenhauer folgt hier Goethe, der
in seinen *Maximen und Reflexionen* sagt: »Es gibt eine zarte Empirie, die sich mit dem Gegenstande innigst identisch macht und dadurch zur eigentlichen Theorie wird« (Goethe, HA 12, 435).

Für unser Lebensglück ist das erste und wesentlichste, so Schopenhauer, das, was wir sind, die *Persönlichkeit* – nicht das, was wir
haben. Die Persönlichkeit ist ein beständiges, ein verläßliches Gut,
das in allen Lebenslagen wirksam ist und das uns das Schicksal
nicht entreißen kann. Daher darf die Ausbildung der eigenen
Fähigkeiten, namentlich der geistigen, sowie die Pflege der Gesundheit nicht vernachlässigt werden.

Je mehr einer Persönlichkeit hat, desto mehr hat er an seinem
inneren Reichtum genug, desto mehr fällt sein Schwerpunkt ganz
in ihn selbst: »Der geistreiche Mensch wird vor Allem nach
Schmerzlosigkeit, Ungehudeltseyn, Ruhe und Muße streben,

folglich ein stilles, bescheidenes, aber möglichst unangefochtenes Leben suchen und demgemäß, nach einiger Bekanntschaft mit den sogenannten Menschen, die Zurückgezogenheit und, bei großem Geiste, sogar die Einsamkeit wählen. Denn je mehr Einer an sich selber hat, desto weniger bedarf er von außen und desto weniger auch können die Uebrigen ihm seyn. Darum führt die Eminenz des Geistes zur Ungeselligkeit. Ja, wenn die Qualität der Gesellschaft sich durch die Quantität ersetzen ließe; da wäre es der Mühe werth, sogar in der großen Welt zu leben: aber leider geben hundert Narren, auf Einem Haufen, noch keinen gescheuten Mann« (P I, 329).

Wer Persönlichkeit hat, ist auch gewappnet gegen innere Leerheit und Langeweile, die äußerer Sicherheit und äußerem Überfluß entspringen. Die »Erbärmlichkeit der Zeitvertreibe«, die Sucht nach Gesellschaft, Zerstreuung, Vergnügen und Luxus jeder Art prallen an der Persönlichkeit, an der eigenen Einheit des Bewußtseins ab. Zur Stärkung der eigenen Persönlichkeit empfiehlt Schopenhauer in Anlehnung an Pythagoras die Regel: »daß man Abends, vor dem Einschlafen, durchmustern solle, was man den Tag über gethan hat. Wer im Getümmel der Geschäfte, oder Vergnügungen, dahinlebt, ohne je seine Vergangenheit zu ruminiren, vielmehr nur immerfort sein Leben abhaspelt, dem geht die klare Besonnenheit verloren: sein Gemüth wird ein Chaos, und eine gewisse Verworrenheit kommt in seine Gedanken, von welcher alsbald das Abrupte, Fragmentarische, gleichsam Kleingehackte seiner Konversation zeugt. Dies ist um so mehr der Fall, je größer die äußere Unruhe, die Menge der Eindrücke, und je geringer die innere Thätigkeit seines Geistes ist« (P I, 415 f.).

Überall und ständig bringen sich Menschen in Abhängigkeit von äußeren Dingen: »Der normale Mensch [...] ist, hinsichtlich des Genusses seines Lebens, auf Dinge AUSSER IHM gewiesen, auf den Besitz, den Rang, auf Weib und Kinder, Freunde, Gesellschaft u. s. w., auf diese stützt sich sein Lebensglück: darum fällt es dahin, wenn er sie verliert, oder er sich in ihnen getäuscht sah. Dies Verhältniß auszudrücken, können wir sagen, daß sein Schwerpunkt AUSSER IHM fällt. Eben deshalb hat er auch stets wechselnde Wün-

sche und Grillen: er wird, wenn seine Mittel es erlauben, bald
Landhäuser, bald Pferde kaufen, bald Feste geben, bald Reisen
machen, überhaupt aber großen Luxus treiben; weil er eben in
Dingen aller Art ein Genüge VON AUSSEN sucht« (P I, 336).

Schopenhauer diagnostiziert Persönlichkeitsverfall, mit dem er
sich nicht abfinden will. Die Beispiele, die er gibt, sind unmittelbar aus dem Alltag gegriffen und gehen bis ins Detail: »DER Mensch
gewinnt meine Hochachtung, als ein unter hundert Auserlesener,
welcher, wann er auf irgend etwas zu warten hat, also unbeschäftigt dasitzt, nicht sofort mit Dem, was ihm gerade in die Hände
kommt, etwan seinem Stock, oder Messer und Gabel, oder was
sonst, taktmäßig hämmert, oder klappert. Wahrscheinlich denkt
er an etwas. Vielen Leuten hingegen sieht man an, daß bei ihnen
das Sehn die Stelle des Denkens ganz eingenommen hat: sie suchen
sich durch Klappern ihrer Existenz bewußt zu werden« (P I, 441).
Ergänzend notiert sich Schopenhauer: »Wenn nämlich kein Cigarro bei der Hand ist, der eben diesem Zwecke dient« (P I h, 478).

In dem Kapitel, *Von Dem, was Einer hat*, geht es um das rechte Maß
des Besitzes. Jeder hat einen »eigenen Horizont« (P I, 343) seiner
Ansprüche. Als Quelle unserer Unzufriedenheit nennt Schopenhauer unsere stets erneuten Versuche, den Faktor der Ansprüche in
die Höhe zu schieben. »Der Reichthum gleicht dem Seewasser: je
mehr man davon trinkt, desto durstiger wird man« (P I h, 368). Daher sagt schon Sokrates beim Anblick feilgebotener Luxusartikel:
»Wie vieles gibt es doch, das ich nicht brauche!« – Allein das rechte
Maß, die Mittelstraße, schafft Unabhängigkeit.

Für Schopenhauer handelt eindeutig weiser, wer auf Erhaltung
seiner Gesundheit und auf Ausbildung seiner geistigen Fähigkeiten hinarbeitet als auf gesteigerten Besitz: »Dennoch aber sind die
Menschen tausend Mal mehr bemüht, sich Reichthum, als Geistesbildung zu erwerben; während doch ganz gewiß was man IST,
viel mehr zu unserm Glücke beiträgt, als was man HAT. Gar Manchen daher sehn wir, in rastloser Geschäftigkeit, emsig wie die
Ameise, vom Morgen bis zum Abend bemüht, den schon vorhandenen Reichthum zu vermehren. Ueber den engen Gesichtskreis des Bereichs der Mittel hiezu hinaus kennt er nichts: sein

Geist ist leer, daher für alles Andere unempfänglich. Die höchsten Genüsse, die geistigen, sind ihm unzugänglich: durch die flüchtigen, sinnlichen, wenig Zeit, aber viel Geld kostenden, die er zwischendurch sich erlaubt, sucht er vergeblich jene andern zu ersetzen. Am Ende seines Lebens hat er dann, als Resultat desselben, wenn das Glück gut war, wirklich einen recht großen Haufen Geld vor sich, welchen noch zu vermehren, oder aber durchzubringen, er jetzt seinen Erben überläßt. Ein solcher, wiewohl mit gar ernsthafter und wichtiger Miene durchgeführter Lebenslauf ist daher eben so thöricht, wie mancher andere, der geradezu die Schellenkappe zum Symbol hatte« (P I, 319 f.).

Das, was wir in unserer eigenen Vorstellung sind, ist für unser Glück wesentlich, nicht das, was es anderen beliebt, aus uns zu machen. Wer auf die Meinung der Menschen großen Wert legt, so Schopenhauer in dem Kapitel *Von Dem, was Einer vorstellt*, erweist der Oberflächlichkeit ihrer Gedanken, der Beschränktheit ihrer Begriffe, der Kleinlichkeit ihrer Gesinnung zuviel Ehre. Sokrates zum Beispiel ist infolge seiner häufigen Disputationen oft tätlich mißhandelt worden, was er aber gelassen ertragen hat. »Als er einst einen Fußtritt erhielt, nahm er es geduldig hin und sagte Dem, der sich hierüber wunderte: ›würde ich denn, wenn mich ein Esel gestoßen hätte, ihn verklagen?‹ – Als, ein ander Mal, Jemand zu ihm sagte: ›Schimpft und schmäht dich denn Jener nicht?‹ war seine Antwort: ›nein: denn was er sagt paßt nicht auf mich‹« (P I, 374). Was für die Kränkung gilt, gilt nicht weniger für die Schmeichelei: »So unausbleiblich wie die Katze spinnt [schnurrt], wenn man sie streichelt, malt süße Wonne sich auf das Gesicht des Menschen, den man lobt« (P I h, 375). – Schopenhauer kommt zu dem Resultat: »Unser Aller Sorgen, Kümmern, Wurmen, Aergern, Aengstigen, Anstrengen usw. betrifft, in vielleicht den meisten Fällen, eigentlich die fremde Meinung und ist [...] absurd« (P I, 355).

An dieser Stelle geschieht etwas Seltsames und Seltenes in Schopenhauers Denken. Es ist für ihn ein derart unerträglicher Gedanke, seine Persönlichkeit vom Bewußtsein anderer abhängig zu machen, daß er sich weigert, sich dieser Glücksvereitlung als naturgegebenem Faktum zu unterwerfen. Statt dessen verleiht er seinen Begriffen eine größere Plastizität und erklärt den Irrwahn der Vorherrschaft fremden Bewußtseins – diese »Thorheit«, diese »Umkehrung der natürlichen Ordnung« (P I, 353) – als etwas, das historisch entstanden und gesellschaftlich durchformt ist.

Schopenhauer, der in zeitlosen Strukturen zu denken gewohnt ist, für den das *principium individuationis* sonst von entscheidender Bedeutung ist, versucht, das Glück heiterer Autonomie als Lebensform des Alltags zu retten, und bekommt Luchsaugen für die Veränderbarkeit im Wege stehender Hindernisse. Sein eigenes Leiden an unerträglichen Auswüchsen der Unzivilisiertheit macht ihn an dieser Stelle zum Meister historischen Denkens. Schopenhauer arbeitet in seine *Aphorismen* eine etwa 30 Seiten lange historische Analyse des ritterlichen Ehrenkodexes ein, die insbesondere den Schwachsinn des Duells behandelt, um seinen Anleitungen zum Nicht-Unglücklichsein dieses Hindernis aus dem Weg zu räumen (vgl. P I, 358 ff.). Die Depotenzierung der herrschenden öffentlichen Meinung wird durch den empirischen Standpunkt der *Aphorismen* ermöglicht.

Schopenhauer steht mit dieser Kulturkritik deutlich in der Tradition der Aufklärung. Gegen die moralischen und intellektuellen Mißstände auf der Welt ist der »alleinige Herkules die Philosophie« (P I, 385). »Den POPANZ aber abzuthun« – Schopenhauer meint hier noch immer das ritterliche Ehrenprinzip – »ist Sache des Philosophen, mittelst Berichtigung der Begriffe« (P I, 386).

Um eine verharmlosende, platte Interpretation der *Aphorismen* zu vermeiden, ist es sinnvoll, folgendes Zitat aus Schopenhauers Hauptwerk mit zu berücksichtigen: »Jeder Athemzug wehrt den beständig eindringenden Tod ab [...]. Wir setzen indessen unser Leben mit großem Antheil und vieler Sorgfalt fort, so lange als möglich, wie man eine Seifenblase so lange und so groß als möglich aufbläst, wiewohl mit der festen Gewißheit, daß sie platzen wird« (W I, 406). Das Platzen einer jeden Seifenblase ist endgültig und unwiderrufbar. Auch die *Aphorismen* sind durchdrungen vom Bewußtsein des in jedem Augenblick möglichen Todes. Da Schopenhauer die herkömmliche Auffassung des metaphysischen

Idealismus beziehungsweise der religiösen Überlieferung, es wohne im Körper eingeschlossen eine unsterbliche Geist-Seele, ablehnt, geht für ihn das individuelle Bewußtsein mit dem Tod zugrunde. Das bewußte Ich ist etwas zeitweilig Zusammengesetztes, das der Tod wieder auflöst, das der Tod zunichte macht. Auch in den *Aphorismen* spricht Schopenhauer vom »Wahn« einer immateriellen Seele (vgl. P I, 437).

Metaphorisch gesprochen läßt sich die Grundfrage, die hinter Schopenhauers Weisheitslehre steht, so formulieren: Wie kann sich eine Seifenblase – also die Ich-Identität – am geschicktesten verhalten, um ihre Unversehrtheit möglichst lange zu erhalten? Schopenhauers Grundeinstellung ist defensiv, friedlich. Die *Aphorismen* suchen konkrete, realitätskundige Ratschläge zu geben, wie die Seifenblase – die auf den Tod zielende Ich-Identität – ihren idealen, wenngleich befristeten Zustand erreichen und behaupten kann: den Zustand des Schwebens.

3. Sich selber genügen

Von zentraler Bedeutung für die *Aphorismen* ist auch das umfangreichste V. Kapitel, *Paränesen und Maximen*, in dem Schopenhauer 53 Ratschläge und Regeln gibt, die unser Verhalten gegen uns selbst, gegen andere, gegen den Weltlauf und das Schicksal betreffen. Sie sind rhapsodisch abgefaßt und erheben keinen Anspruch auf Vollständigkeit: »Ich habe bloß gegeben, was mir eben eingefallen ist« (P I, 402).

Die »oberste Regel aller Lebensweisheit« ist die Sentenz aus Aristoteles' *Nikomachischer Ethik*: »Der Kluge strebt nach Schmerzlosigkeit, nicht nach Lust« (P I, 402; übers.). Die Eudämonologie, deren Name ein Euphemismus ist, hat darüber aufzuklären, daß unter »glücklich leben« nur »weniger unglücklich«, also erträglich leben zu verstehen ist. Das Leben ist nicht eigentlich da, um genossen, sondern um »überstanden, abgethan« (P I, 403) zu werden. Unmittelbar und real – positiv – gegeben ist uns immer nur der Mangel, der Schmerz; aller Genuß und alles Glück bestehen lediglich darin, daß sie »Leiden abhaltend« (W I, 416), negativ sind. »Es ist wirklich die größte Verkehrtheit, diesen Schauplatz des Jammers in einen Lustort verwandeln zu wollen und, statt der möglichsten Schmerzlosigkeit, Genüsse und Freuden sich zum Ziele zu stecken; wie doch so Viele thun. Viel weniger irrt wer, mit zu finsterm Blicke, diese Welt als eine Art Hölle ansieht und demnach nur darauf bedacht ist, sich in derselben eine feuerfeste Stube zu verschaffen. Der Thor läuft den Genüssen des Lebens nach und sieht sich betrogen: der Weise vermeidet die Übel« (P I, 404).

Schopenhauers Überzeugung, daß aller Genuß und alles Glück *negativ*, der Schmerz dagegen *positiv* ist, ist für die *Aphorismen*, ja, für sein Gesamtwerk von erheblicher Bedeutung. Die Kennzeichnung *positiv/negativ* darf nicht mißverstanden werden. Schopenhauer gibt folgende (vgl. auch W I, § 58) nachdrücklich vorgebrachte, anschauliche Erläuterung: »Wenn der ganze Leib gesund und heil ist, bis auf irgend eine kleine wunde, oder sonst schmerzende Stelle; so tritt jene Gesundheit des Ganzen weiter nicht ins Bewußtseyn, sondern die Aufmerksamkeit ist beständig auf den Schmerz der verletzten Stelle gerichtet und das Behagen der gesammten Lebensempfindung ist aufgehoben. – Eben so, wenn alle unsere Angelegenheiten nach unserm Sinne gehn, bis auf EINE, die unserer Absicht zuwider läuft, so kommt diese, auch wenn sie von geringer Bedeutung ist, uns immer wieder in den Kopf: wir denken häufig an sie und wenig an alle jene andern wichtigeren Dinge, die nach unserm Sinne gehn. – In beiden Fällen nun ist das Beeinträchtigte der Wille, ein Mal, wie er sich im Organismus, das andere, wie er sich im Streben des Menschen objektivirt, und in beiden sehn wir, daß seine Befriedigung immer nur negativ wirkt und daher gar nicht direkt empfunden wird, sondern höchstens auf dem Wege der Reflexion ins Bewußtseyn kommt. Hingegen ist seine Hemmung das Positive und daher sich selbst Ankündigende. Jeder Genuß besteht bloß in der Aufhebung dieser Hemmung, in der Befreiung davon, ist mithin von kurzer Dauer« (P I, 403).

Im Hauptwerk heißt es im Hinblick auf diese wichtige Stelle ganz ähnlich wie in den *Aphorismen*, was auch hier die enge Bezogenheit beider Schriften aufeinander unterstreicht: »Alle Befriedigung, oder was man gemeinhin Glück nennt, ist eigentlich und wesentlich immer nur NEGATIV und durchaus nie positiv. Es ist nicht eine ursprünglich und von selbst auf uns kommende Beglückung, sondern muß immer die Befriedigung eines Wunsches seyn. Denn Wunsch, d. h. Mangel, ist die vorhergehende Bedingung jedes Genusses. Mit der Befriedigung hört aber der Wunsch und folglich der Genuß auf. Daher kann die Befriedigung oder Beglückung nie mehr seyn, als die Befreiung von einem Schmerz, von einer Noth: denn dahin gehört nicht nur jedes wirkliche, offenbare Leiden, sondern auch jeder Wunsch, dessen Importunität unsere Ruhe stört, ja sogar auch die ertödtende Langeweile, die uns das Daseyn zur Last macht« (W I, 415 f.).

Das Verkennen dieser Wahrheit, verstärkt durch den Optimismus, wird zur Quelle vielen Unglücks. Statt in einem schmerzlosen Zustand zu verweilen, der das »höchste wirkliche Glück« (P I, 405) ist, lassen wir uns durch die »Gaukelbilder der Wünsche« wie von einem bösen Dämon hervorlocken und bringen dadurch den Schmerz auf uns herab: »Unbesehens glaubt der Jüngling, die Welt sei da, um genossen zu werden, sie sei der Wohnsitz eines positiven Glückes, welches nur Die verfehlen, denen es an Geschick gebricht, sich seiner zu bemeistern. Hierin bestärken ihn Romane und Gedichte, wie auch die Gleißnerei, welche die Welt, durchgängig und überall, mit dem äußern Scheine treibt [...]. Von nun an ist sein Leben eine, mit mehr oder weniger Ueberlegung angestellte Jagd nach dem positiven Glück, welches, als solches, aus positiven Genüssen bestehn soll. Die Gefahren, denen man sich dabei aussetzt, müssen in die Schanze geschlagen werden. Da führt denn diese Jagd nach einem Wilde, welches gar nicht existirt, in der Regel, zu sehr realem, positivem Unglück. Dies stellt sich ein als Schmerz, Leiden, Krankheit, Verlust, Sorge, Armuth, Schande und tausend Nöthe. Die Enttäuschung kommt zu spät« (P I, 405).

Einzig, wer tief ergriffen ist von der Erkenntnis der Negativität des Genusses und der Positivität des Schmerzes, der tut alles für

die Vermeidung der Übel und der entgeht auch den vorgespie-
gelten Trugbildern eines Glücks, das gar nicht existiert: »Ist hingegen, durch Befolgung der hier in Betracht genommenen Regel, der Plan des Lebens auf Vermeidung der Leiden, also auf
Entfernung des Mangels, der Krankheit und jeder Noth, gerichtet; so ist das Ziel ein reales: da läßt sich etwas ausrichten, und
umso mehr, je weniger dieser Plan gestört wird durch das Streben
nach der Chimäre des positiven Glücks. Hiezu stimmt auch was
GOETHE, in den Wahlverwandtschaften, den, für das Glück der
Andern stets thätigen MITTLER sagen läßt: ›Wer ein Uebel los seyn
will, der weiß immer was er will: wer was besseres will, als er hat,
der ist ganz staarblind‹« (P I, 405 f.).

Dem wahren Glück förderlich ist die Einfachheit der Lebensart
und die Einschränkung der Bedürfnisse. Der Zustand, der am we-
nigsten Leiden mit sich bringt, ist die *Autarkie*: »Sich selber genügen,
sich selber Alles in Allem seyn, und sagen können *omnia mea mecum
porto* [All meinen Besitz trage ich bei mir], ist gewiß für unser Glück
die förderlichste Eigenschaft [...]. Denn theils darf man, mit einiger
Sicherheit, auf niemanden zählen, als auf sich selbst, und theils sind
die Beschwerden und Nachtheile, die Gefahr und der Verdruß, welche die Gesellschaft mit sich führt, unzählig und unausweichbar«
(P I, 416).

Zu diesem Kerngedanken der *Aphorismen* paßt genau das Motto
von Chamfort, das Schopenhauer ihnen voranstellt: »Das Glück
ist keine leichte Sache: es ist sehr schwierig, es in uns selbst, und
unmöglich, es anderswo zu finden« (P I, 311; übers.). Das Glück
gehört nur denen, die sich selbst genügen. »Kein verkehrterer Weg
zum Glück, als das Leben in der großen Welt, in Saus und Braus
(high life): Denn es bezweckt, unser elendes Daseyn in eine Succession von Freude, Genuß, Vergnügen zu verwandeln, wobei die
Enttäuschung nicht ausbleiben kann; so wenig, wie bei der obli-
gaten Begleitung dazu, dem gegenseitigen einander Belügen.« In
einer handschriftlichen Notiz ergänzt Schopenhauer: »Wie unser
Leib in die Gewänder, so ist unser Geist in *Lügen* verhüllt. Unser
Reden, Thun, unser ganzes Wesen, ist lügenhaft: und erst durch
diese Hülle hindurch kann man bisweilen unsere wahre Gesin-

nung errathen, wie durch die Gewänder hindurch die Gestalt des Leibes« (P I h, 447).

Die Gesellschaft, der Umgang mit anderen Menschen, läßt ein Leben, das unserer Natur angemessen wäre, nicht zu, sondern nötigt uns, wegen des Einklangs mit der *guten Societät* »einzuschrumpfen« oder gar uns selbst zu »verunstalten«: »Zunächst erfordert jede Gesellschaft nothwendig eine gegenseitige Ackommodation und Temperatur: daher wird sie, je größer, desto fader. Ganz ER SELBST SEYN darf Jeder nur so lange er allein ist: wer also nicht die Einsamkeit liebt, der liebt auch nicht die Freiheit: denn nur wann man allein ist, ist man frei: Zwang ist der unzertrennliche Gefährte jeder Gesellschaft.« Je bedeutender die eigene Individualität ist, desto größer fallen die Opfer aus, die erbracht werden müssen. »Demgemäß wird Jeder in genauer Proportion zum Werthe seines eigenen Selbst die Einsamkeit fliehen, ertragen, oder lieben. Denn in ihr fühlt der Jämmerliche seine ganze Jämmerlichkeit, der große Geist seine ganze Größe, kurz, Jeder sich als was er ist« (P I, 416). – Hierher gehört auch Schopenhauers bekannte Fabel von den Stachelschweinen: »Eine Gesellschaft Stachelschweine drängte sich, an einem kalten Wintertage, recht nahe zusammen, um durch die gegenseitige Wärme, sich vor dem Erfrieren zu schützen. Jedoch bald empfanden sie die gegenseitigen Stacheln; welches sie dann wieder von einander entfernte. Wann nun das Bedürfniß der Erwärmung sie wieder näher zusammen brachte, wiederholte sich jenes zweite Uebel; so daß sie zwischen beiden Leiden hin und hergeworfen wurden, bis sie eine mäßige Entfernung von einander herausgefunden hatten, in der sie es am besten aushalten konnten« (P II, 559; vgl. P I, 420).

Der Preis für die Geselligkeit ist schwere Selbstverleugnung und Mißachtung der »Rangliste der Natur«: »Während die Natur zwischen Menschen die weiteste Verschiedenheit, im Moralischen und Intellektuellen, gesetzt hat, stellt die Gesellschaft, diese für nichts achtend, sie alle gleich, oder vielmehr sie setzt an ihre Stelle die künstlichen Unterschiede und Stufen des Standes und Ranges, welche der Rangliste der Natur sehr oft diametral entgegen laufen. Bei dieser Anordnung stehn sich Die, welche die Natur

nidrig gestellt hat, sehr gut; die Wenigen aber, welche sie hoch
stellte, kommen dabei zu kurz; daher diese sich der Gesellschaft zu
entziehn pflegen und in jeder, sobald sie zahlreich ist, das Gemeine
vorherrscht« (P I, 417). »Was den großen Geistern die Gesellschaft
verleidet, ist die Gleichheit der Rechte, folglich der Ansprüche,
bei der Ungleichheit der Fähigkeiten, folglich der (gesellschaft-
lichen) Leistungen, der Andern« (P I h, 447 f.). – In dieser aristo-
kratisch-autarken, auf die uneinnehmbare Festung der Einsamkeit
bauenden Geisteshaltung klingen bereits wesentliche Motive an,
die Nietzsche später aufgreift und zum Gleichnis des allgenüg-
samen Übermenschen radikalisiert.

Quelle des Glücks, der Gemütsruhe, ist es, die Einsamkeit ertragen zu lernen, ja, sie »zur zweiten Natur« (P I, 424) werden zu
lassen: »Ueberhaupt aber kann Jeder IM VOLLKOMMENSTEN EIN-
KLANGE nur mit sich selbst stehn; nicht mit seinem Freunde, nicht
mit seiner Geliebten: denn die Unterschiede der Individualität
und Stimmung führen allemal eine, wenn auch geringe, Dissonanz
herbei. Daher ist der wahre, tiefe Friede des Herzens und die vollkommene Gemüthsruhe« – dieses, nächst der Gesundheit, höchste irdische Gut – »allein in der Einsamkeit zu finden. Ist dann das
eigene Selbst groß und reich; so genießt man den glücklichsten
Zustand, der auf dieser armen Erde gefunden werden mag« (P I,
418).

Was die Menschen gesellig macht, ist ihre Furcht vor der Einsamkeit und ihre Furcht, sich selbst in dieser ertragen zu müssen.
Von innerer Leere und vom Überdruß werden sie in die Gesellschaft getrieben oder suchen als Touristen in der Fremde Ablen-
kung. Da es ihrem Geist an eigener Federkraft mangelt, bedürfen
sie der ständigen Erregung von außen, bis sie zuletzt nach Rausch-
mitteln greifen oder in eine drückende Lethargie verfallen: »Im-
gleichen ließe sich sagen, daß Jeder von ihnen nur ein kleiner
Bruch der Idee der Menschheit sei, daher er vieler Ergänzung
durch Andere bedarf, damit einigermaaßen ein volles menschli-
ches Bewußtseyn herauskomme: hingegen wer ein ganzer
Mensch ist, ein Mensch *par excellence*, der stellt eine Einheit und
keinen Bruch dar, der hat daher an sich selbst genug« (P I, 419).

Schopenhauer veranschaulicht diese Schlüsselstelle der *Aphorismen*, die Kulturkritik am partikularisierten, reduzierten Menschen, mit einem *Bild*: »Man kann, in diesem Sinne, die gewöhnliche Gesellschaft jener russischen Hornmusik vergleichen, bei der jedes Horn nur Einen Ton hat und bloß durch das pünktliche Zusammentreffen aller eine Musik herauskommt. Denn monoton, wie ein solches eintöniges Horn, ist der Sinn und Geist der allermeisten Menschen: sehn doch viele von ihnen schon aus, als hätten sie immerfort nur Einen und denselben Gedanken, unfähig irgend einen andern zu denken. Hieraus also erklärt sich nicht nur, warum sie so langweilig, sondern auch warum sie so gesellig sind und am liebsten heerdenweise einhergehen: *the gregariousness of mankind* [der Herdentrieb der Menschheit]. Die Monotonie seines eigenen Wesens ist es, die jedem von ihnen unerträglich wird: – *omnis stultitia laborat fastidio sui* [Alle Dummheit leidet an ihrem eigenen Überdruß, Seneca]: – nur zusammen und durch die Vereinigung sind sie irgend etwas; – wie jene Hornbläser. Dagegen ist der geistvolle Mensch einem Virtuosen zu vergleichen, der sein Konzert ALLEIN ausführt; oder auch dem Klavier. Wie nämlich dieses, für sich allein, ein kleines Orchester, so ist er eine kleine Welt, und was jene Alle erst durch das Zusammenwirken sind, stellt er dar in der Einheit Eines Bewußtseyns« (P I, 419).

4. Das Nirwana der Aphorismen

In der Sekundärliteratur zu Schopenhauer fehlt bis heute eine *umfassende* Erörterung des *philosophischen* Zusammenhangs von seinem Hauptwerk und seinen *Aphorismen*. Es steht noch aus, die Fragestellung nach dem Verhältnis von Hauptwerk und *Aphorismen* zu vertiefen und, wenn möglich, in ihrer Beantwortung die Aktualität Schopenhauers erkennbar werden zu lassen. Schopenhauers Hauptwerk schließt mit dem »relativen Nichts«, dem Nirwana. Zielen auch die *Aphorismen* auf eine Art Nirwana?

Da Schopenhauer unsere Welt als eine Welt diagnostiziert, die ständig Öl in das Feuer des noch mehr Wollens gießt, als eine

Welt, die den Schauplatz ihres Jammers in einen Lustort verwandeln möchte, statt sich die größte Schmerzlosigkeit zum Ziele zu setzen – münden seine *Aphorismen* in die Haltung des Neinsagens, in die Haltung des Sichverweigerns, für die er den Terminus »Einsamkeit« gebraucht. Schopenhauers schroffes, besonders gegen die Zwänge anderer Menschen und ihrer Einrichtungen gerichtetes *Nein!* sucht sorgsam das *Ja!* zu einer auf das äußerste bedrohten Lebensform – der *Lebensform der Persönlichkeit* – zu hüten. Es ist die Persönlichkeit in ihrer Unangepaßtheit, in ihrer Autarkie, die ihm heilig ist. Er kehrt einer Welt den Rücken, die den Einzelnen in den Strudel von Glücksillusionen treibt und ihm die Einheit seines eigenen, wenn auch flüchtigen Bewußtseins zu spalten, zu zerkleinern, einzuebnen, zu überfremden droht. Schopenhauer sucht den Bann des Verwaltetwerdens, der Eindimensionalität, des alles verschlingenden Konsumismus, der egoistischen Rücksichtslosigkeit gegenüber allem, was lebt, gleichsam durch ein *Nirwana des Alltags* – ein Zurückschrumpfen des bornierten, außengeleiteten Willens – zu lösen. Schopenhauers *Nein!* behütet aus der Negation heraus ein *Ja!*, einen unaussprechlichen Wert – eine Ahnung, daß das je faktische Ich des Menschen noch nicht die ganze Persönlichkeit ist. Es ist dies das *Ja!* zu einem »ganzen Menschen« (P I, 419), der eine Einheit und keinen Bruch darstellen würde, das *Ja!* zu einem »ganzen Menschen«, der alle Empirie überstiege und doch nur in der Empirie – als »Seifenblase« – zu denken und womöglich zu erfahren wäre. Dies wäre das Andere der Alltagserfahrung, das »relative Nichts« der *Aphorismen*.

VIII. DEN STANDPUNKT WECHSELN. ZUR REKONSTRUKTION DER EINHEIT DER PHILOSOPHIE SCHOPENHAUERS

Von irgend etwas muß man ausgehn,
an etwas anknüpfen, sein Gewebe anzetteln:
denn aus nichts wird nichts.
Wenn ich einen Kranz flechte,
steht ein Stengel heraus,
bis ich herumgekommen bin.

1. Die Methodenfigur der Kopernikanischen Drehwende

Eine gedrängte Gesamtdarstellung der Philosophie Schopenhauers läuft Gefahr, das Dogmatische, das Rigide, seines Denkens weiter zu vergröbern, zu verhärten, und dabei das Vorsichtige, das Behutsame, ja, die skeptische Zurückhaltung im Urteil zu vernachlässigen. In diesem Kapitel soll die intendierte organische Einheit des Schopenhauerschen Œuvre rekonstruiert werden (vgl. auch Spierling 1987 a). Diese Rekonstruktion will zum einen zeigen, daß die Philosophie Schopenhauers *im ganzen* ambivalent, ja, von einer eigentümlichen Widersprüchlichkeit ist, zum anderen, daß diese durchgängige, schwer zu vermittelnde Zweideutigkeit begründet ist und einer eingeschriebenen, impliziten Logik folgt. Die Berücksichtigung dieser Ambivalenz soll dazu beitragen, die Komplexität des Gesamtwerks ausgewogener und gerechter beurteilen sowie die in der philosophischen Diskussion bislang eher unterschätzten *Aphorismen* neu gewichten zu können. Zunächst gilt es, einen Abweg der Rezeption deutlich zu kennzeichnen.

In der Schopenhauer-Rezeption ist die *vorschnelle* Verabsolutierung des Willens als Ding an sich weit verbreitet. Diese Verabsolutierung ist, sofern die angedeutete Ambivalenz des Gesamtwerks außer acht gelassen wird, ein Mißverständnis. – Der Schlüssel für die Entzifferung der Welt als Vorstellung ist der Wille. Durch ihn wird die Welt aber nur ein Stück weit verständlicher. Denn das Ding an sich stellt sich *nur uns* als Wille dar. »Der Wille, so wie wir ihn in uns finden und wahrnehmen, ist nicht eigentlich das *Ding an sich*« (VN II, 101; s. o., 126). *Für uns* ist das Ding an sich Wille, insofern es *in* unser Bewußtsein fällt. Weil wir uns über dieses nicht hinwegsetzen können, ist es uns prinzipiell unmöglich, in Erfahrung zu bringen, was das Ding an sich wirklich,

d. h. *außerhalb* und *unabhängig* von unserem Bewußtsein, *vor* oder *jenseits* der Welt, ist. Ausdrücklich betont Schopenhauer am Ende des zweiten Bandes seines Hauptwerks und im letzten Abschnitt seiner *Philosophischen Vorlesungen*, daß die Frage, was das Ding an sich schlechthin an sich selbst sei – abgesehen davon, daß es sich *uns* als Wille *darstellt* – unbeantwortbar ist (vgl. W II, 576). Die Frage, ob es dann immer noch Wille sei, markiert die Grenze seiner Philosophie.

Der von Schopenhauer intendierte Gedankenorganismus ist durch einen komplementären Wechsel der Standpunkte charakterisiert. Die transzendentalidealistische und die naturwissenschaftlich-materialistische Betrachtungsweise einerseits sowie die psychologische und metaphysische Betrachtungsweise andererseits werden untereinander und umeinander gedreht und gewendet, um die organische Einheit des »einen einzigen Gedankens« – »daß diese Welt, in der wir leben und sind, ihrem ganzen Wesen nach, durch und durch WILLE und zugleich durch und durch VORSTEL-LUNG ist« (W I, 226 f.; s. o., Kapitel II, 8) – durch gegenseitige Ergänzungen und Relativierungen zu konstituieren. Der *Organismus* des *einen* Gedankens führt im Gegensatz zu einem System des Gedankens zu einer zirkularen Struktur, bei der die Teile des Ganzen nicht in einem subordinierten, sondern in einem koordinierten Verhältnis zueinander stehen, so daß »keiner der erste und keiner der letzte ist«.

Schopenhauer untersagt sich, von einem vorstellungsunabhängigen, absolut Ersten *auszugehen*, um von diesem her eine metaphysische Seinslehre von den Dingen an sich kausal abzuleiten. Er verfiele sonst seiner eigenen Kritik, die er an der traditionellen Dogmatik herkömmlicher Metaphysiken übt: »Diejenigen sonach, welche vorgeben, die letzten, d. i. die ersten, Gründe der Dinge, also ein Urwesen, Absolutum, oder wie sonst man es nennen will, nebst dem Proceß, den Gründen, Motiven, oder sonst was, in Folge welcher die Welt daraus hervor geht, oder quillt, oder fällt, oder producirt, ins Daseyn gesetzt, ›entlassen‹ und hinauskomplementirt wird, zu erkennen, – treiben Possen, sind Windbeutel, wo nicht gar Scharlatane« (W II, 216). – Wichtig ist festzuhalten: Es gibt in Schopenhauers immanentem Dogmatismus kein Absolutum im ursprungsphilosophischen Sinn.

Der mehrfache komplementäre Wechsel der Standpunkte verleiht Schopenhauers Philosophie eine eigentümliche Ambivalenz. Ich möchte mit folgender Rekonstruktion auch zeigen, daß diese Zweideutigkeit keinem Denkfehler entspringt, auch nicht willkürlich ist, sondern dem logischen Aufbau einer Methodenfigur entstammt, die implizit in Schopenhauers Philosophie eingeschrieben ist. Sie zieht sich wie ein roter Faden durch seine Arbeiten und ist selbst in den *Aphorismen* wiederzufinden. Insgesamt lassen sich drei grundlegende Standpunktwechsel unterscheiden – weiter unten spreche ich von »Drehwenden« –, die systematisch aufeinander aufbauen. Bei der Erörterung dieser Methodenfigur darf Schopenhauers entscheidende Hintergrundüberzeugung nicht außer acht gelassen werden, daß das Dasein schlechthin eine moralische Bedeutung hat. Das Dasein ist in sich werthaftig, ihm kommt keine neutrale Faktizität zu, es steht in einem universalen Schuldzusammenhang. Die Metapher vom *Unendlichfüßler* (vgl. o., 67 ff.) zeigt gerade, daß es kein Außerhalb des labyrinthischen, in sich verschlungenen Ungeheuers gibt. Aus diesem Grund erschließen sich Stellenwert und Sinn von Schopenhauers erkenntnistheoretischen Untersuchungen und seiner methodischen Verfahrensweisen erst in Verbindung mit der Metaphysik, namentlich der Ethik.

Drehwende 1. In der *Welt als Vorstellung* kann der Intellekt sich von zwei möglichen, einander wechselseitig relativierenden und berichtigenden Standpunkten aus selbst betrachten: von einer gleichsam inneren, der transzendentalidealistischen, und von einer äußeren, der physiologisch-materialistischen. Einmal betrachtet sich der Intellekt als etwas Nicht-Körperliches (Kants »Ich denke« oder Descartes' *»Cogito«*), zum andern als etwas Körperliches (Cabanis' Organgebundenheit des Denkens). Im ersten Fall bedingt der Intellekt als erkennendes Subjekt erkenntnistheoretisch gesehen alle seine Vorstellungen – die Welt als Vorstellung –, im zweiten Fall wird er als erkanntes Objekt ontologisch gesehen selbst von der Welt als Vorstellung bedingt, namentlich von einem

Gehirn. Diesen Sachverhalt – die Welt ist im Kopf, und der Kopf ist in der Welt – nennt Schopenhauer »ANTINOMIE in unserm Erkenntnißvermögen« (W I, 65; vgl. VN I, 513).

Der transzendentalphilosophische Ansatz ermittelt im Anschluß an Kants *Kritik der reinen Vernunft* apriorische Formen des Erkennens und damit an die empirische Realität gebundene *bewußtseinsimmanente* Erkenntnisgrenzen. Der physiologisch-materialistische Ansatz, wie ihn beispielsweise Cabanis in seinem Werk, *Ueber die Verbindung des Physischen und Moralischen in dem Menschen* (dt. 1804), vertritt, interpretiert die *Kritik der reinen Vernunft* um in eine »Kritik der Gehirnfunktionen« (vgl. W II, 21). Diese nun physiologisch-materialistisch ansetzende Erkenntniskritik untersucht – *bewußtseinstranszendent* gewendet – die materiellen Bedingungen des Erkennens. Beide Ansätze sind Schopenhauer zufolge »höchst einseitige Auffassungen und daher, trotz ihrer Gegensätze, ZUGLEICH wahr, nämlich jede von einem bestimmten Standpunkt aus: sobald man aber sich über diesen erhebt, erscheinen sie nur noch relativ und bedingt wahr« (W II, 548).

Kants »Ich denke«, die Einheit des Bewußtseins, die Tatsache also, daß ich es in meinem Denken bin, der alle meine anschaulichen und begrifflichen Vorstellungen begleitet, kann mit dem Faden einer Perlenschnur verglichen werden, auf den sich alle meine Vorstellungen zusammenhängend aufreihen. Dieser Faden – die zusammenhangstiftende Tätigkeit des theoretischen »Ich denke« – bekommt bei Schopenhauer eine physiologische (später noch metaphysisch voluntaristische) Basis in dem materiell verstandenen »Brennpunkt der Gehirnthätigkeit«. Schopenhauer ist überzeugt, Kant auch in diesem Punkt konsequent zu Ende gedacht zu haben: »Dieser Brennpunkt der gesammten Gehirnthätigkeit ist Das, was KANT die synthetische Einheit der Apperception nannte« (W II, 323; vgl. W II, 293). Kant selbst aber faßt diesen Einheitspunkt des Bewußtseins oder, wie er sagt: »Das: Ich *denke*, muß alle meine Vorstellungen begleiten können« (KrV, B 131), *ausschließlich* als eine *logische*, unhintergehbare Bedingung unseres gesamten Denkens auf. Jeder Versuch, diese Bedingung physiologisch-materialistisch fundieren zu wollen, muß Kant zufolge – logisch –

scheitern, weil jeder Versuch der Fundierung selbst unter der Bedingung steht, die fundiert werden soll: dem »Ich denke«. Jeder Versuch, das transzendentalphilosophische »Ich denke« zu hinterdenken, es ableiten zu wollen, es physiologisch erklären zu wollen, setzt es logisch immer wieder voraus. – Hinter diesem Zirkel steckt das Problem: Wie kann ich mein eigenes Denken auf etwas anderes zurückführen, wenn ich an diesem anderen stets mein Denken wiederfinde?

Drei Textbeispiele sollen Schopenhauers Erkenntnisantinomie verdeutlichen:

Erstens: »Wenn man nämlich einerseits zugeben muß, daß alle jene physischen, kosmogonischen, chemischen und geologischen Vorgänge, da sie nothwendig, als Bedingungen, dem Eintritt eines Bewußtseyns lange vorhergehn mußten, auch VOR diesem Eintritt, also außerhalb eines Bewußtseyns, existirten; so ist andrerseits nicht zu leugnen, daß eben die besagten Vorgänge außerhalb eines Bewußtseyns, da sie in und durch dessen Formen allererst sich darstellen können, gar nichts sind, sich nicht ein Mal denken lassen« (P II, 124).

Zweitens: »Allerdings setzt, in meiner Erklärung, das Daseyn des Leibes die Welt der Vorstellung voraus; sofern auch er, als Körper oder reales Objekt, nur in ihr ist: und andererseits setzt die Vorstellung selbst eben so sehr den Leib voraus; da sie nur durch die Funktion eines Organs desselben entsteht« (W II, 321).

Drittens: »Es ist eben so wahr, daß das Erkennende ein Produkt der Materie sei, als daß die Materie eine bloße Vorstellung des Erkennenden sei: aber es ist auch eben so einseitig« (W II, 23).

Diesen methodischen Standortwechsel in Schopenhauers Erkenntnislehre, das transzendentalidealistische Drehen und das materialistische Wenden, das wechselseitige Hin- und Herspringen von einer einseitigen Betrachtungsweise des Intellekts zur anderen, habe ich im Hinblick auf Kant *Kopernikanische Drehwende* genannt. Kants Kopernikanische Wende bestand ja darin, daß der nicht physiologisch aufgefaßte Verstand der Natur ihre Gesetze auf eine Weise vorschreibt, die *nicht* reversibel ist. Schopenhauer aber sucht sowohl an dieser unumkehrbaren Wende festzuhalten *und* sie doch *zugleich* umzukehren, sie von einem zweiten Standpunkt aus *ergänzend* vor- und zurückzudrehen.

Die Kopernikanische Drehwende ist der systematische Dreh- und Angelpunkt, das Scharniergelenk seiner Philosophie oder, mit anderen Worten gesagt, das Methodenmodell seines Gedankenorganismus. Es ist seiner Erkenntnislehre eingeschrieben, aber auch – wenngleich nicht sofort ersichtlich – seiner Metaphysik. Schopenhauer hat sich allerdings nicht zuerst die Kopernikanische Drehwende als eine von der Problematik der Sache isolierbare Methode ausgedacht, um nach ihrer Maßgabe eine rationalistische Begriffsarchitektur zu konstruieren. Die Kopernikanische Drehwende ist in seinem philosophischen Werk eher implizit angelegt als metatheoretisch reflektiert.

Mit dem Perspektivenwechsel, der jedes angeblich voraussetzungslose Verfahren als Einseitigkeit, als »Windbeutelei« kritisiert, versucht Schopenhauer der vorschnellen Unterstellung eines absolut Ersten, sei es ein Geistiges, sei es etwas Materielles, in seinem eigenen Denken Einhalt zu gebieten und sich über den einfältigen Standpunkt-Dogmatismus zu erheben. Von Geist oder Materie auszugehen, zumal von ihrem substantialisierten, »grundfalschen Gegensatz« sowie von einem uneingeschränkten Gebrauch der Kausalität ist philosophiegeschichtlich überholt. Es wäre so, sagt Schopenhauer pointiert, »als hätte es nie einen Kant gegeben und giengen wir noch, mit Allongenperücken geziert, zwischen geschorenen Hecken umher, indem wir, wie Leibnitz, mit Prinzessinnen und Hofdamen philosophirten, über ›Geist und Natur‹, unter letzterer die geschorenen Hecken, unter ersterem uns selbst verstehend. [...] In Wahrheit aber giebt es weder Geist, noch Materie, wohl aber viel Unsinn und Hirngespinste in der Welt« (P II, 100). – Insbesondere philosophiert Schopenhauer nicht von der Position einer geistlosen Materie aus oder von der eines heiligen Geistes. Die Alternative »Aut catechismus, aut materialismus« (N h, XI) ist ihm eine doppelte Sackgasse.

Drehwende 2. Mit der Kopernikanischen Drehwende konstituiert Schopenhauer die Welt als Vorstellung, die ihre durchgängige – transzendentalphilosophisch-materialistische, materialistisch-transzendentalphilosophische – Zweideutigkeit nicht abstreifen kann. Er wendet diese Selbstberichtigungsmethode des wechselseitig kompensierenden Drehens und Wendens, die die organische Einheit des einen Gedankens konstituieren soll, in einem grundsätzlichen Sinn noch einmal beim Aufbau seiner Metaphysik an. Jetzt wird die *Welt als Vorstellung* in der *Gesamtheit* ihrer doppelten Betrachtungsweise, also der transzendentalphilosophische und der physiologisch-materialistische Standpunkt zusammengenommen, als *ein* einseitiger Ausgangspunkt erklärt und ihm gegenüber ein ergänzender Standpunkt spekulativ eingenommen: der Standpunkt der *Welt als Wille*.

Die Welt als Vorstellung, der die Drehwende 1 zugrunde liegt, wird nun durch die Drehwende 2 um die Welt als Wille gedreht und die Welt als Wille um die Welt als Vorstellung gewendet. Der Standpunkt der Welt als Vorstellung und der Standpunkt der Welt als Wille, die damit als wechselseitiges, methodisch untrennbares Korrektiv aufeinander bezogen sind, konstituieren die Welt als Wille *und* Vorstellung mit ihrer charakteristischen, unaufhebbaren Zweideutigkeit. Diese Zweideutigkeit zeigt sich zum Beispiel darin, daß die Welt als Vorstellung einmal *Erscheinung* des erkennenden Subjekts ist (Standpunkt der Welt als Vorstellung) und einmal des Dings an sich (Standpunkt der Welt als Wille). Zum einen meint Erscheinung subjektives Gehirnphänomen, bedingt durch das *principium individuationis*, durch die apriorischen Formen Raum, Zeit und Kausalität, zum anderen hermeneutisch zu entziffernde Objektivation des Dings an sich.

Die Drehwende 2 läßt sich folgendermaßen beschreiben: Schopenhauer faßt die Welt als Vorstellung, wie sie sich unserer Anschauung und unserem Denken gegenständlich darstellt, als Geheimschrift auf, deren Bedeutung der metaphysischen Entzifferung bedarf. Als Schlüssel der Auslegung und Deutung des Dingbewußtseins (der Vorstellungswelt) dient das Selbstbewußtsein, mit dem ein Stück weit die, bildhaft gesagt, Rückseite der Fassade, die vorstellungsabgewandte Seite der Vorstellung, das gänzlich *andere* des Dingbewußtseins erfahrbar ist. Das Selbstbewußtsein erfährt sich als *wollendes* Subjekt. Von dieser empirischpsychologischen Erfahrung des Willens, von den Gefühlen, Affektionen und Leidenschaften, vom intrapsychischen, von der Wollust bis zur Qual reichenden Spektrum, geht Schopenhauer bei seiner Metaphysik aus und nimmt mit erheblichen Einschränkungen an, daß auch die gesamte Natur eine vorstellungsabgewandte Seite hat, die dem menschlichen Willen *ähnlich* ist. Der Wille als Grundbegriff der Metaphysik ist hierbei nur eine *»denominatio a potiori«*, also eine behelfsmäßige Benennung nach dem, was uns am bekanntesten ist. Dieser Ursprung der Metaphysik aus empirischen Erkenntnisquellen untersagt ihr freilich den Anspruch auf apodiktische Gewißheit, welche allein durch Erkenntnis *a priori* möglich ist. – An diesem Punkt aber, der bislang noch durch größere erkenntniskritische Zurückhaltung charakterisiert ist, *wendet* Schopenhauer den Standpunkt und blickt zurück: Vom Willen in der Natur aus, das heißt von der Welt als Wille aus, wird jetzt die Vorstellungswelt betrachtet. Zum Beispiel stellt sich der Intellekt beziehungsweise das Denken jetzt metaphysisch bedingt als Funktion des Willens dar. Dieser methodische Betrachtungswechsel der Drehwende 2, die zudem die Drehwende 1 und damit die Anbindung an die Transzendentalphilosophie impliziert, muß zu einem problematischen Gebrauch des Willensbegriffs führen wie auch rückwirkend anderer Termini.

Deutlicher gesagt: In der Drehwende 2 philosophiert Schopenhauer von zwei Richtungen aus und macht jeweils entgegengesetzte Voraussetzungen. *Zum einen* geht er von psychologischen Erfahrungen, vom empirisch-individuellen Standpunkt aus und fragt bei seiner hermeneutischen Entzifferung der Welt als Vorstellung immer weiter und tiefer nach dem ursprünglichen Wesen der *ganzen* Welt. Er erkennt es annäherungsweise in der psychologischen Erfahrung des eigenen Willens, aber diese Erkenntnis, die durch einen Analogieschluß auf die gesamte Natur übertragen wird, muß gewissermaßen auf *halber* Strecke stehenbleiben, weil die Deutung in dieser Richtung wegen unserer Erkenntnisschranken nicht abschließbar ist, weshalb sie auch nicht apodiktisch sein kann. Auf diesem Weg gelangt Schopenhauer, so weit er auch immer kommen mag, an keinen Endpunkt. Die Rätsel der

Welt, selbst in den einfachsten Erscheinungen, sind ein »Abgrund von Unbegreiflichkeiten und Geheimnissen« (W II, 226). An Adam von Doß schreibt Schopenhauer am 22. 7. 1852: »Sie müssen nie aus den Augen verlieren, was unser Intellekt eigentl[ich] ist: ein bloßes Werkzeug zu den armsäligen Zwecken individueller Willenserscheinungen: was er außerdem leistet, ist schon bloß *abusive*. Und der sollte die Urverhältnisse alles Daseyns ergründen, verstehn und erschöpfen?!« (B, 286) Was das Ding an sich letztlich und unabhängig von seiner Erscheinung ist, diese letzte aller Fragen, kann Schopenhauer eingestandenermaßen nicht beantworten. Der Wille als Ding an sich ist ein »relativ Letztes« (B, 220); das Ding an sich hingegen, *absolut* aufgefaßt, ist unerkennbar.

Zum anderen nimmt Schopenhauer den gewissermaßen auf *halber* Strecke erkannten Willen und erhebt diesen bedingten Endpunkt durch die Wendung des Standpunkts zu einem unbedingten Anfang. Schopenhauer spricht jetzt nicht mehr von einem »relativ Letzten«, sondern von einem »absolut Ersten« (N, 236). »Dieser Wille«, so heißt es jetzt, ist »das alleinige Ding an sich, das allein wahrhaft Reale, allein Ursprüngliche und Metaphysische« (N, 190). Der bis dahin mit Vorbehalt erkannte Wille wird nun als metaphysisch-überindividuelle Wirklichkeit supponiert, um von hier aus die Welt als Vorstellung mit ihren Stufen der Objektivationen des Willens (der Ideen) spekulativ erfassen und ontologisch fundieren zu können. Außerdem werden dem Willen, der nunmehr als Ding an sich fungiert, *ex negativo* drei metaphysische Eigenschaften zugesprochen: Einheit, Grundlosigkeit, Erkenntnislosigkeit. *Diese Wendung aber mit ihren metaphysischen Bestimmungen macht notgedrungen aus der ›halben‹ Strecke eine ›ganze‹.* Da Schopenhauer diesen Ausgangspunkt nunmehr als endgültigen voraussetzt, was im Gegensatz zum Resultat der ersten Betrachtungsweise steht, fallen in der zweiten Wille und Ding an sich differenzlos zusammen. Beide Standpunkte aber gehören methodisch gesehen, von Schopenhauers intendiertem Gedankenorganismus aus betrachtet, zusammen.

Zwei Textbeispiele sollen die beiden zwiespältigen Standpunkte von Drehwende 2 verdeutlichen. *Text 1* zeigt, daß der Wille als Ding an sich, von der Welt als Vorstellung aus gesehen, als subjekt*bedingt* gedacht wird: »Die Metaphysik [...] bleibt daher immanent und wird nicht transscendent. Denn sie reißt sich von der Erfahrung nie ganz los, sondern bleibt die bloße Deutung und Auslegung derselben, da sie vom Dinge an sich nie anders, als in seiner Beziehung zur Erscheinung redet. Wenigstens ist dies der Sinn, in welchem ich, mit durchgängiger Berücksichtigung der von KANT nachgewiesenen Schranken der menschlichen Erkenntniß, das Problem der Metaphysik zu lösen versucht habe« (W II, 213).

Text 2 zeigt, daß der Wille als Ding an sich, von der Welt als Wille aus gesehen, als subjekt*bedingend* gedacht wird: »Allerdings hängt überall die Intelligenz zunächst vom Cerebralsystem ab, und dieses steht in nothwendigem Verhältniß zum übrigen Organismus, daher kaltblütige Thiere bei Weitem den warmblütigen und die wirbellosen den Wirbelthieren nachstehn. Aber eben der Organismus ist nur der sichtbar gewordene Wille, auf welchen, als das absolut Erste, stets Alles zurückweist: seine Bedürfnisse und Zwecke, in jeder Erscheinung, geben das Maaß für die Mittel, und diese müssen unter einander übereinstimmen. [...] Früher haben Betrachtungen dieser Art mir gedient, den WILLEN in allen Dingen nachzuweisen: jetzt aber stelle ich sie an, um zu zeigen, als zu welcher Sphäre gehörig DIE ERKENNTNISS sich darstellt, wenn man sie nicht, wie gewöhnlich, von Innen aus, sondern realistisch, von einem außer ihr selbst gelegenen Standpunkt, als ein Fremdes betrachtet, also den objektiven Gesichtspunkt für sie gewinnt, der zur Ergänzung des subjektiven von höchster Wichtigkeit ist« (N, 236 und 254).

Die Selbstberichtigungsmethode der Kopernikanischen Drehwende, die auf einen organischen Zusammenhang von Teil und Ganzem bedacht ist, ist der Grund dafür, daß Schopenhauer die Welt als Wille auf zwei verschiedene, komplementäre Weisen denkt: einmal mit kritischen, phänomenalistischen Einschränkungen, dann ist sie bedingt von unserer Welt als Vorstellung im Rahmen ihrer Erkenntnisgrenzen; zum andern als metaphysisches Urprinzip, dann bedingt sie selbst die Welt als Vorstellung, ja, unsere gesamte auf Hirnfunktionen beruhende Erkenntnisfähigkeit. Dies ist in der Drehwende 2 der Grund dafür, daß der kritische Leser bisweilen nicht weiß, wann Schopenhauer als Psychologe und wann er als Metaphysiker spricht, so wie er in der Drehwende 1 als Transzendentalphilosoph auftritt und gleichzeitig als Physiologe.

Die beiden ineinandergeschachtelten Drehwenden 1 und 2 – Drehwende 2 impliziert Drehwende 1 – holen Schopenhauers Metaphysik immer wieder auf den Boden der Empirie zurück, von dem sie stets erneut wieder ausgeht. Die Erfahrungstranszendenz des Willens als Ding an sich der gesamten Natur muß erfahrungsimmanent rückversichert werden. Innerhalb der organischen Einheit des einen Gedankens ist der Wille letztlich *nicht* das absolut Ursprüngliche, Ewige und Unzerstörbare, von dem her die Welt sich mit Notwendigkeit und Allgemeingültigkeit deduzieren ließe. Schopenhauer verwahrt sich gegen diese dürftige Art der Interpretation in einem heftigen Brief vom 21. 8. 1852 an Julius Frauenstädt: »Ich muß, mein werther Freund, mir alle Ihre vielen und großen Verdienste um die Verkündigung meiner Philosophie vergegenwärtigen, um nur nicht außer aller Geduld und Fassung zu gerathen, bei Ihrem letzten Briefe. [...] Vergebens z. B. habe ich geschrieben, daß Sie das Ding an sich nicht zu suchen haben in Wolkenkukuksheim (d. h. da, da wo der Judengott sitzt), sondern in den Dingen dieser Welt, – also im Tisch, daran Sie schreiben, im Stuhl unter Ihrem Werthesten. Vielmehr sagen Sie, ›es bliebe ein Widerspruch, daß ich vom Dinge an sich aussagte, was mit dem Begriffe des Dinges an sich unvereinbar wäre.‹ Ganz richtig! mit *Ihrem* Begriff von Ding an sich ist's ewig unvereinbar, und diesen eröffnen Sie uns in folgender präklaren Definition: das Ding an sich ist ›das ewige, unentstandene und unvergängliche Urwesen.‹ – *Das* wäre das Ding an sich?! – Den Teufel auch! – Ich will Ihnen sagen was das ist: das ist das wohlbekannte *Absolutum*, also der verkappte kosmologische [Gottes-]Beweis, auf dem der Judengott reitet. [...] Meine Philosophie redet nie von Wolkenkukuksheim, sondern von *dieser Welt*, d. h. sie ist *immanent*, nicht transscendent. Sie liest die vorliegende Welt ab, wie eine Hieroglyphentafel (deren Schlüssel ich gefunden habe, im Willen) und zeigt ihren Zusammenhang durchweg. Sie lehrt, was die Erschei

nung sei, und was das Ding an sich. Dieses aber ist Ding an sich
blos *relativ*, d. h. in seinem Verhältniß zur Erscheinung: – und diese
ist Erscheinung bloß in ihrer Relation zum Ding an sich. Außerdem ist *sie* ein Gehirnphänomen. Was aber das Ding an sich *außerhalb* jener Relation sei, habe ich nie gesagt, weil ich's nicht weiß:
in derselben aber ist's Wille zum Leben« (B, 290 f.).

Festzuhalten ist: Die Kopernikanische Drehwende konstituiert
mit ihrer Methodenfigur des komplementären Standpunktwechsels Schopenhauers intendierten Gedankenorganismus. Die Welt
als Vorstellung ist wie ein Spiegel, und die metaphysische Rückseite des Spiegels ist die Welt als Wille (Metaphysik), die wir aber
nur im Spiegel (Erkenntnislehre) kennen: Das kennzeichnet die
Drehwende 2 mit ihrem metaphysischen Standpunktwechsel. Der
Spiegel aber ist ein Zerrspiegel *(principium individuationis)*, der von
zwei Seiten (Transzendentalphilosophie und Materialismus) betrachtet und entzerrt werden muß: Das kennzeichnet die Drehwende 1 mit ihrem erkenntnistheoretischen Standpunktwechsel.
Was die Metapher vom Spiegel noch ermöglicht, ist der beson-
nenen Philosophie verwehrt: einen Standpunkt außerhalb aller
spiegelnden Reflexion – *sub specie aeternitatis* – einzunehmen. Der
Wille als Ding an sich bleibt ein problematischer Grenzbegriff.

Drehwende 3. Bedenkt man die weiter oben erwähnte Hintergrundüberzeugung mit, daß das Dasein schon als bloßes Dasein in
einem universalen Schuldzusammenhang steht und daher eine
moralische Bedeutung hat, dann verleiht Schopenhauer seiner
Methodenfigur der Drehwende indirekt einen moralischen Wert.
Sie ist die Methodenfigur, mit der er die Welt als Wille und Vorstellung in ihrer *Bejahung des Willens zum Leben* – den über
Schmerzen und Leichen gehenden, insgesamt erkenntnislosen
Unendlichfüßler – in die problematisierende Reflexion bringt. Mit
ihr versucht er, der vertrackten Verschlungenheit des *principium
individuationis* beizukommen. Das *principium individuationis* kennzeichnet die moralisch folgenschwere Täuschung des Zerrspiegels
unserer Erkenntnis. Sie besteht darin, daß wir uns die Menschen,
die Tiere, ja, die ganze Welt als absolutes Nicht-Ich vorspiegeln
und infolge hiervon gegen diesen Schein egoistisch, rücksichtslos

oder gar grausam spiegelfechten, weshalb wir als Täter und Opfer zugleich in den universalen Schuldzusammenhang verstrickt sind.

Schopenhauers Philosophie des Hin- und Herwendens der Standpunkte läßt die Welt als Wille und Vorstellung als ein labyrinthartiges Gefängnis-Dasein erkennen. In dieses Gefängnis hat sich unsere Subjektivität, die weit über das hinausreicht, was wir von ihr in Erfahrung bringen können, durch ihr moralisch verkehrtes Sein, durch ihre auf egoistisches Wollen ausgerichtete Erkenntnis- und Handlungsweise, auf unerklärliche Weise selbstverschuldet eingeschlossen. Das Nachzeichnen des Labyrinths durch den methodischen Standortwechsel lockert den von einer scheinbar ichfremden, versachlichten Dingwelt vereinnahmten Blick und beginnt, ihn über den Weg der Philosophie und der Kunst virtuell für eine ganz andere, nicht-verdrehte Sicht der Dinge zu gewinnen: für die Sicht des Mitleids, für das »große Mysterium der Ethik« (E, 565).

Das Mit-Leiden entkommt im Sichwiedererkennen in der fremden Erscheinung dem selbstsüchtigen Erkenntnisbetrug, jeder Mensch, jedes Lebewesen – jeder Fuß des Unendlichfüßlers – sei ein in Raum und Zeit absolut eigenes Wesen für sich. Diese Erkenntnisweise – Schopenhauer verwendet für sie die Sanskrit-Formel tat twam asi (das bist du) – kann die moralische Isolation zugunsten eines auf Menschenliebe und Gerechtigkeit basierenden Verzichts überwinden: »denn eine solche ist die Erinnerung an die Rücksicht, in welcher wir Alle Eins und das selbe Wesen sind« (E, 628). Im Mit-Leiden, das sich beim Durchschauen des principium individuationis einstellt, wendet sich der sich bejahende Wille und verneint seinen Egoismus.

Am Ende seiner Philosophie thematisiert Schopenhauer die gänzliche Verneinung des Willens zum Leben, die nicht mit dem Selbstmord verwechselt werden darf. Noch einmal wendet er wechselseitig den Standpunkt, doch dieser Wechsel läßt sich inhaltlich positiv nicht mehr durchführen, sondern nur noch ex negativo in methodischer Analogie zu dem mit Hilfe der Kopernikanischen Drehwende bereits Erreichten vermuten, vage erahnen. Schopenhauer drehwendet die Bejahung des Willens zum Leben um die Verneinung des Willens zum Leben. Er nennt die Willensverneinung – metaphorisch gesagt, das reine Erkenntnissein des sich selbst spiegelnden Spiegels, der sich seiner Rückseite (Wille) und seiner Verzerrung *(principium individuationis*, Antinomie des Erkenntnisvermögens) entledigt hätte – »relatives Nichts« oder »Nirwana« (W I, 525 und 528).

Noch einmal wird der erreichte Standpunkt, jetzt der Gedankenorganismus der Welt als Wille und Vorstellung selbst, der alle bisherigen Standpunkte in ihrer Gesamtheit organisch zusammenzuflechten sucht, als ein nicht endgültiger, ja, wieder als *einseitiger* verstanden und um einen postulierten – imaginären – Standpunkt gedrehwendet. Von der Bejahung der Welt wird zu ihrer Verneinung geblickt und von ihrer Verneinung zurück zur Bejahung: »Ein umgekehrter Standpunkt, wenn er für uns möglich wäre, würde die Zeichen vertauschen lassen, und das für uns Seiende als das Nichts und jenes Nichts als das Seiende zeigen. […] Wir bekennen es vielmehr frei: was nach gänzlicher Aufhebung des Willens noch übrig bleibt, ist für alle Die, welche noch des Willens voll sind, allerdings Nichts. Aber auch umgekehrt ist Denen, in welchen der Wille sich gewendet und verneint hat, diese unsere so sehr reale Welt mit allen ihren Sonnen und Milchstraßen – Nichts« (W I, 526 und Schluß; vgl. VN IV, 270 f.). In einer handschriftlichen Notiz ergänzt Schopenhauer: »Dieses ist eben auch das Pradschna-Paramita der Buddhaisten, das ›Jenseit aller Erkenntniß‹, d. h. der Punkt, wo Subjekt und Objekt nicht mehr sind« (W I h, 487).

Eine Stelle in Schopenhauers Werk weist darauf hin, wie die Welt als Wille und Vorstellung vom Blickwinkel des »relativen Nichts« aus aufgefaßt werden könnte, aber diese Auffassung ist für ihn nicht mehr im eigentlichen Sinn wahr. Gemeint ist die Stelle in den *Parerga und Paralipomena* über die buddhistische Vorstellung, wonach die Weltentstehung infolge einer »nach langer Ruhe eintretenden, unerklärlichen Trübung in der Himmelsklarheit des, durch Buße erlangten, seeligen Zustandes Nirwana« (P II, 271) entstanden sei. Schopenhauer versagt sich aber diesen Phantasie-Standpunkt aufgrund der methodischen Rückbindung seines Denkens an seine Er-

kenntnislehre, die nicht ohne Grund am Anfang seines Werks steht.
In diesem Zusammenhang grenzt sich Schopenhauer auch gegenüber der Mystik ab, der gegenüber er durchaus aufgeschlossen ist:
»Der Philosoph [...] soll sich [...] hüten, in die Weise der Mystiker
zu gerathen und etwan, mittelst Behauptung intellektualer Anschauungen, oder vorgeblicher unmittelbarer Vernunftvernehmungen, positive Erkenntniß von Dem vorspiegeln zu wollen, was, aller
Erkenntniß ewig unzugänglich, höchstens durch die Negation bezeichnet werden kann« (W II, 710 f.).

Die philosophische Reflexion stürzt mit dieser letzten undurchführbaren Drehwende 3, die noch der Logik der Methodenfigur
der Kopernikanischen Drehwende folgt, ins Bodenlose. Schopenhauer stellt sich gegen Schopenhauer. Mit dieser mit dem Tod verbundenen Drehwende argumentiert er, eher implizit, gegen seine
eigene Philosophie in ihrer Gesamtheit, aber er tut dies noch in
voller Konsequenz innerhalb ihres vorgezeichneten Rahmens. Ja,
er kann dies aufgrund des methodischen Prinzips ihrer eigenen
Selbstberichtigung, das Selbstkritik als ihr innerstes und eigenstes
Konstituens miteinschließt und zwischen Skeptizismus und Dogmatismus zu vermitteln sucht. Denn der postulierte, inhaltlich
nicht mehr einnehmbare Gegenstandpunkt erweist das organische
Ganze der *Welt als Wille und Vorstellung* als *einseitig*, als *relativ*
in Hinsicht auf etwas uns ganz Unbekanntes: Prinzipiell *alle* erreichten *Resultate* der *Welt als Wille und Vorstellung* werden dadurch
wieder angezweifelt, werden erneut zu schwankenden *Voraussetzungen*. Der Gedankenorganismus überschlägt sich. Die Kopernikanische Drehwende führt über die Kopernikanische Drehwende
nicht hinaus − »weil eben die Erkenntniß überhaupt nur in der
Welt ist, wie die Welt nur in der Erkenntniß ist« (VN IV, 272).

Die Philosophie Schopenhauers läßt sich nach der Logik der
Kopernikanischen Drehwende konsequent nachzeichnen. Die
einseitige Transzendentalphilosophie wird durch den einseitigen
Materialismus ergänzt (Drehwende 1). Beide Standpunkte zusammen ergeben den einseitigen Standpunkt der Welt als Vorstellung, dem der für sich einseitige metaphysisch-relative Standpunkt
der Welt als Wille kompensierend zur Seite gestellt wird (Dreh-

wende 2). Schließlich wird die Welt als Wille und Vorstellung zu dem wiederum einseitigen Gesamtstandpunkt der Bejahung des Willens zum Leben erhoben, dem noch einmal kontrapunktisch der metaphysisch-absolute Standpunkt des »relativen Nichts« entgegengesetzt wird (Drehwende 3). Diese drei auseinander entwickelten Drehwenden stellen den allgemeinen, eher versteckt angelegten Grundriß von Schopenhauers durchgängig zweideutigem Gedankenorganismus dar, wobei die Drehwende 3 die Drehwenden 2 und 1 umfaßt, und die Drehwende 2 die Drehwende 1. Schopenhauers Philosophie schlägt eine Brücke von Kants »Ich denke« zu Buddhas Denken ohne Ich.

Das Methodenpostulat, das Schopenhauer in den *Parerga und Paralipomena* formuliert hat, läßt sich in allen Teilen seiner Philosophie verfolgen, reicht bis in seine letzten Gedanken hinein: »Immer muß man irgend etwas als gegeben ansehn, um davon auszugehn. Dies nämlich besagt das δος μοι που στω [Gib mir einen Standort (und ich bewege die Erde); Ausspruch des Archimedes], welches die unumgängliche Bedingung jedes menschlichen Thuns, selbst des Philosophirens, ist; weil wir geistig so wenig, wie körperlich, im freien Äther schweben können. Ein solcher Ausgangspunkt des Philosophirens, ein solches einstweilen als gegeben Genommenes, muß aber nachmals wieder kompensirt und gerechtfertigt werden. […] Um nun also die hierin begangene Willkürlichkeit wieder auszugleichen und die Voraussetzung zu rektificiren, muß man nachher den STANDPUNKT wechseln, und auf den entgegengesetzten treten, von welchem aus man nun das Anfangs als gegeben Genommene, in einem ergänzenden Philosophem wieder ableitet: *sic res accendunt lumina rebus* [So bringt eine Sache der anderen Licht; Lucretius]« (P II, 39).

2. Kein letztes Wissen

Erst die standortwechselnde Kopernikanische Drehwende schließt die zirkulare Dramatik von Schopenhauers philosophischem Werk in ihrem systematischen Zusammenhang auf. Auch läßt sich von hier aus die in der Sekundärliteratur häufig beanstandete *Widersprüchlichkeit* Schopenhauers (vgl. M, 131 ff., 285 ff., 304 ff., 341 ff.) in ihrer eigentlich konstitutiven Bedeutung neu überdenken. Es wird dann schwerer fallen, die tatsächlich vorhandene Zweideutigkeit seines Denkens als bloßen Denkfehler abzutun oder sie von nur *einem* Standpunkt aus reduktionistisch zu verleugnen. Da Schopenhauer weiß, daß er die Einheit seines Gedankenorganismus nicht *sub specie aeternitatis* im ganzen überschauen und ableiten kann – einen absoluten Standpunkt einzunehmen ist dem Menschen prinzipiell versagt –, sucht er immanent, gleichsam im Dunkeln tastend die intendierte Einheit mit Hilfe der Selbstberichtigungsmethode der Kopernikanischen Drehwende approximativ *einzukreisen*, das heißt die einzelnen, je perspektivischen Standorte auf die Thematik einer egozentrischen Subjektivität auszurichten. Keinesfalls ist die Kopernikanische Drehwende eine geheimnisvolle Zaubermethode, der es gelänge, die einzelnen Standorte begrifflich zu vermitteln: Sie kennzeichnet vielmehr eine Dialektik, der jedes versöhnende Aufheben im Sinn Hegels fremd ist.

In Hinsicht auf die vermeintliche Auflösung der antinomischen Zirkularität durch die Entfaltung der Willensmetaphysik zeigt sich Schopenhauer in der Einschätzung seiner eigenen Philosophie nicht selbstkritisch genug. Die Kopernikanische Drehwende, die er nicht in einer metatheoretischen Reflexion eingeholt hat, macht aber gerade plausibel, daß der Zusammenhang der Standorte, der auch der Zusammenhang der Einheit des Bewußtseins, des rätselhaft unerklärlichen »Weltknotens« (G, 152), wäre, weder nach kausalen Gesetzen der materiellen Dingwelt zu denken ist noch als transzendentale Synthesis im Sinne Kants, sondern als etwas, das sich der rationalen Analyse letztlich entzieht, also *offen* bleibt. Durchaus in diesem Sinn und diesmal mit behutsamer Reflexion vermerkt Schopenhauer: »Eben weil die Welt ohne Hülfe der Erkenntniß sich gemacht hat, geht ihr ganzes Wesen nicht in die Erkenntniß ein« (W II, 335). – Die Vernunft ist *kein* »Vermögen des Uebersinnlichen« (Ge, 110).

Das Drehen und Wenden eines Einseitigkeitsstandpunktes um

den anderen kommt nicht umhin, das sich über sich selbst belehrende Nichtwissen herauszustellen. Schopenhauer, am Leitfaden der Methodenfigur betrachtet, läßt einen Philosophen erkennen, der besonnen reflektiert, der der Differenz von Begriff und Sache methodisch eingedenk bleibt, der dem apriorisch-idealistischen Identitätsdenken Einhalt gebietet. Erstaunlich und bewundernswert ist gerade, daß Schopenhauer Nicht-Identisches – von Wille und Erkenntnis, von Irrationalem und Rationalem – eingesteht und ertragen kann: »Welche Fackel wir auch anzünden und welchen Raum sie auch erleuchten mag; stets wird unser Horizont von tiefer Nacht umgränzt bleiben. Denn die letzte Lösung des Räthsels der Welt müßte nothwendig bloß von den Dingen an sich, nicht mehr von den Erscheinungen reden. Aber gerade auf diese allein sind alle unsere Erkenntnißformen angelegt: daher müssen wir Alles uns durch ein Nebeneinander, Nacheinander und Kausalitätsverhältnisse faßlich machen. Aber diese Formen haben bloß in Beziehung auf die Erscheinung Sinn und Bedeutung: die Dinge an sich selbst und ihre möglichen Verhältnisse lassen sich durch jene Formen nicht erfassen. Daher muß die wirkliche, positive Lösung des Räthsels der Welt etwas seyn, das der menschliche Intellekt zu fassen und zu denken völlig unfähig ist« (W II, 215 f.). – »Die *Dunkelheit* welche über unser Daseyn verbreitet ist, […] muß man sich nicht daraus zu erklären suchen daß wir von irgend einem ursprünglichen Licht abgeschnitten wären, oder unser Gesichtskreis durch irgend ein äußeres Hinderniß beschränkt wäre, oder die Kraft unsers Geistes der Größe des Objekts nicht angemessen wäre; durch welche Erklärung alle jene Dunkelheit nur *relativ* wäre, nur in Beziehung auf uns und *unsre* Erkenntnißweise vorhanden. Nein, sie ist absolut und ursprünglich: sie ist daraus erklärlich daß das innre und ursprüngliche Wesen der Welt nicht *Erkenntniß* ist, sondern allein *Wille*, ein erkenntnißloses. Die Erkenntniß überhaupt ist sekundären Ursprungs, ist ein Accidentelles und Aeußeres: darum ist nicht jene Finsterniß ein zufällig beschatteter Fleck mitten in der Region des Lichtes; sondern die Erkenntniß ist ein Licht mitten in der grenzenlosen ursprünglichen Finsterniß, in welche sie sich verliert« (VN IV, Schluß).

ANHANG

SIGLEN

Arthur Schopenhauers Werke in fünf Bänden, nach den Ausgaben letzter Hand hrsg. Ludger Lütkehaus, Zürich ³1994

W I	Die Welt als Wille und Vorstellung, Bd. I (Werke, Bd. I)
W II	Die Welt als Wille und Vorstellung, Bd. II (Werke, Bd. II)
G	Ueber die vierfache Wurzel des Satzes vom zureichenden Grunde (Werke, Bd. III)
N	Ueber den Willen in der Natur (Werke, Bd. III)
E	Die beiden Grundprobleme der Ethik (Werke, Bd. III)
F	Ueber das Sehn und die Farben (Werke, Bd. III)
P I	Parerga und Paralipomena, Bd. I (Werke, Bd. IV)
P II	Parerga und Paralipomena, Bd. II (Werke, Bd. V)

Handschriftliche Zusätze aus den Handexemplaren der Ausgaben letzter Hand werden zitiert nach Arthur Schopenhauer: *Sämtliche Werke,* hrsg. Arthur Hübscher, 7 Bände, Wiesbaden ³1972. Den Siglen wird ein »h« nachgestellt. Werkanordnung = G, F in Bd. I; W I/II in Bde. II/III; N, E in Bd. IV; P I/II in Bde. V/VI.

Arthur Schopenhauer: *Philosophische Vorlesungen.* Aus dem handschriftlichen Nachlaß, hrsg. Volker Spierling, 4 Bände, München ²1987–1990

VN I	Theorie des gesammten Vorstellens, Denkens und Erkennens. Vorlesung über die gesammte Philosophie, 1.Theil. Zusammen mit: Probevorlesung, Lobrede und Dianoiologie (Bd. I)
VN II	Metaphysik der Natur. Vorlesung über die gesammte Philosophie, 2.Theil (Bd. II)
VN III	Metaphysik des Schönen. Vorlesung über die gesammte Philosophie, 3.Theil (Bd. III)
VN IV	Metaphysik der Sitten. Vorlesung über die gesammte Philosophie, 4.Theil (Bd. IV)

Arthur Schopenhauer: *Der handschriftliche Nachlaß,* hrsg. Arthur Hübscher, 5 Bände in 6, Frankfurt a. M. 1966–1975. Unveränderter Nachdruck München 1985

HN I	Frühe Manuskripte 1804–1818 (Bd. I)
HN II	Kritische Auseinandersetzungen 1809–1818 (Bd. II)
HN III	Berliner Manuskripte 1818–1830 (Bd. III)
HN IV 1	Die Manuskriptbücher der Jahre 1830–1852 (Bd. IV, 1)
HN IV 2	Letzte Manuskripte/Gracians Handorakel (Bd. IV, 2)
HN V	Randschriften zu Büchern (Bd. V)

R   Arthur Schopenhauer: *Die Reisetagebücher. Journal einer Reise von Hamburg nach Carlsbad, und von dort nach Prag; Rückreise nach Hamburg. Anno 1800.* Und: *Reisetagebücher aus den Jahren 1803–1804,* hrsg. Ludger Lütkehaus, Zürich 1988

B   Arthur Schopenhauer: *Gesammelte Briefe,* hrsg. Arthur Hübscher, Bonn ²1987

Arthur Schopenhauer: *Der Briefwechsel,* 3 Bände innerhalb der Ausgabe *Arthur Schopenhauers sämtliche Werke,* hrsg. Paul Deussen (Bde. XIV, XV und XVI)

BW I   Erster Band (1799–1849), hrsg. Carl Gebhardt, München 1929
BW II   Zweiter Band (1849–1860), hrsg. Arthur Hübscher, München 1933
BW III   Dritter Band, hrsg. Arthur Hübscher, München 1942

Ge   Arthur Schopenhauer: *Gespräche,* hrsg. Arthur Hübscher, Stuttgart–Bad Cannstatt 1971

Gw   Wilhelm v. Gwinner: *Schopenhauers Leben,* Leipzig ³1910

Jb   *Jahrbuch der Schopenhauer-Gesellschaft,* seit dem 32. Band: *Schopenhauer-Jahrbuch,* hrsg. Paul Deussen u. a. (mit vorangesetzter Nummer und folgender Jahreszahl)

LF   Ernst Otto Lindner/Julius Frauenstädt: *Arthur Schopenhauer. Von ihm. Ueber ihn. Ein Wort der Vertheidigung* von Ernst Otto Lindner und *Memorabilien, Briefe und Nachlaßstücke* von Julius Frauenstädt, Berlin 1863

M   Volker Spierling (Hrsg.): *Materialien zu Schopenhauers ›Die Welt als Wille und Vorstellung‹,* Frankfurt a. M. 1984

Immanuel Kant: *Werke,* Akademie-Textausgabe, Bd. I–IX, Berlin 1968
KrV   Kritik der reinen Vernunft (1. Aufl. = A: Bd. IV, 2. Aufl. = B: Bd. III)
GMS   Grundlegung zur Metaphysik der Sitten (Bd. IV)
Prol   Prolegomena zu einer jeden künftigen Metaphysik, die als Wissenschaft wird auftreten können (Bd. IV)
KpV   Kritik der praktischen Vernunft (Bd. V)

Goethe wird zitiert nach der *Hamburger Ausgabe* (= HA; hrsg. Erich Trunz, München ⁷1981), Nietzsche (soweit möglich) nach der *Kritischen Studienausgabe* (= KSA; hrsg. Giorgio Colli/Mazzino Montinari, München/Berlin/New York ²1988), Platon nach den *Sämtlichen Dialogen* (hrsg. Otto Apelt, Nachdruck Hamburg 1988).

Fast alle Kapitelüberschriften sowie sämtliche Motti sind Originalzitate Schopenhauers. Die Schreibweise der Überschriften wurde modernisiert. Eckige Klammern stammen vom Autor.

BIBLIOGRAPHIE

1. Werke, Nachlaß

Arthur Schopenhauers Werke in fünf Bänden, nach den Ausgaben letzter Hand hrsg. Ludger Lütkehaus. Dazu ein *Beibuch* mit Übersetzung und Nachweis der Zitate, Chronik und Register von Michel Bodmer sowie einem Grundkurs über Schopenhauer-Editionen von Ludger Lütkehaus, Zürich [3]1994.

Schopenhauer, Arthur: *Sämtliche Werke*, nach der ersten, von Julius Frauenstädt besorgten Gesamtausgabe, neu bearbeitet und hrsg. Arthur Hübscher, 7 Bände, Wiesbaden [3]1972, Mannheim [4]1988.

Schopenhauer, Arthur: *Zürcher Ausgabe. Werke in zehn Bänden*, bearbeitet Angelika Hübscher; redigiert Claudia Schmölders, Fritz Senn, Gerd Haffmans, Zürich [5]1993. (Der Text folgt der historisch-kritischen Ausgabe von Arthur Hübscher. Die Übersetzungen der Fremdsprachenzitate sind in eckiger Klammer in den Text eingeschoben.)

Schopenhauer, Arthur: *Sämtliche Werke*, textkritisch bearbeitet und hrsg. Wolfgang Frhr. von Löhneysen, 5 Bände, Stuttgart/Frankfurt a. M. 1976. (Unveränderte Taschenbuchausgabe Frankfurt a. M. 1986, die Übersetzungen der Fremdsprachenzitate sind in eckiger Klammer in den Text eingeschoben.)

Schopenhauer, Arthur: *Die Welt als Wille und Vorstellung*, Faksimilenachdruck der ersten Auflage von 1818 [1819], Beiheft von Rudolf Malter, Frankfurt a. M. 1987.

Schopenhauer, Arthur: *Philosophische Vorlesungen*. Aus dem handschriftlichen Nachlaß, hrsg. und eingeleitet Volker Spierling, 4 Bände, München [2]1987–1990.

Schopenhauer, Arthur: *Der handschriftliche Nachlaß*, hrsg. Arthur Hübscher, 5 Bände in 6, Frankfurt a. M. 1966–1975. (Unveränderte Taschenbuchausgabe, München 1985. Die Ausgabe enthält nicht die *Philosophischen Vorlesungen* und die *Reisetagebücher*.)

2. Briefe

Schopenhauer, Arthur: *Gesammelte Briefe*, historisch-kritische Ausgabe, hrsg. Arthur Hübscher, Bonn ²1987.

Schopenhauer, Arthur: *Der Briefwechsel*, Bd. I hrsg. Carl Gebhardt, München 1929, Bd. II und III hrsg. Arthur Hübscher, München 1933 bzw. 1942. (= Bd. XIV, XV und XVI von *Arthur Schopenhauers sämtlichen Werken*, hrsg. Paul Deussen. Die Ausgabe enthält auch 408 Briefe an Schopenhauer.)

Briefwechsel zwischen Arthur Schopenhauer und Johann August Becker, hrsg. Johann Karl Becker, Leipzig 1883.

Schopenhauer-Briefe, hrsg. Ludwig Schemann, Leipzig 1893.

Arthur Schopenhauer. Ein Lebensbild in Briefen, zusammengestellt und hrsg. Angelika Hübscher, Frankfurt a. M. 1987.

Arthur Schopenhauer. Philosophie in Briefen, hrsg. Angelika Hübscher und Michael Fleiter, Frankfurt a. M. 1989.

Die Schopenhauers. Der Familien-Briefwechsel von Adele, Arthur, Heinrich Floris und Johanna Schopenhauer, hrsg. und eingel. Ludger Lütkehaus, Zürich 1991.

Arthur Schopenhauer. Der Briefwechsel mit Goethe, hrsg. Ludger Lütkehaus, Zürich 1992.

3. Reisetagebücher, Gespräche, Kritzeleien

Schopenhauer, Arthur: *Die Reisetagebücher. – Journal einer Reise von Hamburg nach Carlsbad, und von dort nach Prag; Rückreise nach Hamburg. Anno 1800. Und: Reisetagebücher aus den Jahren 1803–1804*, hrsg. Ludger Lütkehaus, Zürich 1988.

Schopenhauer, Arthur: *Gespräche*. Neue, stark erweiterte Ausgabe, hrsg. Arthur Hübscher, Stuttgart–Bad Cannstatt 1971. (Aufzeichnungen von Gesprächen Schopenhauers mit ca. 130 Gesprächspartnern. Weitere Gespräche in: LF.)

Lindner, Ernst Otto/Frauenstädt, Julius: *Arthur Schopenhauer. Von ihm. Ueber ihn. Ein Wort der Vertheidigung* von Ernst Otto Lindner und *Memorabilien, Briefe und Nachlaßstücke* von Julius Frauenstädt, Berlin 1863 (= LF).

Schopenhauer, Arthur: *Kritzeleien*, hrsg. und mit einem Nachwort versehen

Alfred Estermann und Karl Riha, Frankfurt a. M. 1987 (Zeichnungen und Notizen von Schopenhauer am Rand seiner Bücher).

4. Bildnisse, Gedichte, Anekdoten

Hübscher, Arthur: *Schopenhauer-Bildnisse. Eine Ikonographie*, Frankfurt a. M. 1986.

Gedichte von an über Arthur Schopenhauer, hrsg. und vorgestellt Arthur Hübscher, mit vielen Schopenhauer-Bildnissen, Zürich 1984.

Schopenhauers Anekdotenbüchlein, hrsg. Arthur Hübscher, Frankfurt a. M. 1981 (80 z. T. beglaubigte Anekdoten).

5. Biographien

Abendroth, Walter: *Arthur Schopenhauer in Selbstzeugnissen und Bilddokumenten*, Reinbek bei Hamburg 1967 (mehrfach neu aufgelegt).

Böhmer, Otto A.: *Vom jungen und vom ganz jungen Schopenhauer*, Zürich 1987.

Borch, Rudolf: *Schopenhauer. Sein Leben in Selbstzeugnissen, Briefen und Berichten*, Berlin 1941.

Busch, Hugo: *Das Testament Arthur Schopenhauers*, Wiesbaden 1950.

Damm, Oskar Friedrich: *Arthur Schopenhauer. Eine Biographie*, Leipzig 1912.

Grisebach, Eduard: *Schopenhauer. Neue Beiträge zur Geschichte seines Lebens. Nebst einer Schopenhauer-Bibliographie*, Berlin 1905.

Grisebach, Eduard: *Schopenhauer. Geschichte seines Lebens*, Berlin 1897.

Gwinner, Wilhelm v.: *Arthur Schopenhauer aus persönlichem Umgang dargestellt*, Leipzig 1862; kritisch durchgesehen und mit einem Anhange neu hrsg. Charlotte von Gwinner, Leipzig 1922; gekürzte Neuausgabe, Frankfurt a. M. 1963, [2]1987.

Gwinner, Wilhelm v.: *Schopenhauer und seine Freunde. Zur Beleuchtung der Frauenstädt-Lindnerschen Vertheidigung sowie zur Ergänzung der Schrift ›Arthur Schopenhauer aus persönlichem Umgange dargestellt‹*, Leipzig 1878, dritte, verbesserte Aufl., Leipzig 1910.

Hübscher, Angelika (Hrsg.): *Arthur Schopenhauer. Leben und Werk in Texten und Bildern*, Frankfurt a. M. 1989.

Hübscher, Arthur: *Arthur Schopenhauer. Ein Lebensbild*, Wiesbaden [2]1949 (Sonderausgabe des *Lebensbildes* aus Hübschers Ausgabe von Schopenhauers *Sämtlichen Werken*, Bd. 1).

Hübscher, Arthur: *Schopenhauer. Biographie eines Weltbildes*, Stuttgart [2]1967.

Hübscher, Arthur: Zahlreiche Einzelveröffentlichungen, vgl. *Das Werk Arthur Hübschers*, chronologisch zusammengestellt von Angelika Hübscher, in: *Zeit der Ernte. Studien zum Stand der Schopenhauer-Forschung. Festschrift zum 85. Geburtstag von Arthur Hübscher*, hrsg. Wolfgang Schirmacher, Stuttgart–Bad Cannstatt 1982, 423–441.

Pisa, Karl: *Schopenhauer. Der Philosoph des Pessimismus*, München [2]1988.

Raymond, Didier: *Schopenhauer*, Paris 1979.

Safranski, Rüdiger: *Schopenhauer und Die wilden Jahre der Philosophie*. Eine Biographie, München/Wien 1987 (Taschenbuchausgabe Reinbek bei Hamburg 1990).

Schneider, Walther: *Schopenhauer. Eine Biographie*, Wien 1937 (Nachdruck Hanau o. J.).

6. Hilfsmittel

Estermann, Alfred (Hrsg.): *Die Autographen des Schopenhauer-Archivs der Stadt- und Universitätsbibliothek Frankfurt a. M. Gesamtverzeichnis*, Stuttgart–Bad Cannstatt 1988.

Frauenstädt, Julius: *Schopenhauer-Lexikon*. Ein philosophisches Wörterbuch nach Arthur Schopenhauers sämmtlichen Schriften und handschriftlichem Nachlaß bearbeitet, 2 Bde., Leipzig 1871.

Gabel, Gernot U.: *Schopenhauer*. Ein Verzeichnis westeuropäischer und nordamerikanischer Hochschulschriften 1885–1985, Köln 1988 (Dissertationsverzeichnis mit 289 Titeln).

Generalregister zu den Schopenhauer-Jahrbüchern Jg. 1–60 (1912–1979), erstellt von Fritz Zimbrich, Frankfurt a. M. 1979.

Grisebach, Eduard: *Edita und Inedita Schopenhaueriana*, Leipzig 1888.

Hübscher, Arthur: *Schopenhauer-Bibliographie*, Stuttgart–Bad Cannstatt 1981.

Jahrbuch der Schopenhauer-Gesellschaft (= Jb), seit dem 32. Band: *Schopenhauer-Jahrbuch*, 1912 begründet, hrsg. Paul Deussen u. a., Erscheinungsort ab 1993: Würzburg. (In den meisten Bänden eine chronologische, durch Nachträge laufend ergänzte Schopenhauer-Bibliographie.)

Spierling, Volker (Hrsg.): *Materialien zu Schopenhauers ›Die Welt als Wille und Vorstellung‹* (= M), Frankfurt a. M. 1984.

Wagner, Gustav Friedrich: *Schopenhauer-Register*, neu hrsg. Arthur Hübscher, Stuttgart–Bad Cannstatt [3]1982.

7. Gesamtdarstellungen

Bähr, Carl Georg: *Die Schopenhauer'sche Philosophie in ihren Grundzügen darge-stellt und kritisch beleuchtet*, Dresden 1857 (Textauszug in: M).

Copleston, Frederick, S. J.: *Arthur Schopenhauer. Philosopher of Pessimism*, London [2]1975.

Cornill, Adolf: *Arthur Schopenhauer als Übergangsformation von einer idealistischen in eine realistische Weltanschauung*, Heidelberg 1856 (Textauszug in: M).

De Sanctis, Francesco: *Schopenhauer e Leopardi*, in: *Rivista contemporanea*, vol. 15, Torino dic. 1858, 369–408. Neudruck mit deutscher Übersetzung, in: 14. Jb. 1927, 129–218.

Deussen, Paul: *Die Elemente der Metaphysik. Als Leitfaden zum Gebrauch bei Vorlesungen sowie zum Selbststudium zusammengestellt*, Aachen 1877, [7]1921 (Kompendium der Philosophie Kants und Schopenhauers).

Döring, Woldemar Oskar: *Schopenhauer*, Lübeck [4]1949.

Erdmann, Johann Eduard: *Versuch einer wissenschaftlichen Darstellung der Ge-schichte der neueren Philosophie*, 3. Bd., 1. Abt.: *Die Entwicklung der deutschen Spe-culation seit Kant*, 2. Abt., § 41, Leipzig 1853.

Fischer, Kuno: *Schopenhauers Leben, Werke und Lehre*, Heidelberg 1898, [4]1934 (Textauszug in: M).

Frauenstädt, Julius: *Briefe über die Schopenhauer'sche Philosophie*, Leipzig 1854 (Textauszug in: M).

Frauenstädt, Julius: *Neue Briefe über die Schopenhauer'sche Philosophie*, Leipzig 1876 (Textauszug in: M).

Gardiner, Patrick: *Schopenhauer*, Harmondsworth (Middlesex) 1963.

Hamlyn, David W.: *Schopenhauer. The Arguments of the Philosophers*, London 1980.

Hasse, Heinrich: *Arthur Schopenhauer*, München 1926 (Textauszug in: M).

Haym, Rudolf: *Arthur Schopenhauer*, Berlin 1864, neu abgedruckt in: Haym/ Kautsky/Mehring/Lukács: *Arthur Schopenhauer*, hrsg. Wolfgang Harich, Berlin 1955.

Hübscher, Arthur: *Denker gegen den Strom. Schopenhauer gestern – heute – morgen*, Bonn ⁴1988.

Korfmacher, Wolfgang: *Schopenhauer zur Einführung*, Hamburg 1994.

Magee, Bryan: *The Philosophy of Schopenhauer*, Oxford/New York 1983.

Malter, Rudolf: *Der eine Gedanke. Hinführung zur Philosophie Arthur Schopenhauers*, Darmstadt 1988.

Malter, Rudolf: *Arthur Schopenhauer. Transzendentalphilosophie und Metaphysik des Willens*, Stuttgart–Bad Cannstatt 1991.

Mann, Thomas: *Schopenhauer*, Stockholm 1938, in: *Über Arthur Schopenhauer*, hrsg. Gerd Haffmans, Zürich ⁴1983.

Philonenko, A.: *Schopenhauer. Une philosophie de la tragédie*, Paris 1980.

Richert, Hans: *Schopenhauer. Seine Persönlichkeit, seine Lehre, seine Bedeutung. Sechs Vorträge*, Leipzig 1905, ⁴1920.

Riconda, Giuseppe: *Schopenhauer interprete dell'occidente*, Milano 1969.

Sans, Edouard: *Schopenhauer*, Paris 1990.

Schulz, Walter: *Bemerkungen zu Schopenhauer*, in: *Natur und Geschichte. Karl Löwith zum 70. Geburtstag*, Stuttgart 1967, 302–321 (gekürzt und überarbeitet in: ders., *Philosophie in der veränderten Welt*, Pfullingen ⁴1980, 399–407).

Schulz, Walter: *Der Grundansatz von Schopenhauers Philosophie*, in: *Der Beitrag ostdeutscher Philosophen zur abendländischen Philosophie*, hrsg. F. B. Kaiser und B. Stasiewski, Köln/Wien 1983, 55–66.

Seydel, Rudolf: *Schopenhauers philosophisches System dargestellt und beurtheilt.* Gekrönte Preisschrift, Leipzig 1857 (Textauszug in: M).

Simmel, Georg: *Schopenhauer und Nietzsche.* Ein Vortragszyklus, Leipzig 1907, ³1923, Neuauflage Hamburg 1990 (Textauszug in: M).

Spierling, Volker: *Fünf Lexikonartikel zu Schopenhauers Gesamtwerk* (G, W I und W II, N, E, P I und P II), in: *Lexikon der philosophischen Werke*, hrsg. F. Volpi und J. Nida-Rümelin, Stuttgart 1988 (ergänzt und erweitert in: *Großes Werklexikon der Philosophie*, hrsg. F. Volpi und M. Koettnitz, Stuttgart, in Vorbereitung).

Vecchiotti, Icilio: *Arthur Schopenhauer. Storia di una filosofia e della sua ›fortuna‹*, Firenze 1979.

Volkelt, Johannes: *Arthur Schopenhauer. Seine Persönlichkeit, seine Lehre, sein Glaube*, Stuttgart 1900, 5. neu bearbeitete Aufl. 1923 (Textauszug in: M).

Weimer, Wolfgang: *Schopenhauer.* Erträge der Forschung, Bd. 171, Darmstadt 1982.

Wolff, Hans M.: *Arthur Schopenhauer. Hundert Jahre später*, Bern 1960.

Zint, Hans: *Schopenhauer als Erlebnis*, München/Basel 1954.

8. Erkenntnislehre, Naturphilosophie, Ästhetik, Ethik

Asher, David: *Schopenhauer and Darwinism*, in: *Journal of Anthropology*, Jan. 1871.

Atwell, John E.: *Schopenhauer. The Human Character*, Philadelphia 1990.

Bahr, Hans Dieter: *Das gefesselte Engagement. Zur Ideologie der kontemplativen Ästhetik Schopenhauers*, Bonn 1970.

Bäschlin, Daniel Lukas: *Schopenhauers Einwand gegen Kants transzendentale Deduktion der Kategorien*, Diss. Bern 1965, in: *Zeitschrift für philosophische Forschung*, Beiheft 19, Meisenheim 1968.

Bloch, Ernst: *Das Materialismusproblem, seine Geschichte und Substanz*, in: ders., *Gesamtausgabe*, Bd. 7, Frankfurt a. M. 1972 (zu Schopenhauer bes. 12. und 33. Abschnitt).

Cassirer, Ernst: *Schopenhauer*, in: ders., *Das Erkenntnisproblem in der Philosophie und Wissenschaft der neueren Zeit*, Bd. 3, Darmstadt 1971, 411–446 (Textauszug in: M).

Deussen, Paul: *Kants Kritik der reinen Vernunft als Grundlage der Schopenhauer-schen Philosophie,* in: 5. Jb. 1916, 87–135.

Ebeling, Hans: *Schopenhauers Grundlegung zur Metaphysik der Sitten*, Einleitung zu: Arthur Schopenhauer: *Die beiden Grundprobleme der Ethik*, hrsg. Hans Ebeling, Hamburg 1979, VII–XVIII.

Fox, Michael (Hrsg.): *Schopenhauer. His Philosophical Achievment*, Brighton, Sussex 1980; amerikanische Ausgabe: New York 1980.

Frauenstädt, Julius: *Aesthetische Fragen*, Dessau 1853.

Friedländer, Salomo: *Versuch einer Kritik der Stellung Schopenhauers zu den er-kenntnistheoretischen Grundlagen der ›Kritik der reinen Vernunft‹*, Diss. Jena 1902.

Gabás, Raúl: *Schopenhauer: La rueda del deseo*, in: *Philosophica Malacitana*, 2 (1989), 55–71.

Gamm, Gerhard: *Schopenhauer*, in: ders., *Wahrheit als Differenz. Studien zu einer anderen Theorie der Moderne*, Frankfurt a. M. 1986, 115–140.

Gehlen, Arnold: *Die Resultate Schopenhauers*, in: *Gedächtnisschrift für Arthur Schopenhauer zur 150. Wiederkehr seines Geburtstages*, hrsg. C. A. Emge und Otto v. Schweinichen, Berlin 1938, 96–118 (Textauszug in: M, Wiederabdruck in: Salaquarda 1985).

Günther, Heinrich: *Über den Begriff der Vernunft bei Schopenhauer*, Frankfurt a. M./Bern/New York/Paris 1989.

Hartmann, Eduard von: *Schopenhauer*, in: ders., *Geschichte der Metaphysik*, Leipzig 1900, Nachdruck Darmstadt 1969, Bd. 2, 167–206.

Hasse, Heinrich: *Die Richtungen des Erkennens bei Schopenhauer mit besonderer Berücksichtigung des Rationalen und Irrationalen*, Diss. Leipzig 1908.

Hasse, Heinrich: *Schopenhauers Erkenntnislehre als System einer Gemeinschaft des Rationalen und Irrationalen. Ein historisch-kritischer Versuch*, Leipzig 1913.

Hasse, Heinrich: *Schopenhauers Religionsphilosophie und ihre Bedeutung für die Gegenwart*, München [2]1932.

Heidtmann, Bernhard: *Pessimismus und Geschichte in der Philosophie Schopen-hauers*, Diss. Berlin 1969.

Heinrich, Hans: *Das Verhältnis von Wille und Intellekt bei Schopenhauer*, Diss. Königsberg 1911 (Textauszug in: M)

Heydorn, Heinz-Joachim: *Mitleid und Erkenntnis im Werk Arthur Schopenhauers*, in: 53.Jb. 1972, 52–68.

Hübscher, Arthur: *Das Genie bei Schopenhauer*, in: *Zeitschrift für Ästhetik und all-gemeine Kunstwissenschaft*, 18 (1973), 103–126.

Ingenkamp, Heinz Gerd: *Das Seiende als Empfindung*, in: *Zeit der Ernte*, Studien zum Stand der Schopenhauer-Forschung, hrsg. Wolfgang Schirmacher, Stutt-gart–Bad Cannstatt 1982, 355–363.

Ingenkamp, Heinz Gerd: *Der Platonismus in Schopenhauers Erkenntnistheorie und Metaphysik*, in: 72.Jb. 1991, 45–66.

Janaway, Christopher: *Self and World in Schopenhauer's Philosophy*, Oxford 1989.

Jenson, Otto: *Die Ursache der Widersprüche im Schopenhauerschen System*, Diss. Rostock 1906.

Kamata, Yasuo: *Der junge Schopenhauer. Genese des Grundgedankens der Welt als Wille und Vorstellung*, Freiburg/München 1988.

Kiowsky, Helmut: *Das Mitleid in der Ethik Schopenhauers in Kontrastierung mit Nietzsches Moral der Vornehmheit*, Diss. Basel 1986.

Knox, Israel: *The Aesthetic Theories of Kant, Hegel and Schopenhauer*, New York 1936, London 1958.

Korfmacher, Wolfgang: *Ideen und Ideenerkenntnis in der ästhetischen Theorie Ar-thur Schopenhauers*, Pfaffenweiler 1992 (Diss. Freiburg 1991).

Koßler, Matthias: *Substantielles Wissen und subjektives Handeln, dargestellt in einem Vergleich von Hegel und Schopenhauer*, Frankfurt a. M./Bern/New York/Paris 1990.

Kuhlenbeck, Hartwig: *Schopenhauers Satz ›Die Welt ist meine Vorstellung‹ und das Traumerlebnis*, in: 53.Jb. 1952, 376–392.

Kurzreiter, Martin: *Der Begriff des Individuums in der Philosophie Arthur Schopen-hauers*, Frankfurt a.M. 1992 (Diss. Wien 1989).

Lauxtermann, P. F. H.: *Five Decisive Years: Schopenhauer's Epistemology as Reflected in His Theory of Colour*, in: *Studies in History of Science*, 18 (1987), 271–291.

Lee, Ahn-Hee: *Die Verneinung des Willens bei Schopenhauer im Vergleich mit der ostasiatischen Philosophie*, Diss. Würzburg 1984.

Lukács, Georg: *Schopenhauer*, in: ders., *Die Zerstörung der Vernunft*, Bd. I, *Irrationalismus zwischen den Revolutionen*, Darmstadt und Neuwied ²1979, 172–219.

Lütkehaus, Ludger: *Schopenhauer. Metaphysischer Pessimismus und ›Soziale Frage‹*, Bonn 1980.

Maus, Heinz: *Kritik am Justemilieu. Eine sozialphilosophische Studie über Schopenhauer*, (Diss.) Bottrop 1940 (in: Maus, Heinz: *Die Traumhölle des Justemilieu. Erinnerung an die Aufgaben der Kritischen Theorie*, hrsg. Michael T. Greven und Gerd van de Moetter, Frankfurt a. M. 1981).

Morgenstern, Martin: *Schopenhauers Philosophie der Naturwissenschaft. Aprioritätslehre und Methodenlehre als Grenzziehung naturwissenschaftlicher Erkenntnis*, Bonn 1985.

Nietzsche, Friedrich: *Zu Schopenhauer. Philosophische Notizen*, in: *Werke und Briefe. Historisch-Kritische Gesamtausgabe*, Bd. 3, hrsg. Hans Joachim Mette und Karl Schlechta, München 1935 (Textauszug in: M).

Oehlke, Waldemar: *Schopenhauers Ideenlehre*, München 1921.

Penzo, Giorgio (Hrsg.): *Schopenhauer e il sacro*, Istituto di Scienze Religiose in Trento, Bologna 1987.

Pisa, Karl: *Schopenhauer und die soziale Frage*, in: 62. Jb. 1981, 1–34.

Planells Puchades, José: *Representación y expresión en la filosofía de Schopenhauer*. Universidad de Valencia 1988.

Planells Puchades, José: *Die Doppelbedeutung der Erscheinung bei Schopenhauer*, in: *Schopenhauer ieri e oggi*, hrsg. Alfredo Marini, Genova 1991, 379–400.

Poeggeler, Otto: *Schopenhauer und das Wesen der Kunst*, in: *Zeitschrift für philosophische Forschung*, 14 (1960), 353–389.

Pothast, Ulrich: *Die eigentliche metaphysische Tätigkeit. Über Schopenhauers Ästhetik und ihre Anwendung durch Samuel Beckett*, Frankfurt a. M. 1982 (Taschenbuchausgabe Frankfurt a. M. 1989).

Primer, Helmut R. A.: *Das Problem des Materialismus in der Philosophie Arthur Schopenhauers*, Frankfurt a. M./Bern/New York/Nancy 1984.

Quenzer, Wilhelm: *Der metaphysische Zirkel in Schopenhauers Erkenntnistheorie*, Diss. Tübingen 1966.

Rábade Obradó, Ana Isabel: *Voluntad y conocimiento. La crítica de Schopenhauer a la subjetividad intelectualizada*, Universidad Complutense de Madrid 1991.

Reeder, Hermann: *Die Psychologie in Schopenhauers Erkenntnistheorie*, Diss. Tübingen 1905.

Richter, Raoul: *Schopenhauer's Verhältnis zu Kant in seinen Grundzügen*, Diss. Leipzig 1893.

Rieffert, Johann Baptist: *Die Lehre von der empirischen Anschauung bei Schopenhauer und ihre historischen Voraussetzungen*, Halle a. d. S. 1914.

Röd, Wolfgang: *Das Realitätsproblem in der Schopenhauerschen Philosophie*, in: *Zeitschrift für philosophische Forschung*, 14 (1960), 401–415.

Röhr, Reinhard: *Mitleid und Einsicht. Das Begründungsproblem in der Moralphilosophie Schopenhauers*, Diss. Tübingen 1983.

Schaefer, Alfred: *Die Schopenhauer-Welt*, Berlin 1981.

Schill, Emil: *Das Problem der Materie bei Schopenhauer*, Diss. Freiburg i. Br. 1940.

Schmidt, Alfred: *Schopenhauer und der Materialismus*, in: 58. Jb. 1977, IX–XLVIII, auch in: ders., *Drei Studien über Materialismus. Schopenhauer. Horkheimer. Glücksproblem*, München/Wien 1977 (Textauszug in: M).

Schmidt, Alfred: *Die Wahrheit im Gewande der Lüge. Schopenhauers Religionsphilosophie*, München/Zürich 1986.

Schmidt, Alfred: *Idee und Weltwille. Schopenhauer als Kritiker Hegels*, München/Wien 1988.

Schmidt, Alfred: *Physiologie und Transzendentalphilosophie bei Schopenhauer*, in: 70. Jb. 1989, 43–53.

Schoenhofen, Peter: *Schopenhauers Aprioritätslehre nach seinem handschriftlichen Nachlasse und den verschiedenen Auflagen seiner Hauptwerke*, Diss. Münster 1912.

Schöndorf, Harald: *Der Leib im Denken Schopenhauers und Fichtes*, München 1982.

Schulz, Walter: *Die problematische Stellung der Kunst in Schopenhauers Philosophie*, in: *Literaturwissenschaft und Geistesgeschichte. Festschrift für Richard Brinkmann*, Tübingen 1981, 403–415.

Seelig, Wolfgang: *Wille, Vorstellung und Wirklichkeit. Menschliche Erkenntnis und physikalische Naturbeschreibung*, Bonn 1980.

Spierling, Volker: *Schopenhauers transzendentalidealistisches Selbstmißverständnis. Prolegomena zu einer vergessenen Dialektik*, Diss. München 1977.

Spierling, Volker: *Schopenhauers Ethik des Mitleids*, in: *Funkkolleg ›Praktische Philosophie/Ethik‹*, Studienbegleitbrief 0, Weinheim/Basel 1980, 89–104.

Spierling, Volker: *Die Drehwende der Moderne. Schopenhauer zwischen Skeptizismus und Dogmatismus*, in: M 14–83.

Spierling, Volker: *Erkenntnis und Erkenntnistheorie, Erkenntnis und Natur, Erkenntnis und Kunst, Erkenntnis und Ethik*, vier einführende Essays in: Arthur Schopenhauer: *Philosophische Vorlesungen. Aus dem handschriftlichen Nachlaß*, hrsg. Volker Spierling, 4 Bände, München ²1987–1990.

Spierling, Volker: *Schopenhauers furchtbare Wahrheit*, in: *Schopenhauer im Denken der Gegenwart. 23 Beiträge zu seiner Aktualität*, hrsg. Volker Spierling, München/Zürich 1987a.

Spierling, Volker: *El pesimismo de Schopenhauer: sobre la diferencia entre voluntad y cosa en sí*, Editorial Universidad Complutense Madrid, *Revista de Filosofia*, Número. 2 (1989), 53–63 (Traducción: Ana Isabel Rábade Obradó).

Spierling, Volker: *El pesimismo de Schopenhauer como jeroglífico*, Editorial Universidad Complutense Madrid, *Anales del Seminario de Metafísica*, Número. 23 (1989), 47–58 (Traducción: Ana Isabel Rábade Obradó).

Spierling, Volker: *La rivoluzione copernicana di Schopenhauer*, in: *Schopenhauer ieri e oggi*, hrsg. Alfredo Marini, Genova 1991, 317–330 (traduzione dal tedesco di Alessandra Pedevilla).

Spierling, Volker: *El pesimismo de Schopenhauer*, Enrahonar 17 (1991), 43–51 (Traducción: María José Torres).

Spierling, Volker: *La provocación cosmológica de Schopenhauer*, Editorial Universidad Complutense Madrid, *Conocimiento y Racionalidad. Homanaje al profesor Sergio Rábade Romeo*, Número Extra 1992, 399–406 (Traducción: Ana Isabel Rábade Obradó).

Strohm, Harald: *Die Aporien in Schopenhauers Erkenntnistheorie*, Diss. Tübingen 1984.

Suances Marcos, M.: *Arthur Schopenhauer: Religión y metafísica de la voluntad*, Barcelona 1989.

Tielsch, Elfriede: *Vergleich der ersten mit der zweiten Auflage [der Dissertation]*, in: Arthur Schopenhauer: *Über die vierfache Wurzel des Satzes vom zureichenden Grunde*, hrsg. Michael Landmann und Elfriede Tielsch, Hamburg [2]1970, XXXV–XLIII.

Urdanibia, Javier (Hrsg.): *Los antihegelianos: Kierkegaard y Schopenhauer*, Barcelona 1990 (Beiträge über Schopenhauer und Kierkegaard).

Volkelt, Johannes: *Der Begriff des Irrationalen*, in: 8. Jb. 1919, 55–93.

Wagner, Gustav Friedrich: *Transscendental-Idealismus*, eingel., bearbeitet und mit einem Nachwort versehen Maria Groener, Neue deutsche Schopenhauer-Gesellschaft, Ulm 1934.

Weimer, Wolfgang: *Die Aporie der reinen Vernunft. Schopenhauers Kritik des Rationalismus*, Diss. Köln 1977.

Zeller, Eduard: *Schopenhauer*, in: ders., *Geschichte der deutschen Philosophie seit Leibniz*, München 1873 (Textauszug in: M).

Zimmermann, Ekkehard: *Der Analogieschluß in der Lehre von der Ich-Welt-Identität bei Arthur Schopenhauer*, Diss. München 1970.

9. Zur Wirkungsgeschichte, Schopenhauer heute

Arthur Schopenhauer: Una filosofía del hecho trágico del existir como transparencia de su verdad. Los temas de una investigación metafísica, Documentos A. Revista de Genealogía científica de la cultura, Barcelona, Número 6 (1993) (verschiedene spanische Beiträge).

Becker, Aloys: *Arthur Schopenhauer – Sigmund Freud. Historische und charakterologische Grundlagen ihrer gemeinsamen Denkstrukturen*,. in: 55. Jb. 1971, 114–156.

Berg, Christian/Chardin, Philippe/Henry, Anne/Karatson, André/Longuet-Marx, Anne/Smadja, Robert: *Schopenhauer et la création littéraire en Europe*, Paris 1989.

Ebeling, Hans/Lütkehaus, Ludger (Hrsg.): *Schopenhauer und Marx. Philosophie des Elends – Elend der Philosophie?*, Königstein/Ts. 1980.

Eckert, Karl Hubertus: ›*Grundveränderung in unserm Wissen und Denken*‹. *Arthur Schopenhauers Prognose einer indischen Renaissance in Europa*, in: 69. Jb. 1988, 451–464.

Engelmann, Peter: *Hegel und Schopenhauer*, in: *Zeit der Ernte*, hrsg. Wolfgang Schirmacher, Stuttgart–Bad Cannstatt 1982.

Fellmann, Ferdinand: *Wille zum Leben. Arthur Schopenhauer*, in: ders., *Lebensphilosophie. Elemente einer Theorie der Selbsterfahrung*, Reinbek bei Hamburg 1993.

Fromm, Eberhard: *Arthur Schopenhauer. Vordenker des Pessimismus*, Berlin 1991.

Glasenapp, Helmuth von: *Das Indienbild deutscher Denker*, Stuttgart 1960.

Glockner, Hermann: *Schopenhauer im Traditionszusammenhang der europäischen Philosophie*, in: 36. Jb. 1955, 72–81.

Haffmans, Gerd (Hrsg.): *Über Arthur Schopenhauer*, Zürich ⁴1983.

Haffmans, Gerd (Hrsg.): *Der Rabe. Magazin für jede Art von Literatur*, Bd. XIX, Zürich 1988 (Thema: Schopenhauer).

Haffmans, Gerd: *Schopenhauer und die Zunahme der Abgreifer*, in: *Das Schopenhauer-Nachschlag-Werk. Ein Abc für die Jetztzeit, nebst einem Anhang, der die Kritik der korrupten Vernunft enthält*, hrsg. Gerd Haffmans, Zürich 1989.

Halbfass, Wilhelm: *Entwicklungen der Indiendeutung nach Hegel und Schopenhauer*, in: ders., *Indien und Europa. Perspektiven ihrer geistigen Begegnung*, Basel/Stuttgart 1981, 104–164.

Hartmann, Eduard von: *Neukantianismus, Schopenhauerianismus und Hegelianismus*, Bad Sachsa 1910.

Horkheimer, Max: *Schopenhauer und die Gesellschaft*, in: 36. Jb. 1955, 49–57.

Horkheimer, Max: *Die Aktualität Schopenhauers*, in: 42. Jb. 1961, 12–25.

Horkheimer, Max: *Religion und Philosophie*, in: 48. Jb. 1967, 3–9.

Horkheimer, Max: *Pessimismus heute*, in: 52. Jb. 1971, 1–7.

Horkheimer, Max: *Die Zeitgemäßheit der Philosophie Schopenhauers*, in: Neue Zürcher Zeitung, 21. 3. 1971.

Horkheimer, Max: *Bemerkungen zu Schopenhauers Denken im Verhältnis zu Wissenschaft und Religion*, in: 53. Jb. 1972, 71–79.

Horn, Heinz: *Schopenhauer und der Geist des 19. Jahrhunderts*, in: 27. Jb. 1940, 14–98.

Hübscher, Arthur: *Arthur Schopenhauer und die Gegenwart*, in: *Gedächtnisschrift für Arthur Schopenhauer zur 150. Wiederkehr seines Geburtstages*, hrsg. C. A. Emge/ Otto von Schweinichen, Berlin 1938, 4–17.

Hübscher, Arthur: *Schopenhauer in der philosophischen Kritik*, in: 47. Jb. 1966, 29–71.

Hübscher, Arthur: *Die Nachwirkung Schopenhauers*, in: 48. Jb. 1967, 90–97.

Jaspers, Karl: *A. Schopenhauer. Zu seinem 100. Todestag 1960*, in: ders., *Aneignung und Polemik*, München 1968.

Katholische Akademie Hamburg (Hrsg.): *Arthur Schopenhauer. Schopenhauers Philosophie als Anfrage an das Christentum*, Münsterschwarzach 1989.

Klamp, Gerhard: *Zur Zeit und Wirkungsgeschichte Schopenhauers*, in: 40. Jb. 1959, 1–23.

Klamp, Gerhard: *Schopenhauertradition und -forschung im 20. Jahrhundert*, in: *Zeitschrift für philosophische Forschung*, 14 (1960), 438–452.

Landmann, Michael: *Schopenhauer heute*, in: 39. Jb. 1958, 21–37.

Liebmann, Otto: *Kant und die Epigonen*. Eine kritische Abhandlung, Stuttgart 1865; Neudruck hrsg. Bruno Bauch, Berlin 1912.

Luft, Eric von der (Hrsg.): *Schopenhauer. New Essays in Honor of His 200th Birthday*, Lewiston/New York 1988.

Maceiras Fafián, Manuel: *Schopenhauer y Kierkegaard*, Madrid 1988.

Margreiter, Reinhard: *Allverneinung und Allbejahrung. Der Grund des Willens bei Schopenhauer und Nietzsche*, in: 65. Jb. 1984, 103–115.

Margreiter, Reinhard: *Die achtfache Wurzel der Aktualität Schopenhauers*, in: *Schopenhauer-Studien*, hrsg. Wolfgang Schirmacher, Bd. 1/2, 1988, 15–36.

Margreiter, Reinhard: *Schopenhauers Beitrag zu einer Ethik der Postmoderne*, in: *Schopenhauer ieri e oggi*, hrsg. Alfredo Marini, Genova 1991, 109–121.

Marini, Alfredo (Hrsg.): *Schopenhauer ieri e oggi*. Atti del Convegno Internazionale Palazzo Feltrinelli – Gargnano del Garda 22–25 Settembre 1986, Genova 1991 (Beiträge in italienischer und deutscher Sprache).

Meyer, Christoph: *Die unvollziehbare Gleichung. Zur Wirkungsgeschichte Schopenhauers*, in: 39. Jb. 1958, 1–20.

Mockrauer, Franz: *Schopenhauer und Indien*, in: 15. Jb. 1928, 3–26.

Mockrauer, Franz: *Schopenhauers Philosophie, ihre Leistung, ihre Probleme*, in: 42. Jb. 1961, 26–51.

Moreno Claros, Luis F.: *Schopenhauer en España. Comentario Bibliográfico*, in: *Daimon, Revista de Filosofía*, Universidad de Murcia, 1994 (enthält sämtliche Veröffentlichungen über Schopenhauer in Spanien).

Münkler, Herfried: *Arthur Schopenhauer und der philosophische Pessimismus*, in: *Pipers Handbuch der politischen Ideen*, hrsg. Iring Fetscher und Herfried Münkler, Bd. 4, München 1986.

Nitzschke, Bernd: *Die reale Innenwelt. Anmerkungen zur psychischen Realität bei Freud und Schopenhauer*, München 1978.

Pisa, Karl: *Schopenhauer und die soziale Frage*, in: 62. Jb. 1981, 1–34.

Pleister, Wolfgang: *War Schopenhauer ein epikureischer Weiser?*, in: 69. Jb. 1988, 361–372.

Rhode, Wolfgang: *Schopenhauer heute. Seine Philosophie aus der Sicht naturwissenschaftlicher Forschung*, Rheinfelden 1991.

Salaquarda, Jörg: *Erwägungen zur Ethik. Schopenhauers kritisches Gespräch mit Kant und die gegenwärtige Situation*, in: 56. Jb. 1975, 51–69.

Salaquarda, Jörg: *Zur gegenseitigen Verdrängung von Schopenhauer und Nietzsche*, in: 65. Jb. 1984, 13–30.

Salaquarda, Jörg (Hrsg.): *Schopenhauer*, Wege der Forschung, Bd. 602, Darmstadt 1985.

Salzsieder, Paul: *Die Auffassungen und Weiterbildungen der Schopenhauerschen Philosophie*, Leipzig 1928.

Sans, Edouard: *Die französische Geisteswelt und Schopenhauer*, in: 56. Jb. 1975, 92–121.

Schirmacher, Wolfgang (Hrsg.): *Zeit der Ernte. Studien zum Stand der Schopenhauer-Forschung, Festschrift für Arthur Hübscher zum 85. Geburtstag*, Stuttgart–Bad Cannstatt 1982.

Schirmacher, Wolfgang: *Schopenhauer bei neueren Philosophen*, in: 64. Jb. 1983, 28–38.

Schirmacher, Wolfgang (Hrsg.): *Schopenhauer-Studien*, Wien 1988 ff. (Bd. 1/2, 1988: *Schopenhauers Aktualität. Ein Philosoph wird neu gelesen*; Bd. 3, 1989: *Schopenhauer in der Postmoderne*; Bd. 4, 1991: *Schopenhauer, Nietzsche und die Kunst*. – Chronologische, durch Nachträge laufend ergänzte Schopenhauer-Bibliographie.)

Schlechta, Karl: *Der junge Nietzsche und Schopenhauer*, in: 26. Jb. 1939, 289–300.

Schopenhauer (1788–1988): Pesimismo y nihilismo, Editorial Universidad Complutense Madrid, *Anales del Seminario de Metafísica*, Número 23 (1989) (verschiedene spanische Beiträge).

Schulz, Walter: *Ethisches Handeln – heute*, in: 56. Jb. 1975, 1–16.

Sorg, Bernhard: *Zur literarischen Schopenhauer-Rezeption im 19. Jahrhundert*, Heidelberg 1975.

Spierling, Volker: *Objektive Zärtlichkeit. Zur Kunstphilosophie Arthur Schopenhauers*, in: *Deutsches Ärzteblatt*, 9 (1986).

Spierling, Volker (Hrsg.): *Schopenhauer im Denken der Gegenwart. 23 Beiträge zu seiner Aktualität*, München/Zürich 1987 a.

Spierling, Volker: ›*Meine Philosophie redet nie von Wolkenkukuksheim‹. Ein fiktives Interview mit Schopenhauer*, Südwest Presse, 27. 2. 1988.

Spierling, Volker: *Bild-Text-Collagen zu Schopenhauer*, in: 65. Jb. 1984, 102; *Schopenhauer-Studien*, Bd. 1/2, 1988, 83 und 105; *Der Rabe*, XIX, 1988, 209.

Spierling, Volker: *Wem gehören die Gräber der Klassiker? Ein knolliger Einfall. Die Schopenhauer-Gesellschaft in Frankfurt bestattet ihren verstorbenen Präsidenten im Grab des Philosophen*, DIE ZEIT, Nr. 2, 8. Januar 1988 a.

Spierling, Volker: *Grundlinien der Philosophie Schopenhauers. Eine neue Sicht der* ›*Aphorismen zur Lebensweisheit*‹, in: *Studi Italo-Tedeschi/Deutsch-Italienische Studien, Monographische Reihe XI: Arthur Schopenhauer*, Leitung Luigi Cotteri, Meran 1989, 1–21.

Trauerfeier für Arthur Hübscher und ›*Tag der Begegnung*‹ *am 21. 9. 1985*, Ansprachen von Hilmar Hoffmann, Rudolf Malter, Klaus-Dieter Lehmann u. a., 67. Jb. 1986, 241–283. – 1985 erfolgt die »Beisetzung von Arthur Hübschers Urne in der Schopenhauer-Grabanlage« (67. Jb. 1986, 241). Diese Grabveränderung durch die Beisetzung des verstorbenen Präsidenten der Schopenhauer-Gesellschaft löst eine Diskussion über die Frage aus: Wem gehören die Gräber der Klassiker?: *Trennpflaster am Ehrengrab. Schopenhauers Ruhestätte wird wieder verkleinert*, Frankfurter Allgemeine Zeitung, 12. 1. 1988; *Friedhofsordnung*, Frankfurter Allgemeine Zeitung, 12. 1. 1988; *Grab Schopenhauers von Urnenstätte abgetrennt*, Frankfurter Rundschau, 13. 1. 1988; *Untermieter im Philosophengrab*, DER SPIEGEL, 1. 2. 1988; *Grabschändung*, DIE ZEIT, 5. 2. 1988; *Das Frankfurter tomb-sharing*, PflasterStrand, Februar 1988; *45° im Schatten*, TAZ, 9. 1. 1988; *Dicht neben dem Philosophen ruht sein größter Bewunderer*, Höchster Kreisblatt, 12. 1. 1988; *37 Pflastersteine trennen Schopenhauer von seinem Bewunderer*, Höchster Kreisblatt, 20. 1. 1988; *Absurd*, DIE ZEIT, 19. 2. 1988; *Schopenhauer: kein* ›*angenabelter*‹ *Denker*, Neue Zürcher Zeitung, 24. 2. 1988; *Schopenhauer, entre la idolatría y el desprecio*, EL PAIS, jueves 24 de marzo de 1988. – Vgl. Spierling 1987 a und 1988 a.

Volkelt, Johannes: *Das Unbewußte und der Pessimismus. Studien zur modernen Geistesbewegung*, Berlin 1873 (enthält geschichtlichen Abriß des Unbewußten von Platon bis Eduard von Hartmann).

Würkner, Joachim: *Recht und Staat bei Arthur Schopenhauer. Anthropozentrische Betrachtungen zum 200. Geburtstag des Denkers gegen den Strom*, in: *Neue Juristische Wochenschrift* (NJW), 1988, 2213–2226.

NAMENREGISTER

Archimedes 238
Aristoteles 53, 134, 205, 207
Asher, David 31

Bacon, Francis 194
Bähr, Carl Georg 33
Becker, Johann August 31, 176
Beethoven, Ludwig van 158
Berkeley, George 75, 77
Brockhaus, Friedrich Arnold 24, 27, 29, 31, 33
Buddha 19, 195, 238
Byron, George Gordon Noel, Lord 25

Cabanis, Pierre Jean Georges 27, 105, 225
Calderon de la Barca, Pedro 156
Chamfort, Sébastien-Roch Nicolas 215
Correggio, Antonio 196

Darwin, Charles 55 f.
Descartes, René 51, 69, 77, 170, 225
Diogenes Laertius 128
Dorguth, Friedrich 31
Doß, Adam von 31, 231

Empedokles 131
Epikur 145
Erdmann, Johann Eduard 33
Euklid 78

Fernow, Carl Ludwig 20
Fichte, Johann Gottlieb 21, 31
Fitz-James 18
Flourens, Marie Jean Pierre 102, 105
Franz von Assisi 195
Frauenstädt, Julius 15, 31, 33, 77, 112, 116, 118, 198, 233
Freud, Sigmund 117, 125

Goethe, Johann Wolfgang von 16, 20 ff., 25, 29 f., 42, 59, 76 f., 152, 155, 207, 215
Gracián, Balthasar 28, 206

SACHREGISTER